DER KÜRZESTE SCHATTEN

Alenka Zupančič

Der kürzeste Schatten

Nietzsches Philosophie der Zwei

Aus dem Englischen von Florian Cziesla

TURIA + KANT
WIEN-BERLIN

Bibliografische Information der Deutschen Nationalbibliothek
Die Deutsche Bibliothek verzeichnet diese Publikation in der Deutschen Nationalbibliografie; detaillierte bibliografische Daten sind im Internet über http://dnb.ddb.de abrufbar.

Bibliographic information published by the Deutsche Nationalbibliothek
The Deutsche Nationalbibliothek lists this publication in the Deutsche Nationalbibliografie; detailed bibliographic data are available on the Internet at http://dnb.dnb.de.

ISBN 978-3-98514-094-7

Titel der Originalausgabe
»The Shortest Shadow: Nietzsche's Philosophy of the Two«

Die Übersetzung wurde gefördert von der Slowenischen Buchagentur (JAK)

Cover: Bettina Kubanek, Visuelle Gestaltung, Berlin

VERLAG TURIA + KANT
A-1020 Wien, Leopoldsgasse 14
Büro Berlin: D-10827 Berlin, Crellestraße 14
info@turia.at | www.turia.at

Inhalt

Einleitung: Das Ereignis ›Nietzsche‹

Die Lektüre Nietzsches vermag uns immer wieder in Erstaunen zu versetzen. Dies umso mehr, wenn wir in Nietzsches Texten nicht nach außergewöhnlichen Ansichten suchen, um sie womöglich für unsere eigene Weltanschauung zu vereinnahmen, oder genauer gesagt, wenn wir Nietzsches außerordentliche Aussagen gerade nicht als bloße Meinungen betrachten. Äußerungen wie »Dante: oder die Hyäne, die in Gräbern dichtet«, »George Sand: [...] die Milchkuh mit ›schönem Stil‹«[1] oder »Kant wurde Idiot«[2], ganz zu schweigen von der berühmt-berüchtigten Beschreibung des »Idiot[en] am Kreuze«[3], rufen in der Tat Momente der Verblüffung hervor, eine Art Schock – und es ist dies eines der fundamentalen Elemente, die Nietzsche zu Nietzsche machen. Gleichwohl hat Nietzsche es verstanden, diese Schocks gezielt und wohldosiert einzusetzen; sie begegnen uns in seinen Schriften nur selten.[4] Und

---

[1] Nietzsche, Friedrich: *Götzen-Dämmerung*. In: Colli, Giorgio; Montinari, Mazzino (Hg.). *Kritische Studienausgabe (KSA) in 15 Bänden, Band 6*. München/Berlin. 1988. S. 111.

[2] Nietzsche, Friedrich: *Der Antichrist*. In: KSA 6. S. 177.

[3] Nietzsche, Friedrich: *Nachgelassene Fragmente*. In: KSA 13. S. 644.

[4] Nietzsche war sich der Tücken des Spotts sowie der Tatsache, dass der Grat zwischen produktiver Intervention und bloßem Ressentiment schmal ist, durchaus bewusst. Die folgende Passage veranschaulicht dies, insbesondere weil Nietzsches Vorbehalte gegenüber Platon wohlbekannt sind: »Wie boshaft Philosophen sein können! Ich kenne nichts Giftigeres als den Scherz, den sich Epicur gegen Plato und die Platoniker erlaubte: er nannte sie Dionysiokolakes. Das bedeutet dem Wortlaute nach und im Vordergrunde ›Schmeichler des Dionysios‹, also Tyrannen-Zubehör und Speichellecker; zu alledem will es aber noch sagen ›das sind Alles *Schauspieler*, daran ist nichts Ächtes‹ (denn Dionysokolax war eine populäre Bezeichnung des Schauspielers). Und das Letztere ist eigentlich die Bosheit, welche Epicur gegen Plato abschoss: ihn verdross die grossartige Manier, das Sich-in-Scene-Setzen, worauf sich Plato sammt seinen Schülern verstand, — worauf sich Epicur nicht verstand! er, der

doch ist es erstaunlich, wie wenig Verwunderung derlei Äußerungen bei zeitgenössischen Akademiker*innen auslösen und sich in ihren Arbeiten zu Nietzsche niederschlägt. Auf den ersten Blick, so könnte es scheinen, liegt die Ursache dafür in unserer postmodernen Situation – uns kann im Grunde nichts mehr schockieren: Wir haben uns an praktisch alles gewöhnt oder sind einfach abgestumpft. Darüber hinaus ist die Bedeutung von Nietzsches Stil als wesentlicher Aspekt seiner Revolution der Philosophie allgemein anerkannt und geschätzt – in diesem Punkt herrscht Konsens. Dementsprechend wäre es kaum bemerkenswert, dass Nietzsche selbstverständlich das Privileg einer gewissen stilistischen Freiheit zugestanden wird. Jedoch genügt eine einfache Frage, um diese Position in Zweifel zu ziehen: Warum ist es vollkommen undenkbar, auch unter zeitgenössischen Nietzsche-Anhänger*innen, heute auf diese Weise zu schreiben: »Der bekannte Kulturwissenschaftler XY ist eine fette Kuh mit schönem Stil?« Eine solche Äußerung ist nicht nur absolut jenseits des Sagbaren, es wäre ebenso unvorstellbar, sich in der zeitgenössischen akademischen Welt auf die dichterische Freiheit zu berufen, um eine solche Aussage zu rechtfertigen. So sehr Nietzsche Stil in der Wissenschaft auch geschätzt sein mag, so inakzeptabel ist er gleichzeitig für die Wissenschaft: Nietzsches Schocks werden entweder übergangen oder als seltsame, fremdartige Objekte behandelt.

Wenn sie also ihre Wirkung heute nicht mehr zu entfalten vermögen, so ist der Grund dafür, dass sie auf den Status bloßer Meinungen reduziert worden sind. Derart ist es uns möglich zu folgern, dass Nietzsche in seinem extravaganten Stil eine geringe persönliche Meinung über George Sand zum Ausdruck

---

alte Schulmeister von Samos, der in seinem Gärtchen zu Athen versteckt sass und dreihundert Bücher schrieb, wer weiss? vielleicht aus Wuth und Ehrgeiz gegen Plato? — Es brauchte hundert Jahre, bis Griechenland dahinter kam, wer dieser Gartengott Epicur gewesen war. — Kam es dahinter? —« Nietzsche, Friedrich: *Jenseits von Gut und Böse*. In: KSA 5. S. 21.

bringt. Die Konsequenz ist, dass wir einen entscheidenden Aspekt übersehen, der Nietzsche erst zu Nietzsche macht und damit das Wesentliche des Ereignisses ›Nietzsche‹ verraten. In diesem Zusammenhang ist noch eine weitere Anmerkung hinzuzufügen, die ebenfalls die Frage von Nietzsches Stil betrifft: Dieser wird häufig als gleichermaßen raffiniert, pompös und pathetisch charakterisiert. Aber ist es nicht vielmehr so, dass Nietzsches Texte eigentlich äußerst direkt und – warum nicht – geradezu naiv sind? Ist Nietzsche, zieht man Friedrich Schillers Unterscheidung zwischen naivem und sentimentalischem Stil heran, wobei letztere der Moderne zugeordnet ist, nicht das definitive Beispiel des Naiven *innerhalb* der Moderne? Liegt nicht genau hier der Grund für die Kraft und die Schärfe seines Stils?

Was also erklärt den paradoxen Befund, dass uns Nietzsches Äußerungen hochtrabend und bombastisch erscheinen und zugleich auf einer anderen Ebene einen selbstironischen Zug aufweisen? Ist es etwa der Fall, dass Nietzsches naive Direktheit uns angesichts unseres feinen und kultivierten postmodernen Geschmacks beschämt und uns, »darauf eingeschult, bei jedem Nein, ja schon bei einem entschlossenen harten Ja zu zucken und etwas wie einen Biss zu spüren«, tatsächlich »wider die Moral« geht?[5] Jedenfalls handelt es sich buchstäblich um eine Frage des Schamgefühls: Es gibt wahrscheinlich keinen anderen Philosophen, der aufgrund seines Stils in seinen Schriften so viel von sich preisgibt wie Nietzsche. Genau hier liegt die Quelle seines Pathos: es ist nicht etwa das Wagnersche Pathos des Heldenmythos, sondern das Pathos des Lebens. Und hier entspringt auch Nietzsches Komik – sie ist nicht das Resultat einer reflektierten Distanz *gegenüber* dem Leben, aus gottgleicher Vogelperspektive, wo nur die größten Dinge zählen, sondern immanenter Selbstreflexion des Lebens auf sich selbst. Ein weiterer, verwandter Punkt betrifft die Frage nach der Ironie in Nietzsches Schriften. Selbst-

[5] Ebd. S. 137.

verständlich bedient sich Nietzsche ihrer, insgesamt betrachtet ist Nietzsche jedoch alles andere als ein Ironiker. Vielmehr gibt sich Nietzsche, wie er selbst von Zeit zu Zeit betont, als eine Art Possenreißer; und folglich ist seine Bewunderung gegenüber Aristophanes alles andere als ein Zufall. Nietzsche ist eher ein – im besten Sinne – ehrlicher Clown als ein raffinierter Ironiker, mehr Narr als Schurke.[6]

Im Übrigen entsteht das Erstaunen, das Nietzsches Texte auslösen (sollten), nicht nur durch Aussagen wie die obigen, sondern – und vielleicht zuvorderst – im Zusammenhang mit einer anderen wiederkehrenden und hochfliegenden Erklärung: er, Nietzsche, »bricht die Geschichte der Menschheit in zwei Stücke«, er ist »kein Mensch«, sondern »Dynamit« – »ein Schicksal«; mit *Also sprach Zarathustra* hat er »der Menschheit das grösste Geschenk gemacht«.[7]

Anstatt es uns leicht zu machen und auf oberflächliche Diagnosen zu verfallen – Ironie oder Megalomanie, verursacht durch Nietzsches Delirium – sollten wir sie ganz im Gegenteil sehr ernst nehmen und die folgende einfache Frage anschließen: Was genau sagt dieser Diskurs aus und womit lässt er sich vergleichen? Gibt es nicht eine bemerkenswerte Parallele zwischen diesem Aspekt in Nietzsches Diskurs und jenem, der mit dem Bruch, verursacht durch die Kunst der Moderne – genauer gesagt, die Avantgarde-Bewegungen – in der Bildenden Kunst entsteht? Obwohl Nietzsche wahrscheinlich im Grabe rotieren würde, soll dieser potenziell erhellende Gedanke im Hinblick auf Futurismus, Kubismus und insbesondere den Suprematismus hier weiter ausgeführt werden. Finden wir nicht in all diesen Bewegungen eine Form des Größenwahns, die an Nietzsche erinnert? Sicher ist, dass sie die

[6] Die im englischen Text verwendeten Begriffe *fool* und *knave* stehen in Beziehung zu Lacan, Jacques: *Die Ethik der Psychoanalyse*. Wien. 2016. S. 197.

[7] Nietzsche, Friedrich: *Ecce Homo*. In: KSA 6. S. 373, 365, 259.

klassische Kunst mit dem Hammer kritisieren[8], in dem Glauben an die Möglichkeit eines radikalen Bruchs, dessen Beginn und (ästhetische oder ethische) Notwendigkeit, sie gleichermaßen verkünden und verkörpern. Zieht man Nietzsches explizit formulierte Haltung gegenüber der modernen Kunst in Betracht, deren Anfänge in seine Zeit fallen (und die für Nietzsche lediglich Ausdruck von Dekadenz ist), muss dieser Vergleich einigermaßen absurd wirken. Nietzsches Kunstgeschmack ist insgesamt eher konservativ[9], auch wenn, wie Matthew Rampley dargelegt hat, seine Wagner-Analyse jener von Adorno erstaunlich nahekommt.[10] Und doch entdecken wir, wenn wir Nietzsches ästhetische Präferenzen außer Acht lassen – ohne die Relevanz der Frage in Abrede zu stellen – und den Stil seiner Texte in Betracht ziehen, dass dieser einen modernistischen, ja avantgardistischen Zug aufweist. So mangelt es sicher nicht an philosophischen Traditionalisten, die ohne weiteres dazu bereit wären, Nietzsches Schriften als dekadent zu bezeichnen und den guten philosophischen Ton abzusprechen. Zudem weisen in der Tat zahlreiche Passagen eine Art Manifest-Charakter auf.

[8] »Und der Moment, als die Idealisierung der Form von ihnen Besitz ergriff, sollte als der Ruin der wahren Kunst betrachtet werden. [...] Die Venus von Milo ist [...] eine Parodie. Angelos David ist eine Mißgestalt.« Malewitsch, Kasimir: *From Cubism and Futurism to Suprematism.* In: Malewitsch, Kasimir: *Essays on Art. 1915-1928. Volume 1.* London. 1969. S. 22-23. [Anm. d. Ü.: Die hier und nachfolgend von Zupančič zitierte Fassung des Texts liegt nicht vollständig in deutscher Übersetzung vor. Wann immer es möglich war, wurde auf bereits ins Deutsche übersetzte Quellen verwiesen. Die übrigen Passagen wurden basierend auf der englischsprachigen Quelle ins Deutsche übersetzt.]

[9] In der Musik stellt Nietzsche beispielsweise Bizet über Wagner, zieht Mozart Beethoven vor, hat eine Abneigung gegenüber Liszt und Brahms. In der Literatur bezeichnet er Zola, Flaubert und Hugo als dekadent, gleiches gilt für Delacroix.

[10] Rampley, Matthew: *Nietzsche, Aesthetics and Modernity.* Cambridge. 2000.

Eine besonders bemerkenswerte Analogie ließe sich demzufolge zwischen Nietzsche und Kasimir Malewitsch feststellen; und tatsächlich bin ich versucht nahezulegen, dass Nietzsches Stellung in der Philosophie jener entspricht, die Malewitsch in der Kunst einnimmt. »Bisher hat die Kunst die Welt und ihre Objekte nur in unterschiedlicher Weise dargestellt oder repräsentiert, nun ist die Zeit für uns gekommen, etwas in der Welt zu erschaffen« – so ließe sich Malewitschs Maxime formulieren. Er erklärt, sein *Schwarzes Quadrat* sei die erste jemals geschaffene neue Form, die erste künstlerische Schöpfung im starken Sinne des Wortes: Es handelt sich um nichts weniger als die Geburt der Bild-Fläche. Eine gemalte Fläche ist kein Objekt, das sich in der Welt finden und sich dann als Bild darstellen oder repräsentieren ließe; sie existiert ausschließlich als Bild. Das soll nicht heißen, dass das Bild ein imaginäres Phantasieobjekt repräsentiert, das nicht in der Realität, sondern lediglich in der fiktiven Sphäre des Bildes existiert. Im Gegenteil, das *Schwarze Quadrat* führt ein neues Objekt in die *Realität* ein – eben die Bild-Fläche als Objekt. Ein Bild wie das *Schwarze Quadrat* ist die Bild-Fläche in ihrer Materialität. Somit ist »[j]ede Fläche lebendiger als irgendein Gesicht, aus dem ein Paar Augen und ein Lächeln ragen«[11] und der Suprematismus »der Beginn einer neuen Kultur.«[12] Es muss in diesem Zusammenhang betont werden, dass Malewitschs Projekt nicht einfach nur auf Abstraktion zielte; es ging nicht um eine Reinigung der Welt von Bildern oder Repräsentationen, bis lediglich reine Form übrigbliebe. Seine Absicht war vielmehr, eine Form zu kreieren, die ein erster Inhalt ist, ein Objekt, das durch

[11] Malewitsch, Kasimir: *Vom Kubismus und Futurismus zum Suprematismus. Der neue Realismus in der Malerei.* In: Harrison, Charles; Wood, Paul (Hg.): *Kunsttheorie im 20. Jahrhundert, Band 1.* Ostfildern-Ruit. 1998. S. 218.

[12] Malewitsch, Kasimir: *From Cubism and Futurism to Suprematism.* In: Malewitsch, Kasimir: *Essays on Art. 1915-1928. Volume 1.* London. 1969. S. 37.

die Malerei und *aus der Praxis der Malerei selbst* hervorgeht – und die Bild-Fläche oder Bild-Ebene ist Malewitsch zufolge genau das: das malerische Objekt *par excellence.*

Eine ähnliche Überzeugung hinsichtlich der Notwendigkeit, dass ein Ereignis der Sache, die es umwälzt oder subvertiert, immanent sein müsse, ist auch für Nietzsches Philosophie wesentlich. Alain Badious Bezugnahme auf das, was er Nietzsches Archi-Politik nennt – also die Überzeugung, dass in der Philosophie das Ereignis dem Denken intrinsisch und nicht äußerlich ist, ebenso wie der Glaube an die Möglichkeit des philosophischen Akts[13] –, berührt exakt diesen Punkt. Eine weitere Besonderheit, die Nietzsche und Malewitsch verbindet, ist die Verwendung des Lebensbegriffs, der scharf von jeder Form des vitalistischen Obskurantismus abzugrenzen ist. So lesen wir etwa bei Malewitsch: »In der Absicht die lebendige Form wiederzugeben, haben sie ihren leblosen Körper reproduziert. [...] Alles wurde lebendig gefangen und zitternd an der Leinwand fixiert, gleich einer Insektensammlung.«[14] Bei Nietzsche finden wir eine fast identische Metapher: »Alles, was Philosophen seit Jahrtausenden gehandhabt haben, waren Begriffs-Mumien; es kam nichts Wirkliches lebendig aus ihren Händen.«[15] Stellen wir den Zusammenhang mit Malewitschs Aussage hinsichtlich der Geburt der Bild-Fläche her – » lebendiger als irgendein Gesicht, aus dem ein Paar Augen und ein Lächeln ragen« –, wird deutlich, dass der Begriff des Lebens hier in eine sehr spezifische Bedeutung hat: *das Vermögen*

---

[13] Badiou, Alain: *Casser en deux l'histoire du monde?* In: *Les conférences du perroquet, 37. Dezember, 1992.* Paris. 1992. S. 11. [Anm. d. Ü.: Der hier und nachfolgend von Zupančič referenzierte Text liegt nicht in deutscher Übersetzung vor. Alle Zitate wurden unter Berücksichtigung der Originalquelle sowie Zupančičs Übersetzung ins Deutsche übersetzt.]

[14] Malewitsch, Kasimir: *From Cubism and Futurism to Suprematism.* In: Malewitsch, Kasimir: *Essays on Art. 1915-1928. Volume 1.* London. 1969. S. 25.

[15] Nietzsche, Friedrich: *Götzen-Dämmerung.* In: KSA 6. S. 74.

einer gegebenen Praxis ein ihr eigentliches Objekt hervorzubringen (und nicht nur bereits gegebene Objekte zu repräsentieren, zu duplizieren oder darzustellen).

Die Parallele, die ich zwischen Nietzsche und Malewitsch ziehe, betrifft jedoch nicht in erster Linie die inhaltliche Nähe ihrer Ideen, obwohl sie zweifellos in verschiedenen Hinsichten geltend gemacht werden kann. Zuvorderst interessiert mich die Affinität zwischen Nietzsches Konzeption eines möglichen philosophischen Akts oder der Philosophie als Akt und jener Malewitschs eines möglichen künstlerischen Akts bzw. der Kunst als Akt. Zugegebenermaßen besteht die Möglichkeit, Nietzsche als Anti-Philosophen[16] und Malewitsch als Anti-Maler zu bezeichnen. Das Präfix anti- sollte dann allerdings nicht im Sinne einer Opposition zur Philosophie bzw. Malerei im Namen von etwas anderem aufgefasst werden. Weder positioniert sich Nietzsche gegen die Philosophie, etwa unter Berufung auf eine eher künstlerisch orientierte Ausdrucksform, noch positioniert sich Malewitsch gegen die Malerei oder die Kunst im Allgemeinen, zugunsten von Philosophie oder Theorie, obwohl er umfassende konzeptuelle Überlegungen anstellte. Entscheidend ist hier etwas anderes, das man folgendermaßen formulieren könnte: Es geht darum, den Punkt der inneren Grenze bzw. der inhärenten Unmöglichkeit eines gegebenen (philosophischen oder künstlerischen) Diskurses zu lokalisieren, und diesen als potenziellen Ort der Schöpfung ins Werk zu setzen. Dabei ist es absolut elementar, dass die fragliche Grenze eine inhärente, innere ist und eben dies zeichnet sowohl Nietzsche als auch Malewitsch aus. Wir haben es also nicht so sehr mit einer Entfaltung des Diskurses als vielmehr mit seiner Implosion zu tun. Woran und wie wird dies sichtbar? Vielleicht wird es nirgends offensichtlicher als in der paradoxen Beziehung, die beide zwischen der Explosion, dem Ereig-

---

[16] Alain Badiou weist ihn zusammen mit Pascal, Wittgenstein und Lacan als solchen aus.

nis, und der *Stille*, dem radikal Neuen und der *Nuance* knüpfen. Es scheint, als diene das Dynamit dazu, eine gegebene Praxis gewaltsam von innen heraus aufzusprengen, wobei ein Vakuum entsteht, das den einzig möglichen Ort des Ereignisses bildet. Dieses Vakuum ist der privilegierte Ort, von dem aus es möglich wird, schöpferisch zu werden und zu sehen oder wahrzunehmen, was geschaffen wurde.

Können wir uns Malewitschs *Weißes Quadrat auf weißem Grund* ohne diese Implosion vorstellen? Und warum präsentiert Nietzsche als Sinnbild der Zeit des Ereignisses den *Mittag*, den er als die »stillste Stunde« beschreibt – wobei dies nicht die sprichwörtliche Ruhe vor dem Sturm impliziert, definiert Nietzsche den Mittag doch als den Moment, da »Eins zu Zwei«[17] wird, eben den Moment des Bruchs bzw. der Kluft? Warum insistiert er darauf, dass es die »stillsten Worte sind [...], welche den Sturm bringen« und »Gedanken, die mit Taubenfüssen kommen, [...] die Welt [lenken]«?[18] Warum identifiziert er sich nicht mit den Übermütigen, mit den Meistern großer Worte und schreibt stattdessen: »Wir *Immoralisten*! — Diese Welt, die *uns* angeht, in der *wir* zu fürchten und zu lieben haben, diese beinahe unsichtbare unhörbare Welt [...], eine Welt des ›Beinahe‹ in jedem Betrachte, häklich, verfänglich, spitzig, zärtlich«?[19] Warum führt er die Ignoranz seiner Zeitgenossen gegenüber dem Ereignis ›Nietzsche‹ nicht auf die Angst vor einer spektakulären, apokalyptischen Explosion zurück, sondern auf ihr Unvermögen, Nuancen zu erkennen: »Ich halte diese Rasse nicht aus, mit der man immer in schlechter Gesellschaft ist, die keine Finger für nuances hat — wehe mir! ich bin eine nuance [...].«?[20] Wenn Nietzsche sich selbst als Dynamit begreift, so handelt es sich jedenfalls nicht um eine Identifizierung mit dem großen Knall und wir dürfen

---

[17] Nietzsche, Friedrich: *Jenseits von Gut und Böse*. In: KSA 5. S. 243.
[18] Nietzsche, Friedrich: *Also sprach Zarathustra*. In: KSA 4. S. 189.
[19] Nietzsche, Friedrich: *Jenseits von Gut und Böse*. In: KSA 5. S. 162.
[20] Nietzsche, Friedrich: *Ecce Homo*. In: KSA 6. S. 362.

in unserer Lektüre Nietzsches niemals diese irreduzible Kehrseite seiner Großspurigkeit außer Acht lassen: Stille, Einsamkeit, Humor, Leichtigkeit, Nuance – minimale Differenz. Wie bereits angedeutet, kommt das Moment der Stille allerdings weder nach noch vor der Explosion; es ist die Stille im Zentrum der Explosion, die Stille des Ereignisses. Gleichzeitig dürfen wir ebenso wenig aus den Augen verlieren, dass das komplementäre und korrelative Gegenmotiv zu Nietzsches Plädoyer für die Nuancen, das Tänzerische, die Perspektivität, die Fiktion und das Schichten von Erscheinungen und Differenzen eben der Sprengkörper des Ereignisses ist. Diese Akzentuierung ist deshalb wichtig, weil Nietzsche oft als postmoderner Denker *avant la lettre* gehandelt wird, der als Erster die großen Erzählungen verabschiedet habe, um den Weg für eine Vielzahl gleichwertig nebeneinander bestehender Fiktionen und Virtualitäten zu ebnen. Dagegen muss betont werden, dass die Nuance für Nietzsche nichts anderes als der Ausdruck oder, noch präziser, die Artikulation einer großen Erzählung, eines Ereignisses, ist.

Nietzsche weigert sich, das Ereignis als (externe) Ursache oder Inauguration des Denkens mit der (daran anschließenden) generischen Wahrheitsprozedur zu begreifen. Stattdessen postuliert er es als etwas, das der Philosophie als Ereignis/Akt des Denkens selbst innewohnt. Das Ereignis hat also selbst Anteil am Prozess der Wahrheit – nicht nur als dessen inhärente Triebkraft, sondern als etwas, das nur innerhalb des Wahrheitsprozesses stattfindet. In Badious Worten: Das Ereignis (oder der Akt) ist dem spekulativen Prinzip der Aussage immanent. Folglich ist Nietzsches Aussage »Ich bereite ein Ereigniß vor« vom Ereignis selbst ununterscheidbar.[21] Sie wird die Welt entzweibrechen, während sie gleichzeitig exakt dies aussagt bzw. erklärt: dass sie

[21] Nietzsche, Friedrich: *An Georg Brandes in Kopenhagen (Entwurf)*. In: Colli, Giorgio; Montinari, Mazzino (Hg.). *Kritische Studienausgabe sämtlicher Briefe (KSB) in 8 Bänden, Band 8*. München/Berlin. 2003. S. 500.

die Welt entzweibricht. Es mangelt ihr am Realen und dies ist der Grund dafür, dass am mangelnden »Punkt dieses Realen, [...] bei dem es unmöglich ist, Präsenz und Ankündigung zu trennen, [...] Nietzsche sich selbst zum Erscheinen bringen muss. Und dies ist es, was man seinen Wahnsinn nennen wird.«[22] Aber ist dieser zweifellos zentrale Punkt in Nietzsches Philosophie tatsächlich die radikale Impasse, für die Nietzsche mit seinem Wahnsinn bezahlen muss? Ist eine solche Schlussfolgerung nicht möglicherweise etwas zu voreilig?

Gewiss existiert dieses von Badiou bemerkte zirkuläre Moment. Nietzsche Aussage ist nicht so sehr eine Verkündigung des Realen oder des Ereignisses, sondern funktioniert unter der Voraussetzung, dass sie aus sich selbst heraus bereits das Ereignis ist. Genau genommen ist das Ereignis der Aussage also nicht äußerlich, es vollzieht sich stattdessen vielmehr in ihr, ohne unmittelbar mit ihr zusammenzufallen. Nietzsches Verkündigung hat demnach weniger die Struktur einer Aussage des Ereignisses, sondern die Struktur einer Aussage der Aussage. Das impliziert jedoch *nicht*, dass wir in die (potenziell unendliche) Domäne des Scheins – Repräsentationen von Repräsentationen *ad infinitum* – eingetreten wären, denen es in ihrer gegenseitigen Reflexion an einem fassbaren Realen mangelt. Im Gegenteil, die Dualität oder Verdopplung, die uns hier begegnet, ist gerade die Artikulation des Realen.

Die Verkündigung Nietzsches ist, und damit kehren wir zum obigen Punkt zurück, den Manifesten der Avantgarde strukturell sehr ähnlich. Was also ist ein Manifest und welche Beziehung unterhält es beispielsweise zu der ihm zugehörigen Kunst? Es ist weder eine Theorie der Kunst noch dient es als konzeptuelle Rahmung. Es ist integraler Bestandteil der Werke, dieses (neuartigen) Prozesses der Kunstpraxis – ein künstlerischer *Akt*. So ist es kaum

[22] Badiou, Alain: *Casser en deux l'histoire du monde?* In: *Les conférences du perroquet, 37. Dezember, 1992*. Paris. 1992. S. 15.

möglich, Kunst und Manifest zu trennen oder einander gegenüberzustellen. Sie gehen jedoch ebenso wenig einfach ineinander auf. Sie sind auf inhärente und wesentliche Weise verbunden, und vielleicht wäre die bündigste Formel, ihre Beziehung auszudrücken, das Manifest als das Sprechen der Kunst zu bezeichnen. Es konstituiert einen singulären Punkt der Aussage, die Kunst spricht darin in der ersten Person; und sie hat immer die folgende Form: »Ich, die (neue) Kunst, spreche.« In der Regel erklärt das Manifest nicht: »Dieses oder jenes ist in der Kunst passiert und sie wird nie mehr dieselbe sein – dies ist ein Ereignis.« Es verkündet: »Ich bin bzw. wir sind geschehen (geschehen in diesem Moment, werden geschehen).« Das Ich in dieser Aussage ist nicht das Ego der Künstler*innen, es ist ein unpersönliches, unmenschliches Ich. Was in den meisten Manifesten als Größenwahn erscheint, sollte folglich nicht als schamlose (subjektive) Arroganz vonseiten der Künstler*innen als Individuen verstanden werden. Genauso wenig sind derartige Stellungnahmen aber ironisch gemeint; sie sind subversiv, insofern sie vollkommen ernst gemeint sind. Ironie ist grundsätzlich immer nur eine Behauptung des Egos und seiner (oft hämischen) Überlegenheit. Die meisten Avantgarde-Manifeste unternehmen große Anstrengungen, die Vorstellung der Künstler*in (als das *Ego*, das Kunst *macht*) abzuschaffen: sie erreichen dies nicht durch Ironie, sondern mittels Substitution des Egos durch das Werk-Subjekt. Anders ausgedrückt ist die Subjektivität, die sich in den Manifesten so vehement selbst affirmiert, das Kunst-Objekt selbst. Der Größenwahn bzw. dessen Effekt ist dem Entzug des Egos strikt korrelativ. Wir haben es hier mit einer Umkehrung des freudschen Diktums »*Wo Es war, soll Ich werden*« zu tun: »*Wo Ich war, soll Es werden.*« Mangelt es nun dieser Aussage, in der sich die Kunst (in der Form des Manifests) selbst verkündigt, am Realen? Dies ist wohl kaum zu bejahen, denn der entscheidende Punkt ist, dass die Aussage am Realen teilhat, das sie aussagt. Deshalb kann sie das Ereignis nicht so erklären, als wäre sie diesem äußerlich und nimmt stattdessen die folgende Form an: »Ich, das Ereignis, spreche.«

Etwas Ähnliches ließe sich über die Beziehung zwischen Nietzsches Verkündigung und dem Ereignis sagen – letzteres ist ersterer inhärent. Wie wir gesehen haben, leitet Badiou daraus ab, dass es der Aussage am (Objekt des) Realen mangelt und es deshalb unmöglich ist, zwischen Präsenz und Verkündigung zu unterscheiden. Aber könnten wir nicht sagen, dass diese Unmöglichkeit gerade die eigentliche Präsenz des Realen *ist*, das Anzeichen dafür, dass das Reale ins Werk gesetzt ist – nicht als eine Beziehung *zum* Realen, sondern als Beziehung *des* Realen. Für Nietzsche ist das Reale nichts, was ohne Weiteres ausgesagt werden könnte; allerdings nicht, weil es der Aussage am Realen mangelt, sondern weil sie von ihm kontaminiert ist, weil sie selbst zu ihm gehört. Nehmen wir als Beispiel das Ereignis der Liebe, eine Begegnung, die bewirkt, dass wir uns hingeben und im Zuge dessen unsere Liebe erklären. Was ist hier das Reale? Ist es etwas, das in dieser Begegnung geschehen ist und was wir als solches kundtun? – Nicht ganz. Das Reale ist in diesem Fall der Grund, auf dem wir stehen, *wenn* wir unsere Liebe erklären, und dies ist es, was die Liebeserklärung in ihrem Kern verdoppelt. Die Verkündigung der Liebe ist, wie jede andere Verkündigung des Ereignisses, immer eine überstürzte Aussage, die einen Sprung in der Kausalität mit sich bringt; nicht nur hinsichtlich der ihr vorausgehenden Situation, die sie unterbricht, sondern auch in Bezug auf ihre eigene Hervorbringung. Die Liebeserklärung ist ein exzellentes Beispiel für diese Art überstürzter Aussagen, die in der Tat die Bedingungen ihrer eigenen Äußerung und damit die Bedingungen des Realen erzeugen, das sie kundtun.

Was also in Nietzsches Konzeption des Ereignisses auf dem Spiel steht, ist nicht die Verabschiedung des Begriffs des Realen zugunsten der Vorstellung einer Vielzahl von Repräsentationen, die einander lediglich reflektieren, sondern eine neue und andere Konzeptualisierung des Realen. Diese Vorstellung des Realen situiert es nicht als Extradiskursives *jenseits* der Sphäre der Repräsentationen bzw. Verkündigungen. Dies ist ein entscheidender Punkt und gleichermaßen der rote Faden, der sich durch die vorliegende Untersuchung zieht: *Es gibt noch etwas anderes* neben der klassisch metaphysischen Position, die das Reale von der Sprache ausnimmt, um ersteres als materielle Basis oder Prüfstein für letztere zu setzen, und der sogenannten sophistischen Position, die die Idee des Realen zu unterminieren versucht, indem sie behauptet, alles sei Sprache, das Reale existiere nicht und alles liefe letztlich auf Konventionen, Sprachspiele, Perspektiven und ihre Interpretation hinaus. Dieses andere, das neben den beiden Alternativen existiert, ist genau genommen eine *Dualität*, eine Dualität jedoch, die nichts zu tun hat mit den Dichotomien zwischen komplementären Gegensätzen und die letztlich die zwei Seiten des Einen sind. Sie ist allerdings auch (noch) keine Multiplizität. Am treffendsten ist sie wahrscheinlich topologisch mit dem Begriff des Randes bestimmt, dessen Substanzialität einzig darin besteht, dass er zwei Oberflächen gleichzeitig trennt und verbindet. Diese spezifische Dualität zielt auf das Reale und bewirkt dessen Stattfinden durch jene Kluft, der die Dualität strukturiert. Es handelt sich also um eine Dualität, die simultan die Ursache, die Ankunft und die Konsequenz des Realen konstituiert – und es im Zuge dessen erfasst und ausdrückt.

Ein ausgezeichnetes Beispiel für diese Doppelheit wäre die Theaterszene, die sogenannte Mausefalle, in Shakespeares *Hamlet*. Ganz offensichtlich hat die Inszenierung eines Theaterstücks im Theaterstück nicht dieselbe Struktur, Logik oder Wirkung, wie etwa die Inszenierung eines Theaterstücks im Theaterstück im Theaterstück im Theaterstück usw. Nicht nur ist die Verdoppelung in diesem Fall hinreichend, weitere Multiplikationen oder Spiegelungen würden eindeutig zu einer gänzlich anderen Konfiguration – endloser metonymischer Illusion – führen. In *Hamlet* funktioniert jedoch die Verdoppelung der Fiktion, weit von der Vermeidung oder einem Mangel am Realen entfernt, gerade als

Falle – Mausefalle – für das Reale. Anders formuliert, die Mausefalle in *Hamlet* entspricht exakt jener Struktur der Aussage der Aussage. Durch die Aufführung des Stücks *Die Ermordung des Gonzago*, verkündet Hamlet, was der Geist seines Vaters ihm zuvor offenbart hatte. In der Form der Bühnenaufführung gelingt diese Aussage der Aussage gerade deshalb, weil sie folgende Dimension hervorbringt: »Ich, das Reale, spreche.« Dadurch veranlasst, gerät der mörderische König aus der Fassung.

Nietzsche wird oft für sein Insistieren auf die Vielheit gegenüber einer Ontologie des Einen gepriesen. Gleichwohl gilt seine eigentliche Intervention nicht der Vielheit, sondern einer spezifischen Figur der Zwei. Ihre Logik, die wir in verschiedenen Kontexten und konzeptuellen Formationen verfolgen werden, impliziert zudem eine besondere Zeitstruktur, eine Art Zeitschleife, die eine singuläre Form der Zeitlichkeit in Nietzsches Wahrheitsbegriff einführt. Für Nietzsche ist Wahrheit niemals zeitlos, sondern immer mit einer bestimmten Vorstellung von Zeitlichkeit verknüpft. Bei der Zeitgebundenheit, die hier auf dem Spiel steht, handelt es allerdings nicht um jene, die man für gewöhnlich den ewigen Wahrheiten gegenüberstellt, so wie man eine Person als Kind ihrer Zeit bezeichnet, sondern vielmehr um ein Paradoxon, das den Kern der Wahrheit selbst betrifft und durch das die Wahrheit erst wird, was sie ist. Der zeitliche Modus der Wahrheit ist also der ihrer eigenen Vorläufigkeit – oder, um Lacans so betrachtet regelrecht an Nietzsche angelehnte Formel zu verwenden: »Wahrheit, so verstanden, ist, was der Wahrheit hinterherläuft«.[23] Dieser zeitliche Modus der Vorläufigkeit korreliert wiederum mit dem Begriff des Subjekts, das, verwickelt in eine Zeitschleife, am Ort des Realen wird erscheinen müssen, durch das es zu einer anderen Zeit inauguriert wurde. Anders gesagt,

[23] Lacan, Jacques: *Die vier Grundbegriffe der Psychoanalyse*. Wien. 2015. S. 197.

das Subjekt wird an dem Ort des Realen erscheinen müssen, an dem es wie von anderswo inauguriert wird.

Nietzsches Theorie des Ereignisses bzw. des philosophischen Aktes impliziert tatsächlich, dass das Subjekt sich im Ereignis selbst begegnet, allerdings nicht in der Form einer ausschließlichen Selbstbetrachtung des klaustrophobischen Egos. Ganz im Gegenteil: Diese Begegnung ist kein Moment des Wiedererkennens. Wir könnten sie stattdessen mit der von Freud in *Das Unheimliche* geschilderten Begegnung mit sich selbst vergleichen: »Ich saß allein im Abteil des Schlafwagens, als bei einem heftigeren Ruck der Fahrtbewegung die zur anstoßenden Toilette führende Türe aufging und ein älterer Herr im Schlafrock, die Reisemütze auf dem Kopf, bei mir eintrat. Ich nahm an, daß er sich beim Verlassen des zwischen zwei Abteilen befindlichen Kabinetts in der Richtung geirrt hatte und fälschlich in mein Abteil gekommen war, sprang auf, um ihn aufzuklären, erkannte aber bald verdutzt, daß der Eindringling mein eigenes vom Spiegel in der Verbindungstür entworfenes Bild war.«[24] Freud betont, dass ihm das Auftauchen dieses Mannes zutiefst missfiel, allerdings nicht, weil sein Doppelgänger ihn erschreckt hätte, denn er hatte ihn als solchen gar nicht erkannt. Und wenn Freud schließlich bemerkt, dass er sich selbst sieht, dann *nicht* aufgrund des Bildes, das er vor sich sieht, also der Feststellung der Ähnlichkeit und folglich des Erkennens. Er identifiziert sich als der ältere Mann letztlich nur deshalb, weil er den Spiegel an der Tür bemerkt.

Einen ähnlichen Fall von Konfusion, Verblüffung und radikalen Nichterkennens können wir für das Funktionieren von Nietzsches Theorie des Ereignisses feststellen. Hier impliziert oder provoziert der Moment des Ereignisses eine Reaktion folgenden Typs: »Dies kann nicht sein«, »Das ist nicht, was gerade geschieht«, »Das bin nicht ich«. Es geht nicht darum, das Sub-

[24] Freud, Sigmund: *Das Unheimliche*. In: Freud, Sigmund: *Gesammelte Werke, Band 12*. Frankfurt am Main. 1966. S. 262-263.

jekt – als Resultat des Wiedererkennens – zu re-zentrieren, sondern es radikal zu de-zentrieren, eine Spaltung des Subjekts in Reinform. Genau an diesem Punkt kommt die der Subjektivität eigene Zeitlichkeit ins Spiel. Das Subjekt ist nicht aufgerufen, sich selbst in diesem anderen Etwas zu erkennen; stattdessen muss es eine gewisse Distanz zurücklegen, um als dieses stattzufinden, d. h. sich an dessen Ort zu ereignen. *Also sprach Zarathustra* ist das Epos einer solchen Reise. Es ist, um einen Ausdruck Lacans im Zusammenhang mit dem Ödipus-Mythos zu borgen, Nietzsches »Versuch, dem epische Gestalt zu verleihen, was sich von der Struktur her ins Werk setzt.«[25] Die folgende Passage aus *Also sprach Zarathustra* stellt das Nicht-Erkennen in einer solchen Begegnung heraus:

> »Dieses sage ich euch zum Gleichniss. Gestern, zur stillsten Stunde, wich mir der Boden: der Traum begann. Der Zeiger rückte, die Uhr meines Lebens holte Athem —, nie hörte ich solche Stille um mich: also dass mein Herz erschrak. Dann sprach es ohne Stimme zu mir: ›*Du weisst es, Zarathustra*?‹ — Und ich schrie vor Schrecken bei diesem Flüstern, und das Blut wich aus meinem Gesichte: aber ich schwieg. Da sprach es abermals ohne Stimme zu mir: ›Du weisst es, Zarathustra, aber du redest es nicht!‹ — [...] Da sprach es wieder ohne Stimme zu mir: ›Was liegt an dir, Zarathustra! Sprich dein Wort und zerbrich!‹ — Und ich antwortete: ›Ach, ist es *mein* Wort? Wer bin ich?‹«[26]

---

[25] Lacan, Jacques: *Radiophonie Television.* Weinheim/Berlin. 1988. S. 83.

[26] Nietzsche, Friedrich: *Also sprach Zarathustra.* In: KSA 4. S. 187-188. Man könnte dies vielleicht mit der Darstellung Jesu in Martin Scorseses Film *Die letzte Versuchung Christi* vergleichen: Christus wird dort als im Grunde unfähig dargestellt, sich als Gott zu erkennen bzw. seine Mission anzunehmen.

Im selben Abschnitt finden wir zudem die Formulierung der Zeitschleife, in die für Nietzsche die Konstitution von Subjektivität verwickelt ist, wenn die stimmlose Stimme Zarathustra eröffnet: »Oh Zarathustra, du sollst gehen als ein Schatten dessen, was kommen muss«.

Es geht in dieser Konfiguration nicht darum, eine traumatische und rätselhafte Anrufung zu domestizieren, indem wir behaupten, sie käme tatsächlich von uns; es ist gerade die Tatsache, dass sie von uns kommt, die diese Anrufung so traumatisch, rätselhaft und vollkommen unkenntlich macht. Um es noch anders zu sagen: Es ist eben die Herkunft von uns, die nach Domestizierung verlangt und es ist die Selbst-Emanation dieser Anrufung, die sie so beunruhigend und unheimlich macht. Sich selbst darin wiederzuerkennen würde, so scheint es, den unheimlichen Effekt reduzieren. Nietzsche schlägt hingehen etwas anderes vor: dieses andere Etwas zu *werden*. Diesbezüglich ist jedoch entscheidende und wesentliche Einschränkung erforderlich, denn dies bedeutet keine (mystische) *Transformation* der Subjektivität: Das andere Etwas *ist* das Subjekt selbst. Und der Moment dieses Werdens ist der Moment, wenn das Ereignis mit der Verkündigung zusammenfällt. Nietzsche schreibt: »Ich sprach mein Wort, ich zerbreche an meinem Wort [...], als Verkündiger gehe ich zu Grunde!«[27] Als Verkündiger zugrunde zu gehen, am eigenen Wort zu zerbrechen, bedeutet das zu werden, was man verkündigt. Es bedeutet nicht, *zuerst* zerbrechen zu müssen, um dann etwas anderes zu werden. Der Bruch selbst ist bereits etwas anderes, das andere Etwas – das Eine, das Zwei wird.

Wenn Nietzsche im Vorwort von *Ecce Homo* die Frage aufwirft, wer er sei, können wir dies auf die bereits zitierten Worte Zarathustras – »Ach, ist es *mein* Wort? Wer bin ich?« – beziehen, wobei Nietzsche zu diesem späteren Zeitpunkt seines Schaffens eine, möglicherweise überraschende, Antwort gibt: »[I]ch bin [...]

---

[27] Ebd. S.277.

décadent zugleich und *Anfang* [...] – ich kenne Beides, ich bin Beides«[28] oder, wie es in der ursprünglichen Version des dritten Abschnitts ganz direkt heißt: »[I]ch bin ein Doppelgänger, ich habe auch das ›zweite‹ Gesicht noch ausser dem ersten.«[29] Hier klingt Freuds oben zitierte Anekdote als Illustration des Doppelgänger-Phänomens an. Dieses Insistieren auf die Verdopplung, die Tatsache, dass Nietzsche zwei ist, prägt das gesamte erste Kapitel von *Ecce Homo*: Ich bin zwei, ich bin eine Kluft, ich bin das Ereignis; Nietzsche wird nicht müde, es zu wiederholen – *»Dionysos gegen den Gekreuzigten«*[30], *gleichzeitig*, als Rand zwischen Zweien.

Dies hält Nietzsche am Ende für seine größte Erfindung oder Schöpfung. Bisher gab es Dionysos und den Gekreuzigten, jeweils mit einem Spektrum von Konnotationen, im Rahmen von Nietzsches Philosophie (und darüber hinaus). Die Welt ist entlang der Linie entzweigebrochen, die diese Namen markieren. Aber mit und durch Nietzsches Verkündigung, das ist seine Errungenschaft, treten sie aus diesem Bruch gleichsam als Doppelheit hervor. Nietzsche transformiert die zwei Einen in eine janusköpfige Gestalt, sein Bild für den Bruch, der die kürzeste Verbindung zwischen den beiden Namen und ihren Bedeutungen herstellt. Die kürzeste Verbindung ist aber der Rand; und wie wir sehen werden, ist er der einzig mögliche Ort für ein Jenseits von Gut und Böse – ein Jenseits, das keinen Bereich aufspannt, sondern der Struktur des Randes entspricht. Das Ereignis ›Nietzsche‹ ist exakt dieser Rand.

Hier liegt das Maß der Wahrheit, das Nietzsche für sich beansprucht und dabei bisweilen so weit geht, zu behaupten, *er* sei dieses Maß; das *rechte Maß* für Dionysos und den Gekreuzigten, nicht ihre goldene Mitte, die sie in ein stabiles Gleichgewicht versetzt, sondern eine Art Bindeglied oder Scharnier, das zwei

---

[28] Nietzsche, Friedrich: *Ecce Homo*. In: KSA 6. S. 264.
[29] Nietzsche, Friedrich: *Ecce Homo*. [Alt. Fassung] In: KSA 14. S. 472.
[30] Nietzsche, Friedrich: *Ecce Homo*. In: KSA: 6. S. 374.

Dinge an ihrem *äußersten* Punkt zusammenhält: dem Punkt ihrer (In-)Kommensurabilität, an dem sie gerade noch als zwei Unterschiedene und doch Ununterscheidbare wahrgenommen werden können. Dies ist die Bedeutung der bereits zitierten Passage: »Wir *Immoralisten*! — Diese Welt, die *uns* angeht, in der *wir* zu fürchten und zu lieben haben, diese beinahe unsichtbare unhörbare Welt [...], eine Welt des ›Beinahe‹ in jedem Betrachte«. Die Substantivierung des Beinahe bezeichnet hier nicht ein Ungefähres, sondern eine Nähe, ein Nahe-bei-sein; ein Zeichen für etwas, das sich in einem spezifischen Sinne in Nietzsches Philosophie kontinuierlich wiederholt. Das Beinahe ist die minimale Differenz zwischen zwei Dingen, das Maß ihrer kürzesten Verbindung; es ist die eigentliche Artikulation der Doppelheit bzw. der Figur der Zwei. Wir werden ihr in der Form des »kürzesten Schattens« wiederbegegnen, der für Nietzsche den Mittag charakterisiert.[31]

Die Feststellung, Nietzsche sei das rechte Maß zwischen Dionysos und dem Gekreuzigten, impliziert also weder eine Synthese noch das Erlangen irgendeiner organischen Einheit im Ereignis ›Nietzsche‹. Es bedeutet: Nietzsche ist beide, insofern beide in diesem Namen *beinahe* zusammenfallen. Somit ist Nietzsche der eigentliche Name des Nicht-Verhältnisses zwischen Dionysos und dem Gekreuzigten, wobei dies – mit Lacan, der diesen Punkt in Bezug auf das sexuelle Verhältnis macht – nicht einfach kein Verhältnis bedeutet, sondern impliziert, dass die Unmöglichkeit eines eindeutig festgestellten Verhältnisses das Wesen dieses (Nicht-)Verhältnisses *konstituiert.* Dieselbe Logik kommt auch in Nietzsches Lebensbegriff zum Zuge: Die Dekadenz, die sich gegen das Leben wendet, das asketische Ideal, entspringt dem Leben selbst. Dies ist die erste Prämisse, die Nivellierung. Von da an wird der Gegensatz von Leben und Tod, ihr Spannungsverhältnis, zur eigentlichen Definition des Lebens. Das Leben ist zweierlei, das Leben und der Tod; es ist der *lebendige* Rand zwischen ihnen. So

---

[31] Nietzsche, Friedrich: *Götzen-Dämmerung.* In: KSA 6. S. 81.

ist der Tod, im emphatischen Sinne, der Tod dieses Randes, die Auflösung der Spannung – ihr Zusammenfallen, das immer ein In-Eins-fallen ist.

Das Ereignis ›Nietzsche‹ ließe sich also mit der Verkündigung auf den Punkt bringen: »da wurde Eins zu Zwei«. Die eigentliche Formel lautet weder »Ich bin das Ereignis« noch »Ich werde die Welt entzweibrechen« oder »Ich bin Dynamit«, sondern »Ich bin zwei«, »Nietzsche ist zwei«. Das ist es, was Nietzsche in *Ecce Homo* voller Eifer verkündet, und das ist es, was über die zu Beginn erwähnten Formulierungen hinaus Nietzsches Werk die Kühnheit verleiht.

Diese spezifische Form der Verdoppelung als Anordnung einer Doppelheit in der Topologie der minimalen Differenz, die eben das Ereignis bezeichnet, muss von einer anderen Art der Verdoppelung unterschieden werden, die die Beziehung zwischen dem Ereignis und dem verkündenden Subjekt – also den Ausgangspunkt unserer Überlegungen – betrifft. Letztere bezieht sich auf Nietzsche Theorie des Ereignisses, Erstere auf ein bestimmtes Ereignis, das Ereignis ›Nietzsche‹. Natürlich sind beide nicht ohne Weiteres voneinander zu trennen, insofern Nietzsches Theorie des Ereignisses ein Teil des Ereignisses namens ›Nietzsche‹ ist. Jedoch können wir sie für den Moment auseinanderhalten, um ihre jeweiligen Implikationen zu klären.

Was also ist Nietzsches Theorie des Ereignisses und welcher Art ist die darin implizierte Zirkularität? Nietzsche artikuliert diese singuläre Zeitschleife in der Beziehung zwischen dem Subjekt und dem Ereignis – das Subjekt verkündet das Ereignis, wobei das Ereignis der Verkündigung immanent ist – auf unterschiedlichen Ebenen. Eine davon ist die Beziehung zwischen dem Subjekt als Autor*in eines bestimmten Werks und dem Subjekt, das diesem innewohnt, sozusagen darin am Werk ist. Das Paradoxon besteht darin, dass das Autor*innen-Subjekt, zeitlich betrachtet am Beginn des Arbeitsprozesses der Autor*innenschaft stehend, vollständig vom im Werden begriffenen Subjekt des noch zu vollendenden Werkes abhängt. In diesem Sinne schreibt Nietzsche: »Ich lebe auf meinen eignen Credit hin, es ist vielleicht bloss ein Vorurtheil, daß ich lebe?... Ich brauche nur irgend einen ›Gebildeten‹ zu sprechen, der im Sommer ins Oberengadin kommt, um mich zu überzeugen, dass ich *nicht* lebe«.[32] Derart zu leben, etwas als Pfand zu geben, das man noch nicht besitzt und das erst noch werden muss, was es ist: Dies ist sowohl ein treffender Ausdruck für die besagte Zeitschleife als auch eine konzise Formel für Nietzsches Theorie des Ereignisses. Die darin implizierte Beziehung zwischen Subjekt und Ereignis sollte folgendermaßen dargestellt werden: Subjekt – Ereignis – Subjekt. Das Subjekt bezeichnet ebenso das vom Ereignis inaugurierte, wie dasjenige, das dem Ereignis den Raum und die Zeit verleiht, sich zu ereignen, wobei diese Position ausschließlich nachträglich, nach dem Ereignis, subjektiviert wird. Aus dieser Perspektive ist das Ereignis genau die Kristallisation dieser Dualität; es ist der Moment der Spaltung des Subjekts in der Selbstbegegnung. Mit anderen Worten, das Ereignis existiert ausschließlich in der Montage dieser beiden Subjekte. Deshalb ist es nicht möglich, das Ereignis direkt zu verkünden, sondern ausschließlich in verdoppelter Form.

Als anschauliches Beispiel für diese Konfiguration bietet sich Chris Markers meisterhafter Foto-Roman *La jetée* an. Darin wird die Geschichte eines Mannes erzählt, der durch ein Bild aus seiner Kindheit zutiefst geprägt ist: Auf der Aussichtsplattform des Flughafens Paris-Orly sieht er eine Frau, deren zunächst sanfter Gesichtsausdruck plötzlich in Entsetzen umschlägt. Erst später wird ihm klar, dass er zudem den Tod eines Mannes mit angesehen hat, der auf der Plattform ins Taumeln gerät und schließlich zu Fall kommt. Im Anschluss kommt es zu einer Zäsur in der Erzählung, die sich im Folgenden um die Liebesbeziehung zwischen dem inzwischen erwachsenen Protagonisten und der Frau von der Aussichtsplattform dreht. Ihre Begegnung setzt die

[32] Nietzsche, Friedrich: *Ecce Homo*. In: KSA 6. S. 257.

Existenz von Zeitreisen voraus; dieser Aspekt der Geschichte spielt hier allerdings keine Rolle, wobei zumindest erwähnt werden sollte, dass es das eindrückliche mentale Bild ist, das die Zeitreise des Protagonisten überhaupt ermöglicht. Die Geschichte endet mit einer Begegnung der beiden auf der Aussichtsplattform. Sie wartet dort auf ihn, er eilt auf sie zu. Plötzlich füllt sich ihr Gesicht mit Schrecken, als ihn eine Kugel in den Rücken trifft. Er taumelt und fällt zu Boden. Die Erzählstimme erklärt uns, dass der Mann in diesem Moment begreift, dass er an jenem Tag vor vielen Jahren seinen eigenen Tod gesehen hat.

Wir finden hier alle wesentlichen Elemente der Zeitschleife, die Subjekt und Ereignis zueinander in Beziehung setzt. Das Ereignis wird vom (erwachsenen) Protagonisten verkündet, und zwar durch seine Treue zu der Frau, deren Gesichtsausdruck ihn so tief geprägt hat. Dabei sollten wir nicht vergessen, dass es ihre heftige Reaktion auf ihn ist, die ihn derartig trifft, in diesem verdoppelten Moment (gespalten in eine bezeugte und gelebte Zeit), wenn er seines eigenen Todes gewahr wird, gerade als er ankommt, um das Ereignis, d. h. seine Liebe, zu verkünden. Das Ereignis ist also das, was sich auf der Plattform abspielt, genauer gesagt, ist es lediglich die Veränderung des Gesichtsausdrucks der Frau. Der Protagonist begegnet in dieser Szene *sich selbst*, buchstäblich via das Interface des Ereignisses: das Gesicht der Frau und die Veränderung ihres Ausdrucks. Diese Selbstbegegnung produziert gleichzeitig den Effekt des Nicht-Wiedererkennens und die Liebe, um die sein gesamtes Leben kreist. Es ließe sich kaum eine bessere *mise en scène* für Nietzsches Mittag als Zeitpunkt des Ereignisses finden. Die folgende Passage aus dem Abschnitt *Mittags* in *Also sprach Zarathustra* drängt sich regelrecht auf:

> »Das Wenigste gerade, das Leiseste, Leichteste, einer Eidechse Rascheln, ein Hauch, ein Husch, ein Augen-Blick — *Wenig* macht die Art des *besten* Glücks. Still! — Was geschah mir: Horch! Flog die Zeit wohl davon? Falle ich nicht? Fiel ich nicht

— horch! in den Brunnen der Ewigkeit? — Was geschieht mir? Still! Es sticht mich — wehe — in's Herz? In's Herz! Oh zerbrich, zerbrich, Herz, nach solchem Glücke, nach solchem Stiche! — Wie? Ward die Welt nicht eben vollkommen? Rund und reif? Oh des goldenen runden Reifs — wohin fliegt er wohl? Laufe ich ihm nach! Husch!«[33]

Der erste Satz knüpft das Ereignis an das Kleinste, *beinahe* kaum Wahrzunehmende. Die konzeptuelle Bedeutung des *Beinahe* habe ich bereits dargelegt und wir könnten nun ohne Weiteres die Veränderung eines Gesichtsausdrucks zu Nietzsches Reihung – »ein Hauch, ein Husch, ein Augen-Blick« – hinzufügen. Der zweite Teil führt den Gedanken der Ewigkeit ein, ebenso die zyklische Zeit – »des goldenen runden Reifs« – *als Resultat* des Stichs ins Herz, der hier das Ereignis definiert. Aufgrund des Geschehens kann die Zeit entweder in die eine oder andere Richtung verlaufen. An dieser Stelle ist es äußerst wichtig, die Ewigkeit nicht mit dem Zyklus zu identifizieren: Nietzsches Ewigkeit bedeutet nicht etwa einen endlosen Kreislauf der Zeit, sondern jene raren Momente, wenn diese besondere Zirkularität auftaucht und für uns in der Begegnung zweier Zeitlichkeiten fassbar wird, dieser Begegnung, die das Ereignis als solches kennzeichnet. Anders gesagt, und darin abweichend von der traditionellen Logik der Zeit als Zukunft, die unmerklich zur Vergangenheit wird, ist das Ereignis immer ein Zusammentreffen beider, das sowohl auf erstere als auch letztere wirkt. Aus diesem Grund bezeichnet Nietzsche es mit Vorliebe als ein Loch in der Zeit, einen »Brunnen der Ewigkeit«. Nietzsches Begriff der Ewigkeit, und dasselbe gilt für die Unendlichkeit, ist gerade nicht der einer endlosen, obgleich zirkulären Ausdehnung der Zeit, sondern bezeichnet einen zeitlosen *Moment*. Um ihn darzustellen, bedient er sich beständig derselben Metaphern: Er spricht über den Brunnen und Abgrund der Ewigkeit. Er vergleicht den Moment der Ewigkeit mit dem Gefühl beim Einschlafen, wenn

[33] Nietzsche, Friedrich: *Also sprach Zarathustra*. In: KSA 4. S. 344.

der Eindruck entsteht, dass der Boden nachgibt und wir in den Schlaf sinken. Es ist, als würde die Zeit selbst weichen und uns auf eine lange Reise entsenden, obwohl nach linearer Zeitrechnung nur ein Moment vergangen ist – »[d]er Zeiger rückte, die Uhr meines Lebens holte Athem«. In seinen Gedichten und Aphorismen, ebenso wie in seiner Prosa, stellt Nietzsche die Ewigkeit bzw. Unendlichkeit zudem wiederholt in Gestalt des Blicks und der Augen dar. Hier ein entsprechendes Beispiel aus den *Liedern des Prinzen Vogelfrei*, das beides getrennt beinhaltet:

> »Mittag schläft auf Raum und Zeit —:
> Nur *dein* Auge — ungeheuer
> Blickt mich's an, Unendlichkeit!«[34]

Entsprechend eines traditionellen poetischen Motivs begegnen wir dem Abgrund der Unendlichkeit in der Form der Augen, die uns anblicken. Hegel nennt dies auch die »Nacht der Welt«. Darüber hinaus gibt es den Fall, dass sich *Auge* und *Blick* im *Augenblick* verbinden. Wenn in *Also sprach Zarathustra* das Thema der ewigen Wiederkehr zum ersten Mal erscheint, spricht Nietzsche von einem »Thorweg« namens »Augenblick« als Punkt, an dem sich zwei Wege treffen und »stossen [...] gerade vor den Kopf« – zwei Wege, die einander offenbar widersprechen, da sie sich je »eine Ewigkeit« in gegensätzliche Richtungen erstrecken.[35] Die Szene aus La jetée ließe sich genau in dieser Weise auffassen, da zwei Pfade, einer in die Vergangenheit, der andere in die Zukunft, zusammentreffen. Somit ist der Augenblick für Nietzsche also nicht einfach ein Punkt in der Zeit, der sich in zwei Richtungen bis in alle Ewigkeit erstreckt; es ist, mit Deleuze gesprochen, ein Zeitkristall, ein Kristall von Vergangenheit und Zukunft und als solcher *ist* er Ewigkeit. Ein letzter wichtiger Punkt, bevor wir zu *La jetée* zurückkehren, ist die Beziehung zwischen diesem Loch in der

---

[34] Nietzsche, Friedrich: *Die fröhliche Wissenschaft*. In: KSA 3. S. 649.
[35] Nietzsche, Friedrich: *Also sprach Zarathustra*. In: KSA 4. S. 199-200.

Zeit und dem Thema des Perspektivischen bei Nietzsche. Der »grosse Mittag«, als Bild dieser Kluft in der Zeit schlechthin, wird von Nietzsche als eine Art ultimative Perspektive konzipiert, wobei seine Singularität darin begründet liegt, dass es gerade keine Sichtweise, sondern der Punkt des *Blickes* ist.

Wie ich oben dargelegt habe, verkörpert der Gesichtsausdruck der Frau auf der Plattform für das Kind das, was *ihm* (in einer anderen Zeit) widerfährt. Diese Konfiguration impliziert, dass im Hinblick auf unser Schema (Subjekt – Ereignis – Subjekt) der taumelnde Protagonist als Erwachsener das erste Subjekt ist. Die Tatsache, dass wir ihn in dieser Szene zunächst lediglich via das Interface des Ereignisses sehen, während die finale Einstellung die Szene aus seiner Perspektive zeigt, erinnert daran, dass der in das Ereignis involvierte Ort der Subjektivität – man könnte dies sogar die subjektive Bedingung des Ereignisses nennen – erst nachträglich bzw. rückwirkend im und durch das Ereignis subjektiviert wird. Auf dieser Ebene der Geschichte findet eine Transformation der Konfiguration ›X – Ereignis – Subjekt‹ in ›Subjekt – Ereignis – Subjekt‹ statt und genau darum geht es in Nietzsches Formel »Wie man wird, was man ist«. Dabei ist es jedoch von äußerster Wichtigkeit, diese Bewegung des Werdens nicht zu linear aufzufassen. Nietzsche bezieht sich nicht auf eine Idee teleologischen Fortschritts. Man wird nicht auf direktem Weg, was man ist, so wie man einen Auftrag erfüllt. Man wird nicht am Ende, was man ist. Wenn die Rede vom Ende hier einen Sinn hat, dann findet dieses in der *Mitte* statt. Es ist nicht Abschluss, sondern Inauguration; es eröffnet genau die Kluft, die es herbeiführt. Das Ende ist nichts anderes als das Gelenk oder Scharnier zweier Enden, die in gegensätzliche Richtungen führen. In *La jetée* wird dies besonders deutlich: Das Ende des Films, die Schlussszene, ist gleichsam seine Eröffnung, und so bilden sie zusammengenommen die Mitte der (präsentierten) Geschichte. Die finale Szene kann nicht als Schlussmoment der dargestellten Bewegung identifiziert werden. Der Protagonist wird nicht, was er ist, wenn er auf der Plattform erschossen wird. Man könnte nicht nur ohne Weiteres das Gegenteil behaupten, dass die Erschießung das eröffnende Moment seines Werdens als Liebender ist – der Versuch, eine Reihenfolge zu etablieren, ergibt streng genommen keinen Sinn, weil eben die Ewigkeit dargestellt wird, in dem *Augenblick* der Begegnung. Dieser *Augenblick*, die Szene auf der Plattform, ist keine glückliche Vereinigung oder ein Verschmelzen beider Enden, sondern ihre *Fuge*. Im Zusammenhang mit dem Mittag als Bild für das Ereignis verwendet Nietzsche auch den Begriff *Wendepunkt*, der als Verbindungsstelle, nicht als Umkehrung zu verstehen ist. Darüber hinaus sollten wir nicht vergessen, dass die Begegnung der beiden identisch ist mit dem Moment, da Eins zu Zwei wird.

Das Ereignis ist also genau der Begriff für das, was die zwei Subjekte gleichzeitig trennt und verbindet. Es bezeichnet das Dazwischen, den schmalen Grat zwischen zwei Subjekten. Es ist die Spannung, die das Subjekt antreibt. Das Subjekt existiert entlang des Randes des Ereignisses. Somit ist der einzige Beweis für das Ereignis die Koexistenz dieser doppelten Subjektivität.

Eine andere Weise dies auszudrücken, die uns zu einem weiteren Aspekt unserer Untersuchung führt, wäre zu sagen, dass das Subjekt dem Ereignis Raum und Zeit verleiht und zugleich nur aus diesem hervorgehen kann. Umgekehrt wird das erste Subjekt erst dann Subjekt, wenn das zweite Subjekt in Erscheinung tritt. Anders formuliert handelt es sich hier nicht um eine Kausalbeziehung, sodass das erste Subjekt Autor des Ereignisses ist, das zum Auftauchen des zweiten Subjekts führt. Es geht vielmehr um die theoretische Prämisse, dass die Möglichkeit eines *kontingenten* Ereignisses an bestimmte (subjektive) Bedingungen geknüpft ist. Kontingenz kann in Gang gesetzt werden, ohne ihr Charakteristikum zu verlieren. Die Annahme ist, dass Kontingenz immer schon diskursiv verfasst ist und es Diskurse gibt, die Kontingenz ausschließen – in diesen Fällen werden wir vergeblich auf sie warten. Diese These, der zufolge Kontingenz – das Ereignis, das

Reale – in Gang gesetzt werden kann, entspricht dem Zünden einer Bombe. Obwohl wir die Bombe, wie das Ereignis oder das Reale, nicht selbst produzieren, können wir sie zünden.[36]

Nietzsche artikuliert den Unterschied zwischen Diskursivitäten, die das Ereignis zulassen bzw. a priori ausschließen in der Differenz zwischen affirmativen und negierenden Diskursen oder, alternativ, zwischen aktiven und reaktiven Kräften. Um erstere auf den Punkt zu bringen, könnten wir sagen, dass der affirmative Diskurs das Ereignis als Kontingentes annimmt; dagegen die Negation bzw. Reaktion das Ereignis als notwendig qualifiziert und darauf zu reduzieren sucht. Wohlgemerkt muss die Affirmation, um die Kontingenz in Gang zu setzen, eine doppelte sein – wir werden darauf zurückkommen.

Ich habe bereits angedeutet, dass der Moment, in dem man wird, was man ist, keine Vereinigung, sondern im Gegenteil eine reine Kluft impliziert. Eine ihrer Artikulationsformen ist die Unterscheidung zwischen dem Prinzip der Dekadenz bzw. Negation und dem Prinzip des Anfangs oder der Affirmation, die durch den Gekreuzigten bzw. Dionysos benannt werden. Dabei ist jedoch entscheidend, dass Dionysos selbst diese Kluft ist. Dionysos *folgt* nicht als etwas gänzlich anderes auf den Gekreuzigten. Er ist nicht einfach das Äquivalent neuer, anderer Werte; er ist nicht der Beginn einer neuen Ära, nach dem Ende der voran-

---

[36] Nietzsche beschreibt die Figur des asketischen Priesters, der für die Nicht-Kontingenz schlechthin steht und dessen eigentliche Kunst darin besteht, den gefährlichsten aller Sprengstoffe, das Ressentiment, so zu zünden, dass nichts geschieht, also weder Hirte noch Herde in die Luft gehen. Dies gelingt ihm durch Umleitung des Ressentiments. Alle Leidenden suchen die Ursache für ihre Leiden, und zwar in der Außenwelt: Jemand muss daran schuld sein. Die Geste des asketischen Priesters ist es nun, diesen explosiven Zorn nach innen zu kehren. Er sagt dem Leidenden: »Recht so, mein Schaf! irgend wer muss daran schuld sein: aber du selbst bist dieser Irgend-Wer, du selbst bist daran allein schuld, — *du selbst bist an dir allein schuld*!« Nietzsche, Friedrich: *Zur Genealogie der Moral*. In: KSA 5. S. 375.

gegangenen. Dionysos ist der Anfang als *Mittag*, der Moment, da Eins zu Zwei wird, also der Moment der Kluft, des Zwei-Werdens, *als das, was neu ist*. Dieser Punkt ist ebenso zentral wie heikel, da Nietzsche selbst in der Beschreibung des Neubeginns zwischen zwei Logiken schwankt: einerseits der Vorstellung, der Anfang käme erst nach der Katastrophe, die eine neue Epoche einläutet, andererseits, dass er sich am Mittag, inmitten des Lebens[37], ereigne. Allerdings ist, obwohl beide vorhanden sind, letztere eindeutig die vorherrschende, während erstere explizit erst mit dem Einsetzen von Nietzsches Wahnsinn Gestalt annimmt. Im Dezember 1888 schreibt er an Brandes: »Ich bereite ein Ereigniß vor, welches höchst wahrscheinlich die Geschichte in zwei Hälften spaltet, bis zu dem Punkte, daß wir eine neue Zeitrechnung haben werden: von 1888 als Jahr Eins an.« Solche Behauptungen finden sich in Nietzsches Briefen erst in der Zeitspanne zwischen Dezember 1888 und Januar 1889 – also zu einem Zeitpunkt, um eine Formulierung Deleuzes zu übernehmen, an dem die Krankheit, als Bild in Nietzsches Werk allgegenwärtig, aus diesem heraustritt, es unterbricht und seine Fortsetzung verunmöglicht. Zuvor begegnet uns in Nietzsches Schriften diese andere Figur des Bruchs, des Ereignisses, der Zeit des Ereignisses: der Mittag als die *stillste Stunde*.

Was also ist so außergewöhnlich an dieser Figur des Mittags? Nietzsches entwickelt und verwendet sie, um die Idee eines Neubeginns zu transportieren, ein Ereignis, das alles verändert. Doch verbinden wir diese Idee nicht für gewöhnlich mit dem Tagesanbruch? Auf die Nacht des Nihilismus, die sprichwörtliche dunkle Nacht der Seele, folgt der Neuanfang bei Tagesanbruch. Nietzsche aber insistiert auf diese andere Metapher, den »grossen Mittag«. *Also sprach Zarathustra* als Geschichte einer Suche nach dem Neuen endet zwar am Morgen, der jedoch nur das Prä-

[37] Diese Formulierung ist von Eric L. Santner entlehnt. Siehe dazu Kapitel 1.

ludium ist. Zarathustras letzte Worte lauten: »Dies ist *mein* Morgen, *mein* Tag hebt an: *herauf nun, herauf, du grosser Mittag*!«[38] Dabei ist, auch wenn Zarathustra nicht zögert, seinen letzten Gefährten, den höheren Menschen, nahezulegen, sie könnten ebenso gut in ihrer Leidenschaft für das Nichts ertrinken, ihr Tod oder Verschwinden keinesfalls die Bedingung für einen Neubeginn. Kurz vor Schluss *trennt* sich Zarathustra von ihnen und lässt sie in seiner Höhle zurück.

Die Zeit des Ereignisses ist also weder die Zeit der Geburt noch die Zeit des Todes, sondern jene dazwischen. Wieso beharrt Nietzsche auf diesem Punkt? Skizzieren wir kurz die wichtigsten Aspekte der Figur des Mittags, die uns in dieser Untersuchung interessieren. Es gibt derer drei und sie sind eng miteinander verknüpft. Der erste Aspekt ist die Dimension der Trennung. Ihre Logik ist nicht die des Endes oder Schlusses, sondern die der Subtraktion, des Entzugs oder der Kluft. Der zweite betrifft die singuläre Zeitlichkeit des Ereignisses, die eine Krümmung der Zeit in sich selbst, eine Zeitschleife, impliziert – der Mittag ist eine Zeit in der Zeit, so wie die Mausefalle in Hamlet ein Stück im Stück ist. Er existier in der Zeit, er hat seine Zeit, aber er höhlt die Zeit auch von innen heraus aus: »Der Zeiger rückte, die Uhr meines Lebens holte Athem«. Der dritte Punkt ist das, was Nietzsche als den kürzesten Schatten bezeichnet: »Mittag; Augenblick des kürzesten Schattens; Ende des längsten Irrthums; Höhepunkt der Menschheit«.[39] Der Mittag ist *nicht* der Moment, in dem die Sonne alles erfasst und alle Schatten verschwinden, sodass eine ungetrennte Einheit der Welt entsteht. Es ist der Moment des kürzesten Schattens eines Dings – also das Ding selbst, wobei dies nicht bedeutet, dass Zwei zu Einem werden, sondern Eins zu Zwei. Warum? Weil das Ding seinen Schatten nicht mehr auf ein anderes Ding werfen kann, stattdessen seinen Schatten auf sich

---

[38] Nietzsche, Friedrich: *Also sprach Zarathustra*. In: KSA 4. S. 408.
[39] Nietzsche, Friedrich: *Götzen-Dämmerung*. In: KSA 6. S. 81.

selbst wirft und derart gleichzeitig das Ding und sein Schatten wird. Hat die Sonne ihren Zenit erreicht, liegen die Dinge nicht einfach offen zutage; sie sind nicht nackt, sondern in ihre eigenen Schatten gekleidet. Dabei sollte uns die poetische Beschreibung nicht über die hier aufgeworfene epistemologische Problematik hinwegtäuschen, da sie von entscheidender Bedeutung für Nietzsches Theorie der Wahrheit ist.

Alle drei Aspekte artikulieren auf verschiedene Weise diese spezifische Figur der Zwei, die, so meine Behauptung, das Ereignis ›Nietzsche‹ konstituiert. Sie ist Nietzsches maßgebliche Erfindung und durchbricht das durch die fruchtlose Opposition von Realismus und Nominalismus strukturierte Feld. Es geht um die Artikulation eins bestimmten Verhältnisses zwischen Realem und Repräsentation, die das Reale weder jenseits oder außerhalb der Repräsentation stellt noch zugunsten einer Reduktion der Dinge auf ihren Schein verwirft. Sie legt vielmehr nahe, dass das Reale als inhärente Bruchstelle oder Kluft der Repräsentation existiert, als immanenter Rand, aufgrund dessen die Repräsentation nicht nur niemals vollständig mit ihrem Objekt, sondern ebenso wenig mit sich selbst zusammenfällt. Die Figur der Zwei mit ihren Implikationen bildet den roten Faden, den wir aufgreifen und verfolgen werden – insbesondere im zweiten Teil, während sich der erste vornehmlich Nietzsches Gespür für ein wachsendes Unbehagen in der Kultur und dessen Analyse widmet.

Zwölf Jahre nach dem Ausbruch seiner Krankheit starb Nietzsche im August 1900, an der Wende des Jahrhunderts – zur Mittagszeit, so heißt es.

Teil 1
Nietzsche als Metapsychologe

Es ist wahrscheinlich kein Zufall, dass Interpret*innen bezogen auf Nietzsches sogenannte diagnostische Arbeiten, manchmal Freuds Diktum vom Unbehagen in der Kultur verwenden, um Nietzsches besonderes Geschick anzudeuten, derlei Unbehagen wahrzunehmen und zu benennen. So wird Nietzsche häufig als großer Psychologe geschätzt – und er betrachtet sich auch selbst als solchen –, aber vielleicht wäre es angemessener, Nietzsche als bedeutenden und vielleicht ersten Metapsychologen zu bezeichnen; und zwar genau in dem Sinne, wie der Begriff in Zusammenhang mit Freuds metapsychologischen Schriften – dazu gehören u. a. *Massenpsychologie und Ich-Analyse*, *Die Zukunft einer Illusion*, *Totem und Tabu*, *Der Mann Moses und die monotheistische Religion* und natürlich *Das Unbehagen in der Kultur* – verwendet wird.

Suchen wir nach den eindringlichsten Beispielen für Nietzsches Metapsychologie, in denen es ihm zudem gelingt, das Reale im Zentrum des Unbehagens in der Kultur zu artikulieren, können wir mindestens zwei nennen: Das erste ist die Theorie des asketischen Ideals; das zweite, in der Regel unter dem Motto des Untergangs der wahren Herren verhandelt, ließe sich vielleicht treffender als Nietzsches Einsicht in die Transformation der dominanten sozialen Beziehungsform bzw. ihrer Diskursivierung bestimmen. In Lacans Worten geht es hier um den Übergang vom Diskurs des Herrn zum Diskurs der Universität. Beiden Beispielen gemeinsam ist die Auseinandersetzung mit einer bestimmten sozialen Rekodifizierung des Genießens und in dieser Hinsicht ist es wichtig, sie zusammen zu betrachten, da uns dies erlaubt, die darin artikulierte Verschiebung nicht nur als historisch, sondern auch als strukturell zu begreifen. Darüber hinaus sind sie durch ein drittes Element verbunden, das Nietzsches Philosophie ihr politisches Gewicht verleiht, und zwar die Kritik des Liberalismus, die in der jüngeren Vergangenheit einen der wichtigsten Ausgangspunkte für die Reaktivierung von Nietzsches Denken bildet.[1]

Ausgehend von der Theorie des asketischen Ideals in der *Genealogie der Moral* ließe sich der Eindruck gewinnen, die gesamte europäische Geschichte sei ein Film, der aufgrund einer initialen Geste bzw. eines Fehlers des Christentums abläuft. Anders gesagt, man könnte vermuten, Nietzsche habe, nachdem er die Erbsünde des Christentums erkannt hatte, lediglich die Konsequenzen abgeleitet und beschrieben, indem er eine Art logischer Evolution dieses ersten Fehlers darlegt. Es ist jedoch auch klar, dass seine Perspektive durch einen Bruch innerhalb des Christentums selbst informiert ist – ein Bruch, der Nietzsches Perspektive erst ermöglicht und durch den das asketische Ideal, obwohl vom Christentum eingeführt, erst wird, was es ist. Die Bezeichnung dieses Bruchs, eine von Nietzsches bekanntesten Verkündigungen, ist der Tod Gottes.

»Gott ist todt«

Genau genommen hat Nietzsches These zwei Seiten: Nicht nur ist Gott tot, das Christentum hat den Tod Gottes außerdem überlebt. Und so geht es, wie wir sehen werden, beim asketischen Ideal in seiner reinsten Form genau um das Wesen dieses Christentums ohne Gott.

Hinsichtlich der These vom Tod Gottes sollten wir zunächst zwei Behauptungen unterscheiden, die keinesfalls identisch sind, wobei die erste von Hegel formuliert und die zweite von Lacan ausgelotet wurde: Es ist nicht einfach Gottes Sohn, der am Kreuz

[1] Siehe etwa Owen, David: *Nietzsche, Politics & Modernity: A Critique of Liberal Reason*. London. 1995.

starb, während Gott in seiner Transzendenz davon unberührt bleibt. Auch Gott stirbt am Kreuz und dieser Tod Gottes ist die eigentliche Bedingung für die Entstehung des Christentums. Kurz gesagt, der Tod Gottes ist die Bedingung für das universelle Band, durch das Gott auf der Ebene des Symbolischen hervorgeht; er initiiert die (symbolische) Schuld, in die wir uns verwickelt finden. Aus diesem Grund bekräftigt Lacan, offensichtlich auf Nietzsche verweisend, dass Gott immer schon tot gewesen ist, notwendigerweise, von Anbeginn des Christentums. Daraus folgt logischerweise, dass die Beteuerung des Tods Gottes nicht wirklich subversiv ist – oder, präziser ausgedrückt, sie nicht ohne Weiteres als Grundlegung des Atheismus gelten kann. Gleichwohl, so zutreffend diese hegelianisch-lacansche Bemerkung auch sein mag, geht sie an Nietzsches eigentlichem Punkt vorbei, der auf einer gänzlich anderen Ebene liegt. Denn Nietzsches Beteuerung bezieht sich ja gerade auf den Tod des *symbolischen* Gottes, d. h. auf Gott als symbolische Macht und Name für das symbolische Band des Christentums. Nietzsches Feststellung des Tods Gottes bezieht sich, so könnte man sagen, auf eine neue Konfiguration – eine Konfiguration, die Lacan nicht entgangen ist, wie die folgende pointierte Formulierung beweist: »Wir stehen nicht mehr bloß in der Gefahr, schuldig zu werden durch die symbolische Schuld. [...] Kurz, es ist die Schuld selbst, in der wir unseren Platz haben, der uns geraubt werden kann, und genau da können wir uns uns selbst vollständig entfremdet fühlen.«[2] Es muss also betont werden, dass Nietzsche sozusagen auf Gottes zweiten Tod abzielt: seinen symbolischen Tod. Dies impliziert jedoch, dass der Tod des *symbolischen* Gottes selbst *real* sein kann.

Wir sollten bedenken, dass wir es die gesamte Geschichte des Christentums hindurch mit zwei Göttern zu tun haben, dem Gott der Theolog*innen, Philosoph*innen und Wissenschaftler*innen einerseits und dem Gott Abrahams, Isaaks und Jakobs anderer-

---

[2] Lacan, Jacques: *Die Übertragung*. Wien. 2008. S. 372.

seits.[3] Diese Unterscheidung, die häufig auch entlang der Trennlinie zwischen Gott als der große Andere und dem Gott des persönlichen Glaubens vorgenommen wird, sollte nicht zu voreilig als identifizierbar mit jener zwischen dem Symbolischen und dem Realen akzeptiert werden. Vielmehr ließe sich argumentieren, dass eine solche Grenzziehung dem Symbolischen inhärent ist. Auf der einen Seite erscheint der logisch-grammatikalische Gott als Synonym für die symbolische Ordnung und ihre wohlgeordneten Verhältnisse, d. h. als *Struktur* der Welt, des Kosmos, der Sprache. Auf der anderen Seite erscheint Gott als das Reale eben dieser symbolischen Ordnung, als ihr Licht, als Ort ihrer generativen *Macht*, ihre Produktivität, ihres Exzesses. Dies entspricht beispielsweise der Differenz zwischen Newtons und Pascals Gott. Ersterer ist der Gott regelhafter Ordnung, der mit der eigentlichen Struktur und Organisation des Universums bzw. der Natur[4] zusammenfällt – kurz gesagt, der Gott der Theolog*innen, Philosoph*innen und Wissenschaftler*innen. Letzterer ist der Gott des Exzesses, allerdings – und das ist entscheidend – des *Symbolischen selbst*. Hierin liegt der Kern von Pascals berühmtem Beharren auf dem rein symbolischen Ritual als Quelle des (intimsten) Glaubens: »Knie nieder, bewege die Lippen zum Gebet, und Du wirst glauben.«.[5] Gott als Exzess oder einfach als Präsenz des

---

[3] Alain Badiou hat eine interessante Interpretation dieser Differenz zwischen zwei Göttern vorgeschlagen. Siehe dazu Badiou, Alain: *Gott ist tot. Kurze Abhandlung über eine Ontologie des Übergangs*. Wien. 2007.

[4] Dies gilt für Newtons wissenschaftliche Schriften, während ein anderer Teil seines Werks, zum Beispiel seine Kommentare zum *Buch Daniel*, eine andere Vorstellung von Gott implizieren. Hier zeigt sich der doppelte Status Gottes im Korpus eines Autors.

[5] In dieser Form findet sich die Passage bei Althusser, Louis: *Ideologie und ideologische Staatsapparate*. Hamburg/Westberlin. 1977. S. 138. Bei Pascal heißt es im Fragment 250: »Notwendig muß sich das Äußerliche dem Innern vereinen, damit man Gott erlange, d. h. daß man sich hinknie, mit den Lippen bete usw., damit der stolze Mensch, der sich Gott nicht unterwerfen wollte, hier der Kreatur untertan sei.« Pascal,

Lebens ist dem Symbolischen inhärent. Es ist der Name, durch den eine persönliche und singuläre Erfahrung des Exzesses des Lebens auf der Ebene des Universellen, zum Beispiel der christlichen Gemeinde, zum Tragen kommt. Mit Lacan formuliert entspricht der Unterschied zwischen den beiden Göttern exakt dem Unterschied zwischen S1 und S2: einerseits der Herrensignifikant als Ort generischer und generativer – Nietzsche würden sagen: schaffender – Macht des Symbolischen, andererseits die Signifikantenkette, die das Feld des positiven Wissens *und* des Glaubens strukturiert. So könnte man sagen, dass Gott als S1 sterben, also seine Funktion als *Träger* einer gegebenen symbolischen Diskursivität einbüßen kann. Dagegen ergibt es keinen Sinn, Gott als S2 für tot zu erklären – hier besteht lediglich die Möglichkeit, über seine (Nicht-)Existenz zu streiten, wobei beide Standpunkte auf nichts anderes hinauslaufen als Behauptungen über die Existenz oder Nichtexistenz von Kontingenz sowie der Welt bzw. Sprache als konsistentes *Ganzes*.

Der Gott, auf den sich Nietzsche bezieht, ist Gott als generische und generative Macht des Symbolischen (S1). Dagegen ist Nietzsche viel zurückhaltender im Hinblick auf Gott als Synonym für die symbolische oder linguistische Struktur: »Ich fürchte, wir werden Gott nicht los, weil wir noch an die Grammatik glauben«.[6]

Vor diesem Hintergrund ist es nicht verwunderlich, dass für Nietzsche der Tod Gottes mit seinen Äußerungen über das Ende der wahren Herren in Einklang steht, d. h. der allgemeinen Diagnose vom aussterbenden Diskurs des Herrn und dessen

---

Blaise: *Über die Religion und über einige andere Gegenstände.* Heidelberg. 1972. S. 133.

[6] Nietzsche, Friedrich: *Götzen-Dämmerung.* In: KSA 6. S. 78. Lacan argumentiert in seinem Seminar auf ganz ähnliche Weise: »Gott ist eigentlich der Ort, wo, wenn Sie mir das Spiel damit erlauben, sich produziert *le dieu — le dieur - le dire.* Um ein Nichts, das sagen, das macht Gott. Und so lange etwas gesagt werden wird, wird die Hypothese Gott da sein.« Lacan, Jacques: *Encore.* Wien. 2008. S. 50.

Ersetzung durch eine sterilisierte, aber umso tyrannischere Form der Herrschaft.[7] Diese Ablösung bedeutet jedoch nicht etwa ein Symbolisches ohne Beherrschung. Das Gegenteil ist der Fall und wir werden auf diese Diskursverschiebung zurückkommen. Vorerst genügt es festzuhalten, dass der Gott, den Nietzsche für tot erklärt, der Name für den Ort des Exzesses und die generative oder schöpferische bzw. performative Macht des Symbolischen ist. Aus dem Tod Gottes resultiert so ein seiner inhärenten Macht beraubtes Symbolisches, dessen Rituale nicht mehr produktiv sind und ihre Wirkung verlieren. Gleichwohl geht es nicht einfach darum, dass sie mit dem Tod Gottes entleert wurden. Vielmehr ist die Tatsache, dass etwa die Gläubigen selbst diese Rituale scheinbar plötzlich als leer und sinnlos empfinden, dasselbe wie der Tod Gottes. Es handelt sich nicht um eine Kausalbeziehung; beide Phänomene sind auf derselben Ebene zu situieren und Nietzsches Äußerungen über die Reformation sollten aus dieser Perspektive gelesen werden. In gewisser Weise ist der Tod Gottes die Grundsatzerklärung der Reformation, und zwar genau im hier vorgeschlagenen Sinne: Gott ist der Dimension des Symbolischen abwesend, also allen Formen kirchlicher Praxis, die im günstigen Fall als Aberglaube, im schlimmsten Fall als unmittelbarer Ausdruck des Antichristen zu betrachten sind. Mit anderen Worten, der Angriff der Reformation auf die rituelle bzw. performative Dimension des Christentums könnte als (frühe) Variante der Aussage »Gott ist todt« verstanden werden. Gott ist den symbolischen Ritualen abwesend, in denen er zuvor als gegenwärtig galt.

So könnte man das zentrale Projekt der Reformation als den Versuch definieren, Gott zu (re)aktivieren – nicht als Macht auf der symbolischen Ebene, sondern unmittelbar auf der Ebene des

---

[7] In diesem Zusammenhang könnte es ebenfalls aufschlussreich sein, eine Verbindung zu Lacans Beobachtung einer Verschiebung vom Diskurs des Herrn zum Diskurs der Universität herzustellen. In Bezug auf letzteren spricht er von der »neuen Tyrannei des Wissens«. Lacan, Jacques: *Die Kehrseite der Psychoanalyse.* Wien. 2023. S. 35.

Realen. Die Positionierung im Verhältnis zu diesem Gott auf der Ebene des Realen findet sodann explizit *jenseits* des Symbolischen statt, d. h. jenseits der Logik von Vermittlung, Repräsentation und Hierarchie. Damit ist Gott zwar immer noch jenseitig, jedoch nicht mehr in demselben Sinne wie zuvor. Denn im klassischen Katholizismus stützt sich die klare Trennung zwischen Diesseits und Jenseits insbesondere auf die Macht des Symbolischen als Vermittlungsinstanz und Bindeglied zwischen beiden Sphären. Symbolische Rituale, die bestimmte Praktiken und Verpflichtungen in dieser Welt begleiten, zeitigen zugleich Wirkungen im Jenseits. So hat etwa eine kirchliche Trauung über die weltliche Sphäre hinaus Bedeutung; erteilt uns der Priester Absolution, dürfen wir ebenfalls Vergebung vor Gott erhoffen. Dabei ist der entscheidende Punkt, dass die Macht des Symbolischen zur Transsubstantiation und seine Bindegliedfunktion gerade die Differenz zwischen beiden Seinsordnungen aufrechterhält.

Wir haben also im Katholizismus die klare Trennung *zweier Sphären* und das Symbolische als ihren *point de capiton* (Stepppunkt). Anders formuliert ist dem Katholizismus die Vorstellung eines *anderen Schauplatzes* wesentlich, der eben jener der Wahrheit und des Sinns bzw. der Bedeutung ist. Im Protestantismus hingegen verschwindet diese Differenz bzw. sie erlangt einen völlig anderen Status. Die erste – katholische – Konfiguration impliziert zwei Dinge: eine wohldefinierte Trennung beider Sphären sowie das Privileg bestimmter symbolischer Rituale, eine direkte Verbindung zwischen ihnen herzustellen. Unter bestimmten (rituellen) Umständen *ist* der diesseitige jener andere Schauplatz, sie fallen zusammen. Einige unserer Handlungen verfügen also gemäß der kirchlichen Definitionshoheit über diese besondere Signifikanz oder Macht, etwas hinsichtlich der jenseitigen Sphäre, die unser Leben ebenfalls berührt, zu verändern, während alle anderen Handlungen gleichgültig oder irrelevant sind. Die zweite – protestantische – Konfiguration impliziert, dass es keine derartig *privilegierten* Punkte des Zusammentreffens und demzufolge auch keine Handlungen mit entsprechender Wirkung gibt. Zugleich nimmt unser *gesamtes* Leben – jede Handlung, jeder Gedanke, ob privat oder öffentlich – den Charakter eines Zeichens oder Ausdrucks des anderen Schauplatzes an. Keine Handlung ist gleichgültig oder irrelevant, jedes Detail zählt. Während also im Katholizismus ein Großteil unseres alltäglichen Lebens keinen Bezug zu diesem anderen Schauplatz und damit dem Begriff der Wahrheit aufweist, bedeutet der Protestantismus in dieser Hinsicht eine radikale Veränderung. Erstens ist die Wahrheit einzig im Hier und Jetzt, in unserem diesseitigen Leben zu finden. Zweitens ist diese Wahrheit die Wahrheit des anderen Schauplatzes – entweder sind wir auserwählt oder nicht.

Zu Beginn des Kapitels habe ich dargelegt, dass das Christentum Nietzsche zufolge den durch den Tod Gottes artikulierten Bruch überlebt hat – und die Wiederentdeckung Gottes als Macht in der Reformation hat daran gewichtigen Anteil. Allerdings handelt es sich um eine gänzlich andere Form der Macht: nicht mehr die tautologische Geste der (Selbst-)Affirmation, sondern Macht als Prozess der (Selbst-)Differenzierung. Genau genommen wird die Macht *in diesem Prozess generiert*, wobei sie eine gewisse Leidenschaft als Bedingung voraussetzt. Die zugrunde liegende Annahme ließe sich folgendermaßen formulieren: Das Reale, z. B. das Reale unserer Erlösung, ist unbestimmbar, unsagbar, unerreichbar. Es liegt nicht nur *jenseits* des Symbolischen, es ist darüber hinaus mit den Mitteln des Symbolischen nicht zu erreichen. Die einzige Möglichkeit, mit ihm in Verbindung zu treten, besteht in einem Prozess unendlicher Näherung, ein endlos fortwährendes Unterscheiden zwischen dem Realen und seinem bloßen Anschein. Als Subjekte sind wir in diesen Prozess mit all unserer Leidenschaft involviert. Genauer gesagt, wir sind Subjekte in diesem Prozess *als leidenschaftliche* – Leidenschaft ist die subjektive Figur dieser Konfiguration. Das impliziert allerdings, dass die Macht Gottes von unserer Leidenschaft zehrt. Sie ist nicht generativ bzw. produktiv, sondern kumulativ

– ihre wesentliche Unendlichkeit speist sich aus der unbegrenzten Macht zur Akkumulation. Nietzsche zufolge ist der Name dieser neuen Konfiguration *Ethik.* Es ist demnach der Protestantismus, der unser zeitgenössisches Verständnis von Ethik hervorbringt. Selbstverständlich begleiten Moral und die Verinnerlichung des Menschen die gesamte Geschichte des Christentums. Allerdings entdeckt Nietzsche im Entwurf und anschließenden Siegeszug der protestantischen Ethik, dass moralische Fragen von Schuld und Sühne aus der Sphäre des symbolischen Tausches ausgeschlossen – die Rituale der Vergebung, darunter die Praxis des Ablasshandels[8] – und in den stets unsicheren Bereich des Gewissens und der direkten Verantwortung vor Gott verlagert werden. Säkulare Autoritäten verfügen nicht mehr über die Kompetenz Fragen des Gewissens und der Erlösung zu beurteilen. Das Urteilen währt

[8] Worum genau handelt es sich bei dieser Idee, die als Ursache der reformatorischen Bewegung gilt? Die Möglichkeit des Ablasshandels besitzt zweifelsfrei, und dies ist nicht nur Nietzsches Perspektive, eine gewisse befreiende Wirkung. Die Vorstellung, dass sich Schuld derart externalisieren lässt und wir uns ihr auf diese Weise entledigen können, ist fraglos eine effektive Abwehr gegen das von Nietzsche beschriebene »Sich-selbst-Rädern des Sünders in dem grausamen Räderwerk eines unruhigen, krankhaft-lüsternen Gewissens«. Nietzsche, Friedrich: *Zur Genealogie der Moral.* In: KSA 5. S. 390. Zum Problem wird diese willkommene Entfremdung der Schuld, wenn sie sich in einen sozioökonomischen Kontext einschreibt, in dem Reichtum es ermöglicht, sich von Schuld freizukaufen. In dem Moment, da die Frage von Schuld und (möglicher) Vergebung an wirtschaftliche Macht geknüpft ist, wird das christliche Prinzip, nachdem die Letzten die Ersten sein werden, offensichtlich außer Kraft gesetzt. Dies ist auch der Grund dafür, dass diverse soziale Bewegungen und Revolten versucht haben, sich durch die Reformation zu legitimieren. Gleichwohl war Luthers Position in dieser Hinsicht unerschütterlich. Den Aufständischen des Deutschen Bauernkriegs von 1525 versagte er jegliche ideologische Unterstützung und verurteilte die irrtümliche Gleichsetzung der persönlichen Freiheit in Bezug auf den christlichen Glauben mit sozialer Freiheit. Die soziale Wirkung der Reformation wurde von der sogenannten Zwei-Reiche-Lehre weitgehend unterminiert.

jedoch fort – und kann Dimensionen annehmen, die bis dato niemand zu träumen gewagt hätte.

Viele der liberalen Werte, die uns heute selbstverständlich sind, etwa die Gewissensfreiheit, gehen also auf die Reformation zurück. Nietzsches Anti-Liberalismus rührt nun von seiner Überzeugung her, dass diese unmittelbare Freiheit nicht notwendigerweise ein Fortschritt ist, insofern sie sehr wohl als Mittel dienen kann, eine universalisierte Form der Unterwerfung zu etablieren. Im Bereich der Etikette und des Rituals gibt es demnach mehr Freiraum als in den Tiefen der persönlichen Überzeugung und des Gewissens.[9] Nietzsches bemerkenswerte These ist, dass eine intime, verinnerlichte Freiheit als das ultimative Gefängnis fungieren kann, in dem die subtilste und perfideste Form der Unterwerfung zum Ausdruck kommt.[10]

---

9 Siehe die folgende Bemerkung zu Luther: »Luther's Widerstand gegen die Mittler-Heiligen der Kirche (insbesondere gegen ›des Teuffels Saw den Bapst‹) war, daran ist kein Zweifel, im letzten Grunde der Widerstand eines Rüpels, den die *gute Etiquette* der Kirche verdross [...]. [E]r wollte vor Allem direkt reden, selber reden, ›ungenirt‹ mit seinem Gotte reden«. Nietzsche, Friedrich: *Zur Genealogie der Moral.* In: KSA 5. S. 394-395. Man beachte außerdem diese Passage, die den Mangel symbolischer Distanz explizit mit dem Diskurs der Moderne verknüpft: »Umgekehrt wirkt an den sogenannten Gebildeten, den Gläubigen der ›modernen Ideen‹, vielleicht Nichts so ekelerregend, als ihr Mangel an Scham, ihre bequeme Frechheit des Auges und der Hand, mit der von ihnen an Alles gerührt, geleckt, getastet wird; und es ist möglich, dass sich heut im Volke, im niedern Volke, [...] immer noch mehr *relative* Vornehmheit des Geschmacks und Takt der Ehrfurcht vorfindet, als bei der zeitunglesenden Halbwelt des Geistes, den Gebildeten.« Nietzsche, Friedrich: *Jenseits von Gut und Böse.* In: KSA 5. S. 218.

10 In diesem Zusammenhang könnte es von Interesse sein, Jean-Léon Beauvois' *Traité de la servitude libérale* in Betracht zu ziehen. Auf der Grundlage einer Reihe von sozialpsychologischen Experimenten gelingt es Beauvois überzeugend darzulegen, wie das Gewähren von Freiheit das beste Mittel sein kann, um andere dazu zu bringen, das zu tun, was wir wollen. Im ersten Schritt konfrontieren wir den anderen aus einer Position relativer (sozialer) Autorität mit einer Wahl zwischen zwei Handlungen, wobei die andere Person einer der beiden Alternativen mit

Wie ich bereits dargelegt habe, war es die fundamentale Geste des Protestantismus, das moralisch-ideologische Feld aus den Kreisläufen des symbolischen Tausches zu entfernen und ihm auf diese Weise Autonomie zu verleihen. Obwohl wir dadurch sowohl in der Öffentlichkeit als auch im Privaten eine größere Nähe zu Gott anstreben können – tatsächlich müssen wir es, daher die Bedeutung der Taten im Protestantismus –, ist das *Kriterium* der realen Nähe zu Gott nicht verifizierbar. Doch diese Konstitution des moralisch-ideologischen Feldes jenseits der Sphäre des symbolischen Tausches setzt nicht nur ersteres, sondern auch letztere frei. Sie werden von der spannungsgeladenen Dualität entbunden, die das Gefüge des Christentums zu zerreißen droht. Diese betrifft zuallererst die Spannung zwischen dem ökonomischen und dem ideologischen Bereich des Lebens, insofern sie gemeinsam zum Ausdruck kommen. Das paradigmatische Beispiel ist der berüchtigte Ablasshandel: die Möglichkeit, sich einen Platz an der Seite Gottes zu erkaufen, führte zu einem akuten Empfinden sozialer Ungerechtigkeit. Ein zweiter Aspekt ist die Spannung zwischen Glauben und Wissen (als Wissenschaft). Der Reformation gelang es, innerhalb der christlichen Konfiguration einen Ausweg zu schaffen, der sowohl die Entwicklung einer säkularen Ökonomie als auch die der Wissenschaft ermöglichte.

Widerwillen begegnet, wohl wissend, dass wir genau diese Handlung von ihr erwarten. Im zweiten Schritt wiederholen wir, dass es sich um eine gänzlich freie Entscheidung handelt. Unter diesen Umständen wird das Folgende geschehen: Die Person wird genau das tun, was wir von ihr erwarten und ihrer (zuvor abgefragten) Überzeugung zuwiderläuft. Zudem führt der Mechanismus der freien Wahl dazu, dass diese Handlung durch eine Veränderung der Überzeugung nachträglich rationalisiert wird. Anstatt also die auf solch perfide Weise aufgezwungene Handlung als schlecht, aber unumgänglich – da von der Autorität verlangt – zu beurteilen, überzeugt die Person sich selbst, dass das Schlechte eigentlich gut ist, weil dies der einzige Weg ist, die Tatsache der freien Entscheidung zu rechtfertigen.

Die Tragweite des ersten Aspekts ließe sich folgendermaßen angeben: Die Herauslösung der moralisch-ideologischen Frage der Erlösung aus dem Bereich des symbolischen Tausches setzt dessen sich selbst perpetuierende Macht frei. Strukturell betrachtet – es geht mir keineswegs darum zu implizieren, dass dies das erklärte ideologische Ziel der Reformationsbewegung gewesen sei – öffnet sich damit der Raum für die Entwicklung der modernen Form des Marktes. Der Weg zum freien Markt wird also, so könnte man sagen, durch eine ideologische De-Ideologisierung des Handels geebnet, wobei die feinen Mechanismen dieser Komplizenschaft selbstverständlich von Max Weber in seiner klassischen Untersuchung *Die protestantische Ethik und der Geist des Kapitalismus* aufgearbeitet wurden. Einer der interessantesten Punkte hier betrifft die Frage, wie die Sphäre des ökonomischen Tausches wieder von der Ethik vereinnahmt, diese also zu ihrer wesentlichen inneren Triebkraft wurde, nachdem sie zuvor aus diesem Feld als antagonistisches Prinzip ausgeschlossen war. Der Akkumulation von Reichtümern, über Jahrhunderte gemäß der offiziellen christlichen Moral geächtet, wurde so nicht bloß ein moralisch neutraler Status zuteil – weder gut noch schlecht; sie wurde fortan tatsächlich als erstrebenswert erachtet und selbst eine Frage der Ethik, der Pflicht und der professionellen Verantwortung. Weber verbindet diese Wende unter anderem mit einer Spezifik des Calvinismus, die darin besteht, das Jüngste Gericht als bereits stattgefunden zu begreifen. Gott hat diejenigen, denen Erlösung zuteilwird, bereits auserwählt, alle anderen aber abgewiesen. Unser Betragen zu Lebzeiten hat keinerlei Einfluss mehr auf diese ursprüngliche Entscheidung; es gibt für uns weder eine Möglichkeit, Gottes Gnade zu erkaufen oder anderweitig zu erwerben noch sie zu vertun. Doch die Wirkung der Prädestinationslehre war überraschenderweise nicht etwa Kleinmut – warum sich überhaupt um etwas scheren, wenn alles bereits entschieden ist? –, sondern im Gegenteil ein außerordentlich energisches Engagement im Rahmen der weltlichen Existenz und eine erstaunlich intensive Aufwertung der eigenen Arbeit und Berufung.

Was aber ist der Grund dafür? Die Antwort auf diese Frage ist die Idee der Heilsgewissheit (*certido salutis*). Da niemand um seinen Status des Auserwähltseins wissen kann, entwickelt sich ein beinahe obsessives Ausschauhalten nach Zeichen, die das Gottesurteil – Erlösung oder Verdammung – anzeigen. So wird zur alles entscheidenden Frage, wie sich erkennen lässt, ob Gott uns Gnade gewährt hat; und einer der sichersten Gegenindikatoren ist eben die Mutlosigkeit – heute würden wir den Ausdruck Depression verwenden –, ein Mangel an Gottvertrauen oder Kredit. Mit anderen Worten, der Glaube an das Auserwähltsein ist eines der wichtigsten Indizien dafür, tatsächlich auserwählt zu sein. Damit zusammen hängt ein weiterer entscheidender Hinweis, nämlich Erfolg und Effizienz in beruflichen Belangen. Die in einer Reihe von Sprachen existente Redensart von Müßiggänger*innen, die dem lieben Gott die Zeit stehlen, ist also alles andere als unschuldig. Die Angst hinsichtlich der Frage nach dem Auserwähltsein führt zu einer Hyperaktivität, die als Antwort fungieren und somit irgendeine Form der Gewissheit geben soll. Es geht dabei nicht um die Belohnung von Mühe oder die Hoffnung, dass sie sich auszahlen möge – wenn schon nicht in diesem Leben, dann im nächsten. Dies würde fälschlicherweise eine Möglichkeit der Einflussnahme implizieren. Dagegen sind die erbrachten Mühen bereits Ausdruck des Auserwähltseins. Darüber hinaus gilt Untätigkeit oder etwa eine Situation, in der man nicht gezwungen ist zu arbeiten, nicht länger als Zeichen sozialen Prestiges und dementsprechend ist erlangter Reichtum keine Entschuldigung, sich dem Müßiggang hinzugeben. Dies ist wohl, mit Nietzsche, einer der größten Unterschiede zwischen alten und modernen Herren. Erstere waren die Herren des Reichtums, letztere hingehen, sind dem Reichtum unterworfen. Heutzutage ist Untätigkeit oder Erwerbslosigkeit das ›Privileg‹ der Ärmsten und sozial Marginalisierten, während die ständige und unbarmherzige Unterwerfung unter die berufliche Pflicht ein Zeichen sozialen Ansehens und unserer *Berufung* ist. Dies spielt zweifellos eine Rolle in den modernen Zwangsneurosen und Ängsten, in denen es die Momente des Aufhörens oder Unterbrechung – die Pause, die Muße und die Stille – sind, die es um jeden Preis zu vermeiden gilt.[11] Dies ist gerade der entscheidende Aspekt des von Nietzsche beschriebenen asketischen Ideals: nicht so sehr die Negation des weltlichen Lebens und seiner Genüsse, sondern ihre Transformation in eine Pflicht.

Damit zusammen hängt der zweite oben angesprochene Punkt, der die Beziehung zwischen Wissen und Glauben betrifft. Wissenschaft ist akzeptabel, insofern sie zur Profession wird und nicht länger in einem direkten Konkurrenzverhältnis zur Religion steht. Dazu muss sie den Geltungsbereich ihrer Aussagen begrenzen. Anstatt als Alternative zur Religion – sowie jeder anderen Form offizieller Ideologie – aufzutreten, sichert sie ihre Existenz durch einen (häufig durchaus mit Stolz vorgetragenen) Verzicht, Aussagen innerhalb des ideologischen Feldes vorzubringen. Genau das ist es, was ihre friedliche und gelassene Autonomie gewährleistet und bildet den Hintergrund für Nietzsches äußerst unzeitgemäße Überzeugung, dass die De-Ideologisierung der Wissenschaft weniger ihre größte Errungenschaft, als vielmehr bloß der Preis ihres Überlebens ist: »Aber damit, dass jetzt in der Wissenschaft streng gearbeitet wird und dass es zufriedne Arbeiter giebt, ist schlechterdings *nicht* bewiesen, dass die Wissenschaft als Ganzes heute ein Ziel, einen Willen, ein Ideal, eine Leidenschaft des grossen Glaubens habe. Das Gegentheil, wie gesagt, ist der Fall: [...] Wissenschaft [...] ist die *Unruhe* der Ideallosigkeit selbst, das Leiden am *Mangel* der grossen Liebe, das Ungenügen an einer *unfreiwilligen* Genügsamkeit.«[12]

---

[11] Ein Teil dessen ist im Übrigen auch unsere Ethik des Urlaubs, der ebenfalls strukturiert, organisiert, geplant und aktiv verlebt werden muss.

[12] Nietzsche, Friedrich: *Zur Genealogie der Moral.* In: KSA 5. S. 397.

Kehren wir nun zu Nietzsche Aussage »Gott ist todt« zurück. Ich habe bereits angedeutet, dass sie in gewisser Hinsicht mit einer Verschiebung der dominanten sozialen Beziehungsform in Zusammenhang steht. Nietzsches Unterscheidungen zwischen Herrenmoral und Sklavenmoral oder dem Herdeninstinkt, den Starken und Schwachen, dem aristokratischen und demokratischen Geist, alten und modernen Herren sind demnach Auslassungen über – in Lacans Terminologie – die Differenz zwischen dem Diskurs des Herrn und dem Diskurs der Universität als *zwei distinkte Formen der Herrschaft.* Anders ausgedrückt geht es hier nicht um die Differenz zwischen Herren und Sklaven als zwei Figuren einer gemeinsamen sozialen Konfiguration. Die Darstellung Nietzsches als fasziniert von allem Mächtigen, den Herren, Aristokraten und außergewöhnlichen Individuen und verächtlich gegenüber allem Schwachen, Demokratischen sowie der Massen, ist viel zu abstrakt, um in dieser Form von konzeptuellem Interesse zu sein. Wenn Nietzsche den Begriff Sklave verwendet, bezieht er sich demnach nicht auf die Unterdrückten oder Unterworfenen, sondern *eine andere Art der Herrschaft.* Dabei geht es um solche Herren, die bestrebt sind, ihre Herrschaft durch ein positives Merkmal oder einen positiven Gehalt zu legitimieren und zu rationalisieren und in einem empirischen Faktum – Wissen, Reichtum, Aufrichtigkeit etc. – zu verankern. Nietzsche betrachtet diese Hinwendung zur Legitimierung von Gewalt als sklavisch; die Idee legitimer Macht an sich ist obszön. In Anlehnung an die Argumentation zur Genealogie von Gut und Böse ließe sich die zentrale Unterscheidung zwischen den Herren und der Herde (als neue Herren) auch folgendermaßen treffen: ersteren kommt es zu »Namen zu geben [...] sie sagen: ›das *ist* das und das‹«[13], letztere hingegen streiten über die *Interpretation* dieser Namen, sie sagen: »Das *bedeutet* das und das.« Doch diese

[13] Ebd. S. 260.

Interpretation ist selbst eine Form der Beherrschung und häufig tyrannischer als der Akt der Benennung.

Nietzsche zufolge unterminieren oder beseitigen die Sklaven in ihrer Herrschaft die Topographie der Herrschaft nicht im Geringsten. Sie fordern lediglich, die Herrschaft solle verdient und qualifiziert sein und dass es harter Arbeit bedarf, um schließlich Herr zu werden. Sogar Gott muss sich das Recht auf seinen Titel verdienen: Mehr und mehr deutet sich Gottes Inkompetenz an und die Menschen beginnen begründeten Zweifel zu hegen, ob er seiner Aufgabe gewachsen ist. Dies bedeutet für Nietzsche Sklavenmoral in Reinform: Wir wollen einen Herrn, aber bitte einen kompetenten! Wir wollen einen Herrn, der in einem Abhängigkeitsverhältnis zu uns steht, den wir gutheißen und schlussendlich ersetzen können. Mit anderen Worten, wir wollen Herrschaft ohne Herrn. Ebenso wie sich, Nietzsche zufolge, das Christentum ohne Gott selbst perpetuiert, erhält sich auch die Herrschaft ohne Herrn aufrecht, und zwar durch ein Wissen, das sich als objektiv und gegenüber der irrationalen und tautologischen Dimension der Herrschaft als das ganz Andere positioniert. Gleichwohl handelt es sich immer noch um eine Form der Herrschaft, die neue Tyrannei des Wissens, und eine sehr mächtige dazu.

Das asketische Ideal

Es könnte den Anschein erwecken, dass der Begriff des asketischen Ideals ebenso wie seine Analyse und Kritik nicht mehr zeitgemäß sind und angesichts einer weitestgehend hedonistischen Postmoderne an Relevanz verloren haben. Doch diese Annahme könnte nicht falscher sein. Der Hedonismus postmoderner Gesellschaften, weit davon entfernt, den Bezugsrahmen des asketischen Ideals verlassen zu haben, ist vielmehr zutiefst darin verwurzelt. Um dies sichtbar zu machen, müssen wir zunächst begreifen, dass die Form der Askese des asketischen Ideals nicht einfach Verzicht auf das Genießen bedeutet, sondern vor allem einen spezifischen Modus, eine bestimmte Artikulation des Genießens. Man könnte sogar noch weitergehen und konstatieren, dass das asketische Ideal mit der Erfindung des Genießens zusammenfällt: Genießen als unterschieden von der Lust, da es – mit Freud – jenseits des Lustprinzips liegt.

Wenn Nietzsche zufolge alle großen Religionen Antworten auf Unlustgefühle und den Schmerz des Menschen sind, so lindern sie doch niemals deren Ursache. Stattdessen beruhigen sie lediglich das Unlustempfinden, indem sie eine noch stärkere Empfindung erzeugen. Sie übertönen die Unlust und die Verstimmung mit einem noch intensiveren und akuteren Eindruck, der die Unlust vergessen macht. Jedoch ist das religiöse und insbesondere christliche Heilmittel für das Unbehagen nicht etwa ein Schmerz- oder Beruhigungsmittel, sondern eher ein Rauschgift oder Stimulans. Das asketische Ideal produziert, so Nietzsche, »*Gefühls-Ausschweifung*«, taucht die menschliche Seele »in Schrecken, Fröste, Gluthen und Entzückungen derartig [...], dass sie von allem Kleinen und Kleinlichen der Unlust, der Dumpfheit, der Verstimmung wie durch einen Blitzschlag loskommt [...]«.[14] Dies ist der eigentliche Kern des asketischen Ideals:

> »[Ü]berall das böse Gewissen, dies ›grewliche thier‹, mit Luther zu reden; überall die Vergangenheit zurückgekäut, die That verdreht, das ›grüne Auge‹ für alles Thun; [...] überall die Geissel, das härene Hemd, der verhungernde Leib, die Zerknirschung; überall das Sich-selbst-Rädern des Sünders in dem grausamen Räderwerk eines unruhigen, krankhaft lüsternen Gewissens; überall die stumme Qual, die äusserste Furcht, die Agonie des gemarterten Herzens, die Krämpfe eines unbekannten Glücks [...]: wach, ewig wach, übernächtig, glühend, verkohlt, erschöpft und doch nicht müde — so nahm sich der Mensch aus, ›der Sünder‹, der in *diese* Mysterien eingeweiht war. Dieser alte grosse Zauberer im Kampf mit der Unlust, der asketische

[14] Ebd. S. 388.

> Priester — er hatte ersichtlich gesiegt, *sein* Reich war gekommen: schon klagte man nicht mehr *gegen* den Schmerz, man lechzte nach dem Schmerz; ›*mehr* Schmerz! *mehr* Schmerz!‹«[15]

Kurz gesagt, die Antwort des asketischen Ideals auf die Unlust lautet: *jouissance*, (Mehr-)Genießen; »krankhaft-*lüsterndes*« Gewissen, »Krämpfe eines unbekannten Glücks« und der fundamentale Imperativ: »Mehr! *Encore*!« Darüber hinaus schafft es einen zweiten Körper, einen erhabenen Körper, »übernächtigt« und »erschöpft«, wie »verkohlt« und doch unermüdlich. Nietzsche wiederholt beharrlich: Beim asketischen Ideal geht es um Erregung; es ist sozusagen eine Diät der Leidenschaft. Es geht nicht um Mäßigung, das asketische Ideal begegnet Leidenschaft mit einem Überschuss reiner Leidenschaft.

In diesem Zusammenhang ist es interessant festzuhalten, dass diese Problematik eng mit jener verknüpft ist, die Eric Santner in seinem Text *Zur Psychotheologie des Alltagslebens: Betrachtungen zu Freud und Rosenzweig* aufwirft. Santner geht von der Idee aus, dass sich Leben – oder, enger gefasst, die Psyche – durch ein konstitutives Zuviel auszeichnet. Der menschliche Geist ist durch die Tatsache definiert, dass er mehr Realität einschließt, als er zu fassen vermag – ihm ist ein Exzess eigen, ein Zuviel an Druck, der die Physiologie überschreitet. Dieser Zustand lässt sich nicht aufheben, er kann sich lediglich in zwei verschiedene Richtungen ausdrücken, indem er entweder den Beweggrund unseres Engagements »inmitten des Lebens« oder aber einer Abwehr gegen ein solches Engagement bildet. Dabei ist der Grat zwischen beiden oftmals äußerst schmal. Üblicherweise kommt es zu einer Einschränkung unserer Vermögen, die »durch eine unheimliche Art von Mehrbelebung« belastet sind. »Es handelt sich hierbei um eine paradoxe Art geistiger Energie, die durch Überschuss einschränkt, sich verdichtet und verstärkt und uns so

[15] Ebd. S. 390.

in einem festgefahrenen und gelähmten Zustand zurücklässt«.[16] Dieser Effekt, den Santner als »untötend« beschreibt, generiert eine beunruhigende überschießende Lebhaftigkeit, »darin dem ›zweiten Körper‹ des Königs, wie ihn Souveränitätstheoretiker postulieren, nicht unähnlich.«[17] Was Nietzsche als asketisches Ideal bezeichnet, ist genau diese Art der Leidenschaft, in der der Mensch wach ist – hellwach, lebhaft und von starken Empfindungen und Gefühlen durchdrungen – aber nicht lebendig. Nietzsches Wortwahl –»*verkohlt*« – spricht hier Bände.

In dieser Hinsicht läuft Nietzsches Diagnose der von Marx zuwider: Religion ist nicht das *Opium* des Volkes, ein Beruhigungsmittel, das die Flucht vor der harschen Realität ermöglicht, sondern ein Stimulans, das uns durch die Entfesselung einer mortifizierenden Leidenschaft an diese bindet. Durch krisenhafte Ausnahmezustände, in denen sich das Subjekt *lebendig* fühlt, wird das Unbehagen gelindert oder verschwindet vollkommen. Doch diese vermeintliche Lebendigkeit ist nichts anderes als ein Untotsein, der eiserne Griff der überschießenden Erregung. Selbstverständlich thematisiert Nietzsche auch die beruhigende Dimension der Religion: das Märchen vom Leben nach dem Tod, der Existenz einer anderen, besseren Welt, dem gerechten Gottesurteil, das den oft sinnlosen und unglücklichen Wechselfällen unseres Lebens Bedeutung verleiht. Den Kern der religiösen Herrschaft – das asketische Ideal – verortet er jedoch an anderer Stelle. Die Macht der Religion rührt nicht so sehr daher, dass sie den Leidenden und Enttäuschten im Tausch für ihr Glaubensbekenntnis eine bessere Welt verspricht und somit zwingt, das Elend dieser Welt zu akzeptieren und zu ertragen, anstatt dagegen zu kämpfen. Leid und Schmerz sind nicht einfach die Bürden, die wahre Christ*innen stoisch zu tragen haben, wobei diese Nietzsches Argumentation zufolge ebenso atheistisch

---

[16] Santner, Eric L.: *Zur Psychotheologie des Alltagslebens. Betrachtungen zu Freud und Rosenzweig.* Zürich. 2010. S. 32-33.
[17] Ebd. S. 30.

sein können; vielmehr werden sie dadurch als christliche Subjekte *lebendig*. Der zentrale Punkt des asketischen Ideals liegt in dieser Artikulation einer Ökonomie des Genießens, die, obwohl sie für ihr Funktionieren eines Bezugs zum Jenseits bedarf, in der leibhaftigen Welt wirkt: Im Diesseits mobilisiert und motiviert sie die Seelen und beschert Ihnen das Genießen.

Das asketische Ideal situiert das Reale der Lust im Genießen, postuliert das Genießen von Leid und Schmerz als die höchste menschliche Erfahrung – dabei erreichen das Selbstempfinden und die Selbstpräsenz die größte Intensität, es induziert einen Zustand lähmender Wachheit – und macht sie zum Gesetz. Die Besonderheit dieses Gesetz, das das Genießen des Genießens festschreibt, besteht nun aber darin, dass es keinerlei Spielraum für Transgression lässt: Es hält uns nicht in seinem Bann, indem es ein Verlangen zur Überschreitung weckt, an das wir uns wie an ein Versprechen eines geheimen Genießens klammern. Wir können zu ihm keine Beziehung etablieren, uns zu ihm als Subjekte ins Verhältnis setzen. Es ist ein Gesetz, das kein Außen kennt. Von nun an, so schreibt Nietzsche, geht es dem Menschen »wie der Henne, um die ein Strich gezogen ist. Er kommt aus diesem Kreis von Strichen nicht wieder heraus«.[18] Stattdessen kann er darin unendlich im Kreis drehen: Grenze und Unendlichkeit sind hier kein Widerspruch, da die Grenze selbst unendlich ist.

Der Gedanke liegt nahe, in der zweiten Hälfte des 19. Jahrhunderts habe etwas in der Luft gelegen, das Nietzsche zur Konzeptualisierung des asketischen Ideals und Freud zur Theorie des Über-Ichs inspirierte. Bezeichnend ist in diesem Zusammenhang Lacans Lesart des Über-Ichs als Gesetz, das mit einem Imperativ des Genießens einhergeht. Der Konnex zwischen Gesetz und Genießen hat sich verändert. Nietzsche erkennt diesen Modus des Genießens zwar in der gesamten Geschichte des Christentums; er betrachtet ihn nicht als jüngere Entwicklung. Aber das

[18] Nietzsche, Friedrich: *Zur Genealogie der Moral*. In: KSA 5. S. 389.

ist das Schicksal – und die Macht – der meisten Ideen: Sind sie erst einmal geformt, finden wir sie leicht in vergangenen historischen Konstellationen oder anderen, früheren Ideen wieder. Insofern steht dies nicht im Widerspruch zu der Tatsache, dass Nietzsches Perspektive durch eine Verschiebung oder einen Bruch in der Geschichte des Christentums bzw. des christlich geprägten Okzidents informiert ist und sich die Dinge nur deshalb als schon immer so gewesen präsentieren.

Mit dem Begriff des asketischen Ideals bezeichnet Nietzsche also den Übergang von einer Logik des Gesetzes, die das Genießen verbietet und reguliert, zu jener anderen, die das Genießen – nicht die Lust – verlangt, uns mit dem Imperativ des Genießens konfrontiert. Noch präziser wäre es zu sagen, dass es sich um zwei Seiten des Gesetzes handelt – Verbot und Überschuss des Genießens –, die miteinander verbunden sind und sich gegenseitig stützen. Der Überschuss des Genießens wird vom Gesetz nicht einfach unterdrückt oder verdrängt. Das Verbot des Genießens ist gleichbedeutend mit der Erzeugung eines Jenseits, in dem der Überschuss des Genießens, obschon verboten, seinen Platz findet. Genau aus diesem Jenseits bezieht das Gesetz seine Macht, uns zu *binden*. Denn es entfaltet seine eigentliche Wirkung nicht aufgrund furchteinflößender Autorität, sondern dadurch, dass wir ihm durch einen bestimmten Modus des Genießens verhaftet sind. In der oben erwähnten Verschiebung tritt diese Kehrseite des Gesetzes nun in den Vordergrund. Um es noch genauer zu sagen, der Überschuss des Genießens ist nicht länger die unsichtbare Stütze des Gesetzes, sie fallen stattdessen – wie durch eine Art Kurzschluss – in eins. Hier gibt es eine Verbindung zu dem, was Giorgio Agamben in *Homo sacer* auf politischer Ebene entwickelt: Das Charakteristische der modernen Politik ist die Tatsache, dass der Ausnahmezustand, der gleichermaßen Ausnahme und Stütze des Gesetzes ist, selbst zum Gesetz erhoben wird.

Das entscheidende Merkmal des asketischen Ideals besteht also nicht darin, dass das Gesetz hier als Imperativ der Pflicht und Selbstverleugnung ein Werkzeug zur Bekämpfung unserer Leidenschaften und Triebe darstellt, denn es unterdrückt diese eigentlich nicht. Seine Problematik und Macht liegen darin, dass die Leidenschaften dadurch erst vollkommen entfesselt und entgrenzt werden. In *Jenseits von Gut und Böse* weist Nietzsche die »Furcht vor dem ›wilden grausamen Thiere‹«, dessen Wildheit mittels Kultur und Geist zu transformieren sei, als »*Aberglaube*« aus. Wenn es in der Geschichte des Christentums – als wesentliche Stütze des asketischen Ideals – so etwas wie *reine* Leidenschaft gibt, dann auf der Seite des Gesetzes, des asketischen Ideals selbst. Im Kampf gegen die Sinnlichkeit und Körperlichkeit, der »Gewissens-Vivisektion«, liegt ein »reichliche[r], überreichliche[r] Genuss« und die »höhere Cultur [...] beruht auf der Vergeistigung und Vertiefung der *Grausamkeit*«: »jenes ›wilde Thier‹ ist gar nicht abgetödtet worden, es lebt, es blüht, es hat sich nur — vergöttlicht.«[19]

Erst mit dem (christlichen) Gesetz wird die Sinnlichkeit als solche erfunden. Das war Kierkegaards These, wobei dies bedeutete, dass das Christentum – im Gegensatz zur Individualität in der griechischen Antike, die ein Gleichgewicht zwischen dem Sinnlichen und dem Geistigen anstrebte – mit der Affirmation des letzteren auch sein Anderes etablierte: Es schloss das Sinnliche aus und verlieh ihm so lediglich seine autonome Existenz.[20] Dagegen setzt Nietzsche einen etwas anderen Akzent: Mit der Herausbildung des asketischen Ideals ist das Sinnliche nicht einfach das Andere des Gesetzes, ihm wird durch das Gesetz Form verliehen – es wird eins mit dem Gesetz. Die fundamentale Geste

---

[19] Nietzsche, Friedrich: *Jenseits von Gut und Böse.* In: KSA 5. S. 165-166.

[20] In seinem Text *If Music be the Food of Love* führt Mladen Dolar diesen Punkt weiter aus. Siehe Dolar, Mladen; Žižek, Slavoj: *Opera's Second Death.* New York. 2002. [Anm. d. Ü.: Der Beitrag von Mladen Dolar ist in der deutschen Ausgabe mit dem Titel *Der zweite Tod der Oper* nicht enthalten.]

des asketischen Ideals in Beziehung zum Sinnlichen ist nicht der Ausschluss, sondern vielmehr eine vollständige Aneignung, ein Einbeziehen ohne jeglichen Rest. Das Sinnliche selbst nimmt die Form des Gesetzes an. Wenn einerseits die reine Sinnlichkeit oder schrankenlose Leidenschaft eine durch das Gesetz geschaffene Fiktion ist, d. h. die Erfindung einer Andersartigkeit, die vom Gesetz aufrechterhalten wird, ist sie andererseits das eigentliche *Reale* des Gesetzes. Reine Sinnlichkeit – Leidenschaft, Lust, Wollust – ist das Gesetz selbst. Das Gesetz wird als alleinige Quelle von Erregung, Leidenschaft, Lust und Schmerz zum einzigen Realen: Solche Vergnügen, die *außerhalb* von ihm liegen, sind streng genommen null und nichtig im Verhältnis zu der überreichen Lust, die das Gesetz stiftet, verkörpert und vorschreibt. Somit ist die Behauptung der Nichtigkeit der Lüste jenseits des asketischen Ideals nicht einfach leeres ideologisches Gerede, das dem Realen menschlicher Erfahrung widerspricht. Sein Triumph besteht gerade darin, dass es ab einem bestimmten Punkt das Feld der realen menschlichen Erfahrung erobert. Zuvor mag die Lust zerstreut, chaotisch, ohne klare Grenzen existiert haben, doch das bedeutet nicht, dass sie unendlich und grenzenlos gewesen ist, bevor das Gesetz ihr Grenzen auferlegte. Im Gegenteil ist das Gesetz des asketischen Ideals der eigentliche Name für die entgrenzte Lust, ein unendliches und unergründliches Genießen. Im Kontext des asketischen Ideals begrenzt, zügelt und reguliert das Gesetz die Leidenschaft nicht, sondern ist ihr eigentliches Ventil. Es ist die Leidenschaft des Unendlichen – eine unendliche Leidenschaft, Grenzen zu setzen, zu reinigen, die Schlinge um das, was als rein gilt, immer enger zu ziehen. Es ist nun die einzige existierende Leidenschaft und sie nimmt die Form des Gesetzes an.

Ebenso wie das Christentum die Unlust durch das Genießen bekämpft, führt es den Kampf gegen die Lust als jenes Element des Genießens, das *nicht real* ist – das kurzlebige Vergnügen, ein kurzer Anflug von Wollust –, sondern illusorisch. Und der wahre Triumph des asketischen Ideals ist gekommen, sobald die

Menschen, einschließlich der Atheist*innen, tatsächlich selbst zu spüren beginnen, dass solche Vergnügungen wirklich leer, nichtig und illusorisch sind, wenn also das beharrliche Predigen der kirchlichen Autoritäten obsolet geworden ist. Deshalb erreicht es seinen Höhepunkt – wird, was es ist – erst nach dem Tod Gottes.

Auf die Nähe dieser Argumentation zu einigen Behauptungen Freuds in *Das Unbehagen in der Kultur* habe ich bereits hingewiesen. Was Nietzsche unter dem Begriff des asketischen Ideals analysiert, korrespondiert fast Punkt für Punkt mit Freuds Über-Ich als Gesetz einer unstillbaren Leidenschaft. Je mehr wir ihm Folge leisten und je mehr wir opfern, desto mehr fordert und gewinnt es an Kraft und Strenge. Wir stoßen hier auf dasselbe Bild des Vampirismus, das sich auch bei Nietzsche findet: Das Gesetz des Über-Ichs nährt sich buchstäblich von den Trieben, saugt ihnen das Blut aus und wird schließlich der einzige Ort des Genießens. Man könnte sagen, dass das Über-Ich selbst die Struktur eines Triebs annimmt. Bekanntermaßen situiert Freud im Zentrum des Über-Ichs und dem damit verbundenen moralischen Gewissen eine Art zeitliches Paradoxon: Der Triebverzicht schafft das Gewissen und das Gewissen wiederum verlangt den Triebverzicht. So nimmt der Verzicht die Form des Genießens an bzw. organisiert dieses auf spezifische Art und Weise. Besonders offensichtlich ist dies bei der Zwangsneurose, die Freud als Paradigma religiösen Denkens betrachtet.

Dies lässt sich mit einem weiteren entscheidenden Thema in der *Genealogie der Moral* verknüpfen: Nietzsche insistiert auf eine prinzipielle Differenz zwischen Strafe und Schuld. Strafe kann uns das Fürchten lehren, uns vorsichtiger und listiger machen, schließlich vermag sie uns zu Meister*innen der Täuschung und Heuchelei heranzuziehen – jedoch steht es nicht in ihrer Macht, uns aus sich selbst heraus ein schlechtes Gewissen zu machen, denn es liegt etwas Befreiendes in der Idee der Strafe als Vergeltung.

Nietzsche zufolge setzt die Strafe ursprünglich ein Ermessen der Schädigung und des Genießens voraus. Im Prinzip kann ich das einem anderen aufgrund einer Schädigung geraubte Genießen aufwiegen, im Extremfall zahle ich dafür mit meinem Leben. Die Bestrafung funktioniert demnach vor dem Hintergrund einer möglichen Äquivalenz verschiedener Taten, mag es sich dabei auch um eine willkürliche Festlegung handeln.

Dagegen hat die Erfindung der Schuld einen gänzlich anderen Ursprung: Sie entspringt nicht der Logik möglicher Äquivalenz und des Ermessens, sondern jener der Unermesslichkeit. Die Voraussetzung der Schuld ist die Unermesslichkeit des Genießens, seine Unendlichkeit und Unerreichbarkeit; es kann also kein Äquivalent geben. Dementsprechend ist auch durch Vergehen entstandene Schuld nicht zu ermessen. Indem wir Buße tun, wächst nur die abzuleistende Schuld. So betrachtet entstehen die Schuld und das Mehr-Genießen zusammen, aber – noch einmal – nicht in dem Sinne, dass die Schuld auf das Genießen bezogen ist, also von diesem verursacht wird, sondern als Artikulation des Genießens selbst, ebenso wie das Gesetz Artikulation der reinen Sinnlichkeit sein kann. Sie ist ein Mittel, durch das sich das Unendliche in das Endliche, das Jenseits in den Körper einzuschreiben vermag. Schuld ist also nicht das Resultat von Strafe. Anstatt aus hartherziger Indifferenz oder Grausamkeit entspringt sie aus Liebe und Opferbereitschaft. Dies ist für Nietzsche der »Geniestreich des *Christenthums*: Gott selbst sich für die Schuld des Menschen opfernd, Gott selbst sich an sich selbst bezahlt machend, Gott als der Einzige, der vom Menschen ablösen kann, was für den Menschen selbst unablösbar geworden ist — der Gläubiger sich für seinen Schuldner opfernd, aus *Liebe* (sollte man's glauben? —), aus Liebe zu seinem Schuldner! ...«[21]

Gott bezahlt die Schuld der Menschen mit seinem eigen Fleisch und Blut; diese Lösung ist gleichermaßen ein Genie-

---

[21] Nietzsche, Friedrich: *Zur Genealogie der Moral.* In: KSA 5. S. 331.

streich und der sichere Weg in die Katastrophe: Sie tilgt die Schuld und gibt Anlass zur Hoffnung auf einen Neubeginn, verleiht ihr aber zugleich die Form der Unendlichkeit. Diese Art, die Schuld zu begleichen, hat den perversen Effekt, uns in eine neue, ewige Schuld zu verstricken, die die furchtbarste Krankheit der Menschheit hervorbringt:

> »Dies ist eine Art Willens-Wahnsinn in der seelischen Grausamkeit, der schlechterdings nicht seines Gleichen hat: der *Wille* des Menschen, sich schuldig und verwerflich zu finden bis zur Unsühnbarkeit, sein *Wille*, sich bestraft zu denken, ohne dass die Strafe je der Schuld äquivalent werden könne, sein *Wille*, den untersten Grund der Dinge mit dem Problem von Strafe und Schuld zu inficiren und giftig zu machen; [...] sein *Wille* , ein Ideal aufzurichten — das des ›heiligen Gottes‹ — , um Angesichts desselben seiner absoluten Unwürdigkeit handgreiflich gewiss zu sein. [...] Hier ist *Krankheit*, es ist kein Zweifel, die furchtbarste Krankheit, die bis jetzt im Menschen gewüthet hat: — und wer es noch zu hören vermag (aber man hat heute nicht mehr die Ohren dafür! —) wie in dieser Nacht von Marter und Widersinn der Schrei *Liebe*, der Schrei des sehnsüchtigsten Entzückens, der Erlösung in der *Liebe* geklungen hat, der wendet sich ab, von einem unbesieglichen Grausen erfasst ...«[22]

Gleichwohl existiert im Christentum noch eine andere Vorstellung, die Nietzsches eigener Position nähersteht. Es handelt sich um die Idee der *Gnade*, die im »Jenseits des Rechts« zu situieren ist. Für Nietzsche ist damit nichts weniger als die Möglichkeit verknüpft, den Teufelskreis von Strafe und Schuld zu durchbrechen. Allerdings ist Gnade nicht einfach ein Akt der Vergebung; sie kann nur aus einem Überschuss an Macht und Reichtum entspringen. Nietzsche illustriert dies am Beispiel materiellen Reichtums: »Der ›Gläubiger‹ ist immer in dem Grade menschlicher geworden, als er

---

[22] Ebd. S. 332-333.

reicher geworden ist; zuletzt ist es selbst das *Maass* seines Reichthums, wie viel Beeinträchtigung er aushalten kann, ohne daran zu leiden.« Solche Gläubiger*innen können sich den »vornehmsten Luxus« leisten: die Schuldigen ungestraft davonkommen lassen. Derart verwandelt sich Gerechtigkeit, die zunächst bedeutete: »Alles ist abzahlbar, Alles muss abgezahlt werden«. Denjenigen, die nicht in der Lage sind, ihre Schulden zu begleichen, werden sie mit einem Augenzwinkern erlassen. Gnade ist diese »Selbstaufhebung der Gerechtigkeit« und sie bleibt den Mächtigsten vorbehalten.[23] Allerdings sollten wir uns davor hüten, Reichtum und Macht hier vorschnell mit materiellem Wohlstand und gesellschaftlicher Positionen in Verbindung zu bringen. Es ist, wie Nietzsche betont, das Vermögen, nicht an einer Verletzung oder Ungerechtigkeit zu leiden, die den Maßstab des Reichtums und der Macht bildet – nicht *Leidensfähigkeit*, sondern das Vermögen, das Leiden als Leiden nicht Teil der eigenen Subjektivität werden zu lassen, sich also nicht als Subjekt der Verletzung, in der Position des Opfers subjektivieren zu lassen. Diejenigen, denen das gelingt, sind *deshalb* reich und mächtig, nicht umgekehrt.

Des Weiteren besteht ein wesentlicher Unterschied zwischen Vergebung und dem, was Nietzsche als Vergessen bezeichnet. Vergebung hat die perverse Eigenschaft, uns noch tiefer in Schulden zu stürzen, sie impliziert für die andere Person (mit)bezahlt zu haben, sodass das Schuldverhältnis aufrechterhalten bleibt. Nietzsche bezieht dies direkt auf das Christentum: Gottes Art, uns unsere Sünden zu vergeben, bestand darin, für sie mit seinem eigen Fleisch und Blut zu zahlen, und hierin liegt die fundamentale Perversion des Christentums. In der Vergebung droht es uns gleichzeitig mit dem Kreuz, jenem Folterinstrument, das uns an den erinnert, der für unsere Sünden gestorben ist, der so für uns bezahlen musste. Das Christentum vergibt, aber es vergisst nicht.

[23] Ebd. S. 309.

Demnach entsteht, den Blick fest auf Kreuz gerichtet, im Akt der Vergebung unmittelbar eine neue Schuld. Die sündhafte Tat wird vergeben, nicht aber der Akt der Vergebung selbst, der im Gegenteil das Band unendlicher Gnade stiftet, das eine unendliche Schuld, die Schuld als Unendlichkeit aufrechterhält. Sie ist nicht länger auf unser Betragen zurückzuführen, wir stehen durch den Akt der Vergebung in der Schuld. Und dieses unerschöpfliche Vermögen zu vergeben, kann durchaus zur ewigen Flamme werden, in dem wir unsere Schuld veredeln. Dagegen setzt Nietzsche den Begriff des *Vergessens*: »[E]in gutes Beispiel dafür aus der modernen Welt ist Mirabeau, welcher kein Gedächtniss für Insulte und Niederträchtigkeiten hatte, die man an ihm begieng, und der nur deshalb nicht vergeben konnte, weil er — vergass.«[24]

So stellt sich also die Frage, was es mit Nietzsches Idee des Vergessens auf sich hat. Inwiefern kann es die Grundlage einer »grossen Gesundheit« sein?[25] Nietzsche behauptet einen wesentlichen Zusammenhang zwischen Gedächtnis und Schmerz, das für die sogenannte »*Mnemotechnik*« von Bedeutung ist: »Man brennt Etwas ein, damit es im Gedächtniss bleibt: nur was nicht aufhört, *weh zu thun*, bleibt im Gedächtniss«.[26] Wenn dies der Fall ist – Nietzsche scheint hier eine der Psychoanalyse entgegengesetzte These zu formulieren: Traumatische Ereignisse sind die privilegierten Objekte der Verdrängung; allerdings ist Schmerz nicht dasselbe wie Trauma und Vergessen nicht dasselbe wie Verdrängen –, dann bezieht sich das Vergessen in erster Linie auf das Vermögen, den Schmerz nicht zu nähren. Es bedeutet ebenso, den Schmerz nicht zum handlungsbestimmenden Moment zu erheben. Was aber genau ist Schmerz – weniger der physische als die seelische Pein, die uns heimsuchen kann? Es ist die Art und Weise, in der das Subjekt eine traumatische Erfahrung internalisiert und als seinen eigenen – bitteren – Schatz aneignet. Anders gesagt, der

---

[24] Ebd. S. 273.
[25] Ebd. S. 336.
[26] Ebd. S. 295.

Schmerz ist nicht eigentlich Teil des traumatischen Ereignisses, sondern bereits memoriert, in das Körpergedächtnis eingeschrieben. Bei Nietzsches Vergessen handelt es sich also nicht so sehr um eine Tilgung der traumatischen Begegnung; vielmehr wird ihre Exteriorität, ihre Fremd- und Andersheit bewahrt.

In seiner zweiten unzeitgemäßen Betrachtung *Vom Nutzen und Nachtheil der Historie für das Leben* knüpft Nietzsche die Frage des Vergessens, die hier synonym für Ahistorizität steht, mit der des Akts. Vergessen(heit) ist hier die Bedingung der Möglichkeit des Akts schlechthin. Das Gedächtnis bzw. das Historische ist *ewige, wachsame Schlaflosigkeit*, ein Zustand, in dem nichts Großes geschehen kann, und man könnte sogar so weit gehen zu behaupten, er solle genau dies verhindern. Entgegen der gängigen Auffassung, der zufolge das Gedächtnis etwas Monumentales ist, das bestimmte Ereignisse fixiert und uns innerhalb seines Horizonts einschließt, legt Nietzsche die umgekehrte Vorstellung nahe: Es ist gerade die ewige *Offenheit*, der unablässige *Strom* des Gedächtnisses, der uns lähmt, abtötet und handlungsunfähig macht. Nietzsche lädt uns dazu ein, den Extremfall eines Menschen zu betrachten, der des Vergessens vollkommen unfähig wäre: »[E]in Solcher glaubt nicht mehr an sein eigenes Sein, glaubt nicht mehr an sich, sieht alles in bewegte Punkte auseinander fliessen und verliert sich in diesem Strome des Werdens: er wird wie der rechte Schüler Heraklits zuletzt kaum mehr wagen den Finger zu heben.«[27] Das Gedächtnis hält uns in ewiger Bewegung – es eröffnet zahllose Horizonte und lähmt uns, da es uns in frenetische Aktivität stürzt. Daher vertritt Nietzsche eine These, die in seiner Zeit ebenso wenig Anklang findet wie in der unsrigen: »[J]edes Lebendige kann nur innerhalb eines Horizontes gesund, stark und fruchtbar werden; ist es unvermögend einen Horizont um sich zu ziehen und zu selbstisch wiederum, inner-

---

[27] Nietzsche, Friedrich: *Vom Nutzen und Nachtheil der Historie für das Leben*. In: KSA 1. S. 250.

halb eines fremden den eigenen Blick einzuschliessen, so siecht es matt oder überhastig zu zeitigem Untergange dahin.«[28] Selbstverständlich geht es hier weder um das Predigen von Engstirnigkeit und Kleinlichkeit noch darum, Ahistorizität einfach gegen Historie und Gedächtnis auszuspielen. Im Gegenteil wird deutlich, dass der Mensch erst durch Denken, Reflexion, Vergleichen, Analysieren und Synthetisieren, also durch die Fähigkeit, Nutzen aus der Vergangenheit für das Leben zu ziehen und Vergangenes in Historie zu verwandeln, zu sich selbst kommt. Doch angesichts eines Übermaßes an Historie, das ihn in seiner Schaffenskraft beeinträchtigt, hört der Mensch wieder auf, Mensch zu sein. Deshalb insistiert Nietzsche, »jedes grosse geschichtliche Ereigniss« entstehe in einer »unhistorische[n] Atmosphäre«, d. h. unter Bedingungen der Vergessenheit und Schließung:

> »[M]an vergegenwärtige sich doch einen Mann, den eine heftige Leidenschaft, für ein Weib oder für einen grossen Gedanken, herumwirft und fortzieht; wie verändert sich ihm seine Welt! Rückwärts blickend fühlt er sich blind, seitwärts hörend vernimmt er das Fremde wie einen dumpfen bedeutungsleeren Schall; was er überhaupt wahrnimmt, das nahm er noch nie so wahr; so fühlbar nah, gefärbt, durchtönt, erleuchtet, als ob er es mit allen Sinnen zugleich ergriffe. Alle Werthschätzungen sind verändert und entwerthet [...]. Es ist der ungerechteste Zustand von der Welt, eng, undankbar gegen das Vergangene, blind gegen Gefahren, taub gegen Warnungen, ein kleiner lebendiger Wirbel in einem todten Meere von Nacht und Vergessen: und doch ist dieser Zustand — unhistorisch, widerhistorisch durch und durch — der Geburtsschooss nicht nur einer ungerechten, sondern vielmehr jeder rechten That; und kein Künstler wird sein Bild, kein Feldherr seinen Sieg, kein Volk seine Freiheit erreichen, ohne sie in einem derartig unhistorischen Zustande vorher begehrt und erstrebt zu haben. [...] So liebt jeder Handelnde seine That unendlich mehr als sie geliebt zu werden verdient: und die besten

[28] Ebd. S. 251.

> Thaten geschehen in einem solchen Ueberschwange der Liebe, dass sie jedenfalls dieser Liebe unwerth sein müssen, wenn ihr Werth auch sonst unberechenbar gross wäre.«[29]

Lesen wir diese Passage aufmerksam, stellen wir fest, dass der entscheidende Faktor, der große Taten oder Ereignisse hervorbringt, nicht die Fähigkeit zu vergessen bzw. die ahistorische Bedingung ist: Vielmehr ist es ein Überschuss reiner Leidenschaft bzw. die Liebe zu etwas, die diese Form der Schließung bewirkt. Mit anderen Worten, wir müssen uns nicht erst einem begrenzten Horizont unterwerfen, um etwas zu erreichen. Die Schließung erfolgt durch die leidenschaftliche Öffnung auf etwas hin – in Nietzsches Beispiel »ein Weib oder [...] einen grossen Gedanken«. Der Punkt ist, dass diese überschießende Leidenschaft, wenn sie uns inmitten des Lebens erfasst, nicht mortifiziert, sondern uns vergessen lässt. Hier ließe sich eine allgemein bekannte Erfahrung anführen: Wann immer uns etwas Bedeutendes widerfährt, das unsere Leidenschaft entfacht, neigen wir dazu, unseren möglicherweise zuvor gehegten Groll und unsere Ressentiments zu vergessen und aufzugeben. Anstatt denjenigen zu vergeben, die uns in der Vergangenheit geschädigt haben, vergessen wir diese Verletzungen einfach, lassen sie los. Tun wir dies nicht, trainieren stattdessen unser Gedächtnis und halten an unserer Missgunst fest, wird sie höchstwahrscheinlich unsere (neue) Leidenschaft beeinträchtigen und mortifizieren.

Darüber hinaus ist es aufschlussreich, Nietzsches Überlegungen mit Shakespeares Stück *Hamlet* in Verbindung zu bringen, in dem der Imperativ des Erinnerns, hier durch den Geist von Hamlets Vater geäußert, eine prominente Rolle spielt. »Gedenke mein!«, ruft er Hamlet wiederholt zu und versetzt ihn damit in den einzigartigen Rhythmus, der das Verhalten des Protagonisten im Laufe des Stücks bestimmt und zwischen resignierter Apathie einerseits sowie frenetischer Aktivität und überstürztem Handeln

---

[29] Ebd. S. 253-254.

andererseits pendelt: der Mord an Polonius sowie Rosenkranz und Güldenstern, das Duell mit Laertes etc. Es ist diese Bewegung, die Hamlet daran hindert, die ihm aufgetragene Tat auszuführen. Über die Beziehung von Handeln und Wissen in diesem Stück, insbesondere Hamlets Handlungsunfähigkeit aufgrund seines Wissens, wurde bereits vieles gesagt. Hier könnte es interessant sein, obschon er mit dem Begriff des Wissens zusammenhängt, den Aspekt des Gedächtnisses in diesem Zusammenhang gesondert zu betrachten, vor allem in der besonderen Form des *Imperativs*. Könnten wir nicht sagen, dass einer der Gründe für Hamlets schwierige Situation gerade die strukturelle Unvereinbarkeit von Erinnerung und Handlung ist – also die Tatsache, dass letztere schlussendlich die Erinnerung immer verrät? Und begegnet uns nicht auf allgemeinerer Ebene etwas Ähnliches in dem Phänomen der Melancholie – tatsächlich wird Hamlet im Stück so beschrieben – als nicht enden wollende Trauer, die im Schmerz die Erinnerung an das Verlorene wachhält? Zwar können wir in dieser Melancholie eine Art der Treue erkennen – etwa, um auf Nietzsche zurückzukommen, die Treue zu einem »Weib oder [...]grossen Gedanken« –, sollten diese an die Erinnerung gebundene Treue jedoch von jener zum Ereignis unterscheiden. Denn im Gegensatz zur ersten, setzt die zweite Form der Treue das Vermögen zu vergessen voraus. Damit ist, wie gesagt, nicht das Vergessen in einem banalen Sinne gemeint, sondern ein Vergessen, das in der Schließung das Potenzial einer neuen Begegnung freisetzt.

Kehren wir abschließend zur Frage des asketischen Ideals zurück, ist die Beziehung zum Imperativ des Erinnerns offensichtlich: Die Schlaflosigkeit, die dieser auslöst, ist eng verknüpft dem ewig wachen Zustand, den Nietzsches als wesentliches Charakteristikum des asketischen Ideals identifiziert. Gleiches gilt für die frenetische Aktivität, die jegliches Handeln verunmöglicht und die Obsession, dass alles, was uns widerfährt und was wir tun, irgendwo verzeichnet werden muss.

Nihilismus ...

Bisher haben wir das asketische Ideal als einheitliche Idee behandelt, was dem Sachverhalt allerdings nicht völlig angemessen ist. Nietzsche entwirft zwei Typen des asketischen Ideals und obwohl sie beide aus derselben Grundkonfiguration hervorgehen, entwickeln sie sich in zwei ganz unterschiedliche Richtungen. Auf allgemeiner Ebene entspricht ihr Unterschied dem zwischen aktivem und passivem bzw. reaktivem Nihilismus. Ersterer ist noch immer ein Ausdruck der Macht des Geistes, der »Leben *gegen* Leben« interpretiert[30], während letzterer der Ausdruck seiner Impotenz ist. Aktiver Nihilismus ließe sich als Kampf gegen den Schein charakterisieren, als eine Einstellung, die auf Entlarvung und Demaskierung der Illusionen, Lügen und imaginären Bildungen *im Namen des Realen zielt.* Dabei handelt es sich um eine Form dessen, was Alain Badiou die Passion des Realen nennt. Nietzsche beschreibt diese Haltung als redlichen Atheismus:

> »Der unbedingte redliche Atheismus (— und seine Luft allein athmen wir, wir geistigeren Menschen dieses Zeitalters!) steht demgemäss *nicht* im Gegensatz zu jenem Ideale, wie es den Anschein hat; er ist vielmehr nur eine seiner letzten Entwicklungsphasen, eine seiner Schlussformen und inneren Folgerichtigkeiten, — er ist die Ehrfurcht gebietende *Katastrophe* einer zweitausendjährigen Zucht zur Wahrheit, welche am Schlüsse sich die *Lüge im Glauben an Gott* verbietet.«[31]

Das Christentum als *Moral* mit seinem Imperativ der Wahrhaftigkeit hat den Sieg über das Christentum als Dogma oder *Glaube* davongetragen. Die Leidenschaft, die mit der Entlarvung des Falschen und Scheinbaren verbunden ist, hat schließlich das Märchen im Zentrum seiner eigenen Struktur ergriffen. Nietzsche beschreibt

[30] Nietzsche, Friedrich: *Zur Genealogie der Moral.* In: KSA 5. S. 365.
[31] Ebd. S. 409.

hier im Grunde die Bewegung der Aufklärung, deren Nihilismus nicht von passiver Resignation, sondern großem Enthusiasmus angetrieben wurde. Tatsächlich identifiziert sich Nietzsche selbst bis zu einem gewissen Grad mit dieser Bewegung, dieser vorwärtstreibenden Kraft, die einen Schleier nach dem anderen lüftet – es ist der Enthusiasmus des Wissens, der (noch) an seine heilbringende Wirkung glaubt. Sie schreckt vor keiner Wahrheit zurück, so grausam sie auch sein mag. Jedoch ist dies nicht etwa das Ende des asketischen Ideals, es ist sein eigentlicher Triumph:

> »[D]iese harten, strengen, enthaltsamen, heroischen Geister, welche die Ehre unsrer Zeit ausmachen, alle diese blassen Atheisten, Antichristen, Immoralisten, Nihilisten, diese Skeptiker, Ephektiker, *Hektiker* des Geistes (letzteres sind sie sammt und sonders, in irgend einem Sinne), diese letzten Idealisten der Erkenntniss, in denen allein heute das intellektuelle Gewissen wohnt und leibhaft ward, — sie glauben sich in der That so losgelöst als möglich vom asketischen Ideale, diese ›freien, *sehr* freien Geister‹: und doch, dass ich ihnen verrathe, was sie selbst nicht sehen können — denn sie stehen sich zu nahe — dies Ideal ist gerade auch *ihr* Ideal, sie selbst stellen es heute dar, und Niemand sonst vielleicht«.[32]

In einer Bestimmung des Nihilismus, die seine endgültige Form betrifft, zeichnet Nietzsche das Bild eines prächtigen, obschon desaströsen Ideengebäudes, von dem lediglich das Skelett übrig ist. Doch sollten wir die Metapher vielleicht umkehren: Übrig ist nur der Geist dieses Gebäudes – Moral, Ideale, der Mechanismus der Sinnstiftung, der Imperativ der Wahrheit, die Notwendigkeit, hinter den Schein zu schauen etc. –, während das Gebäude, die Religion als universelle Institution, in sich zusammengebrochen, zerfallen und partikularisiert ist. Um es mit Marx zu sagen: Obwohl die Religion als Basis tot ist, lebt sie als Überbau weiter.

---

[32] Ebd. S. 398-399.

Allerdings gibt es in Bezug auf die von Nietzsche aufgezählten Typen – »Atheisten, Antichristen, Immoralisten, Nihilisten, diese Skeptiker, Ephektiker, *Hektiker* des Geistes« – noch eine wichtige Unterscheidung zu treffen, die eben die Differenz zwischen aktivem und passivem Nihilismus betrifft. Sie kommt am besten in Nietzsches Artikulation des Unterschieds zwischen »*das Nichts* wollen« und »*nicht* wollen« zum Ausdruck: »*Dass* aber überhaupt das asketische Ideal dem Menschen so viel bedeutet hat, darin drückt sich die Grundthatsache des menschlichen Willens aus, sein horror vacui: *er braucht ein Ziel*, — und eher will er noch *das Nichts* wollen, als *nicht* wollen.«[33]

Wenn das, was Nietzsche hier beschreibt, die menschliche Neigung zum aktiven Nihilismus erklärt, so ließe sich der passive oder reaktive Nihilismus als Bezeichnung für eine Konfiguration verstehen, in der der Mensch *eher nicht wollen will, anstatt das Nichts zu wollen*. In Anbetracht der Entwicklung des asketischen Ideals handelt es sich dabei um das Auftreten einer merkwürdigen Umkehrung der Dialektik des Willens, der in gewisser Weise akzeptiert, seines Ziels bzw. Objekts beraubt zu sein. Die Grundvoraussetzung dieser Haltung lautet: Das Beste, das wir tun können, ist, das Schlimmste – ein noch größeres Übel – zu vermeiden, indem wir nichts zu leidenschaftlich wollen. Es ist die Moral der Diktatur der Realität bzw. des Realitätsprinzips: Es gibt keine großen, erstrebenswerten Ideen; auf einer fundamentalen Ebene gibt es nichts, was man tun oder ändern kann. Der Wille als solcher verschwindet also nicht. Vielmehr erschöpft er sich vollkommen in der Praxis der Selbstbeherrschung und -regulierung. Es ist ein Wille, der nicht will, ein Wille zum Nichtwollen. Nietzsche entwickelt keine explizite Theorie der Beziehung zwischen diesen beiden Arten des Nihilismus als zwei Artikulationsformen des asketischen Ideals. Bisweilen deutet er an, dass letzterer Resultat des ersten ist – der aktive Nihilismus wird passiv, wenn er sich

[33] Ebd. S. 339.

erschöpft –, in der Regel treten sie aber als getrennt voneinander in Erscheinung. Damit ist der passive eher eine Antwort oder Reaktion auf den aktiven Nihilismus, anstatt aus dessen innerer Logik zu folgen. Betrachten wir in diesem Zusammenhang die folgende, in mehrfacher Hinsicht interessante Passage, die den passiven Nihilismus, der hier als Skeptizismus erscheint, als Sedativ präsentiert – als Verteidigung gegen das radikale und anregende Moment des aktiven Nihilismus, eine Verteidigung, die in unserem Nichtwollen endet:

> »Gegen diese Art von ›gutem Willen‹ — einem Willen zur wirklichen thätlichen Verneinung des Lebens — giebt es anerkanntermaassen heute kein besseres Schlaf- und Beruhigungsmittel, als Skepsis, den sanften holden einlullenden Mohn Skepsis [...]. ›Hat man denn nicht alle Ohren schon voll von schlimmen Geräuschen? sagt der Skeptiker, als ein Freund der Ruhe und beinahe als eine Art von Sicherheits-Polizei: dies unterirdische Nein ist fürchterlich! Stille endlich, ihr pessimistischen Maulwürfe!‹ Der Skeptiker nämlich, dieses zärtliche Geschöpf, erschrickt allzuleicht; sein Gewissen ist darauf eingeschult, bei jedem Nein, ja schon bei einem entschlossenen harten Ja zu zucken und etwas wie einen Biss zu spüren. Ja! und Nein! — das geht ihm wider die Moral; umgekehrt liebt er es, seiner Tugend mit der edlen Enthaltung ein Fest zu machen, etwa indem er mit Montaigne spricht: › was weiss ich?‹ Oder mit Sokrates: ›ich weiss, dass ich Nichts weiss‹. Oder: ›hier traue ich mir nicht, hier steht mir keine Thür offen.‹ Oder: ›gesetzt, sie stünde offen, wozu gleich eintreten!‹ Oder: ›wozu nützen alle vorschnellen Hypothesen? Gar keine Hypothesen machen könnte leicht zum guten Geschmack gehören. [...] Auch das Ungewisse hat seine Reize [...].‹ [...] Unser Europa von heute, [...] skeptisch in allen Höhen und Tiefen, [...] und seines Willens oft bis zum Sterben satt! Willenslähmung [...]!«[34]

[34] Nietzsche, Friedrich: *Jenseits von Gut und Böse.* In: KSA 5. S. 137-138.

Was Nietzsche hier als Skeptizismus beschreibt, ist eine Atmosphäre, in der der Wille bzw. der Akt des Wollens selbst ein Beweis dafür ist, dass wir intellektuell nicht redlich genug sind, uns von irgendeiner Sache oder Leidenschaft hinreißen lassen, die sich, wenn wir genau hinsähen, wie eine Fata Morgana in Luft auflösen würde. Es scheint also, als würden der aktive Nihilismus und das sich darin gründende asketische Ideal uns früher oder später vor die folgende Wahl stellen: Entweder bleiben wir bis zuletzt beharrlich – »eher [...] noch das Nichts wollen« –, womit wir den Imperativ des Realen an eine Art (selbst-)zerstörerischen *passage à l'acte* knüpfen, oder wir gehen noch einen letzten Schritt in unserer asketischen Haltung, indem wir dem Nichts selbst als einzig noch übrigen Element des Realen und damit dem konstitutiven Element des Willens als solches entsagen. In der Tat ist es einigermaßen offensichtlich, dass es dem passiven Nihilismus letztlich am *Nichts* selbst mangelt. Das Problem ist hier keineswegs, dass überall nichts ist, wir von nichts umgeben sind. Es besteht vielmehr darin, dass wir zwar von allen möglichen Dingen umgeben sind, aber keines dieser Dinge unseren Willen oder unser Begehren ernsthaft zu aktivieren vermag.

Aus Nietzsches Perspektive ist dies die Sackgasse, das Entweder-oder des europäischen Nihilismus: entweder mit den Konsequenzen des asketischen Ideals leben, das den aktiven Willen zum Nichts impliziert, oder eine bloß reaktive Abwehrhaltung einnehmen. Und tatsächlich liefe, entgegen der häufig ungenauen und unbedachten Verwendung des Begriffs, eine präzise Bestimmung des Nihilismus auf genau diese Konfiguration eines mortifizierenden Entweder-oder hinaus. Nihilismus bezeichnet genau die Konfiguration, in der der Wille bzw. das Begehren der Alternative, entweder das Nichts zu wollen oder das Nichtwollen zu wählen, nicht entgehen kann. In diesem Sinne handelt es sich nicht um eine allgemeine Kategorie, die in die Unterscheidung zwischen aktiven und passiven Nihilismus zerfällt. Nihilismus bezeichnet genau die Spannung, die den Raum zwischen diesen beiden Konzeptionen oder Alternativen offenhält, die sich gegenseitig bedingen – er existiert nicht außerhalb dieses Raums.

Auf der einen Seite gibt es dort den Imperativ oder das Bedürfnis nach Erregung, das Bedürfnis, mit dem Realen in Berührung zu sein, das Leben so intensiv wie möglich zu spüren, sich hellwach zu fühlen – dies macht für Nietzsche den Kern des asketischen Ideals aus. Als Imperativ hält er uns in einer mortifizierenden Umklammerung, verursacht eine Lähmung, die durchaus die Merkmale intensiver Aktivität tragen kann, während sie doch genau das ist: Lähmung. Auf der anderen Seite gibt es den passiven Nihilismus als Antwort und Abwehrmechanismus gegen die durch die überschießende Erregung hervorgerufene Mortifikation, eine Verteidigungsstrategie, die diese Erregung selbst abtötet. Anders formuliert, eine Form der Mortifikation wird durch eine andere reguliert und moderiert. Der Wille zum Nichts trifft auf die Narkotisierung des Willens, Stimulans auf Sedativ.

Eine emblematische zeitgenössische Figur dieser Konfiguration ist der Protagonist in Bret Easton Ellis' Roman *Glamourama*, der sein hektisches Leben bestreitet, indem er gleichzeitig Champagner und Xanax, ein populäres angstlösendes Medikament, konsumiert. Der Champagner dient dazu, ein gewisses Erregungsniveau zu erreichen, während das Xanax dem entgegenwirkt. Auf einer abstrakteren Ebene entspricht ein Großteil dessen, was heute als postmoderne Desillusionierung bezeichnet wird – eine Haltung, die sich keiner Sache mehr verschreibt und Entsetzen gegenüber denjenigen demonstriert, die noch immer bereit sind, für ihre zu sterben –, der passiven Form des Nihilismus und deckt sich exakt mit Nietzsches oben zitierter Beschreibung des Skeptizismus. Weit davon entfernt, eine Lösung aus dem mortifizierenden Griff des Nihilismus und seines letztlich zerstörerischen Willens zu bedeuten, trägt sie nicht nur dazu bei, den aktiven Nihilismus unter Verschluss zu halten, wobei sich dessen Explosivität leicht einen neuen Weg bahnen kann, er braucht ihn darüber hinaus als sein Anderes. Der aktive Nihilismus ist also im vorherrschenden passiven Nihilismus nicht einfach abwesend, sondern bildet sein inhärentes Anderes. Er liefert uns einen guten Grund, auf unseren Kurs zu beharren und erinnert uns daran, unterwegs das Xanax zum Champagner nicht zu vergessen. Niemand verlangt von uns, dass wir unsere Jagd nach Erregung einschränken – Gott bewahre! Wir sind lediglich aufgefordert, zum Champagner ein wenig Xanax in Betracht zu ziehen oder, besser noch, Produkte zu konsumieren, die beide Bedingungen gleichzeitig erfüllen: Kaffee ohne Koffein, Süßigkeiten ohne Zucker, nikotinfreie Zigaretten, d. h. Substanzen, die ihrer Substanz beraubt sind. Jedoch sollte man sie vielleicht weniger als Dinge betrachten, denen es am Wesentlichen *mangelt*, sondern als Kompositum zweier Substanzen begreifen, die sich gegenseitig neutralisieren. Warum sonst sollten wir dieses bräunliche Wasser ohne Koffein darin als Kaffee bezeichnen? Warum, wenn nicht deshalb, weil schon die Bezeichnung Kaffee die Erregung evoziert, die sodann durch den Mangel an Koffein erfolgreich gehemmt wird? Produkte dieser Art sind die perfekte Antwort auf das *double-bind* des Nihilismus: Einerseits der Imperativ »Genieße!«, andererseits die ununterbrochene Erinnerung: »Dein Genießen wird dich noch ins Grab bringen!«. Dieses *double-bind* begegnet uns unentwegt in unserem banalen, alltäglichen Leben.

In diesem Zusammenhang ist es wichtig, darauf hinzuweisen, dass sich der Hedonismus unserer Konsumgesellschaft nicht auf den Imperativ des Genießens stützt. Wie ich hier mithilfe von Nietzsches Analyse zu zeigen versucht habe – mit den Mitteln der Psychoanalyse wäre dies ebenso möglich –, ist dieser Imperativ fundamental asketisch. So seltsam es auf den ersten Blick scheinen mag, der Hedonismus ist nicht in der Zone des unersättlichen Imperativs des Genießens zu verorten, sondern auf der Seite der Entschärfung dieses Genusses; er ist nicht Stimulanz (Champagner), sondern Sedativ (Xanax). Der Hedonismus situiert sich voll und ganz im Mangel an Koffein, in dem Kaffee, den wir trinken. Der Konsum von zuckerfreien Süßigkeiten und koffeinfreiem

Kaffee ist, weit davon entfernt asketisch zu sein, ein hedonistischer Akt *par excellence.* Damit unterscheidet er sich kaum von der angeblich im antiken Rom verbreiteten hedonistischen Praxis, sich zu erbrechen, um mehr Nahrung zu sich nehmen zu können. Zudem ist er auch ein Äquivalent zur Situation, etwas zu wollen, ohne es wirklich zu wollen. Allerdings bedarf der moderne Hedonismus – das ist das Entscheidende – der Stimulierung, der Erregung in der Form des asketischen Ideals, der Bedrohung, die sich am Horizont abzeichnet (»eher [...] noch das Nichts wollen«). Es handelt sich um einen Hedonismus, der sich auf das asketische Ideal stützt, was wiederum keine schlechte Definition des passiven Nihilismus ist. Ein weiterer wichtiger Punkt, der zudem den Übergang vom aktiven zum passiven Nihilismus markiert, ist die Moralität unseres zeitgenössischen Hedonismus. Mag unsere Lebensweise noch so hedonistisch sein, impliziert dies keineswegs ihre Immoralität oder gar, dass sie sich jenseits der Moral, also jenseits von Gut und Böse bewegt. Ganz im Gegenteil gedeiht die Moral unter dem Banner des Hedonismus, was kaum überraschen kann, nimmt dieser doch die Form der Selbstregulierung an: ein regelmäßiges *work out*, ausgewogene Ernährung, Nichtrauchen – diese Dinge werden nicht als Beschränkungen unseres Genießens empfunden, sie sind stattdessen Formen des Genießens bzw. ihre Bedingung; regelmäßige sexuelle Aktivität gilt als gesundheitsfördernd, Entspannung für die Seele und doch körperlich stimulierend. Hierbei handelt es sich wohl um die perfideste Form des hedonistischen Moralismus: Wir haben Sex, weil er gut für unsere Gesundheit ist und unserer persönlichen und emotionalen Entwicklung dient. Zudem ist es ein Beispiel für die Art und Weise, wie sexuelle Erregung in entschärfter Form verordnet wird: Früher wurde uns nahegelegt, sexuelle Aktivität ausschließlich in den Dienst der Reproduktion zu stellen, heute wird uns Sex aus gesundheitlichen Gründen empfohlen.

Wie wir bereits gesehen haben, vertritt Nietzsche die These, dass das Christentum *als Dogma* durch seine eigene Moral zerstört wurde: Die Erziehung zur Wahrhaftigkeit verbietet schließlich selbst die Lüge, die in den Glauben an Gott involviert ist. Er fährt daraufhin fort: »[D]ergestalt muss nun auch das Christenthum *als Moral* noch zu Grunde gehn, — wir stehen an der Schwelle *dieses* Ereignisses.«[35] Diese Zeilen wurden 1887 verfasst – was ist also passiert, wo finden wir dieses Ereignis, da wir doch nach wie vor bis zum Hals in der Moralität stecken? Nietzsches Antwort, wenn wir uns auf seine Prophezeiung verlassen wollen, lautet, dass wir uns mitten auf dem Weg dorthin befinden, insofern die Schwelle, von der Nietzsche spricht, enorme Ausmaße hat. Er beschreibt sie als »jenes grosse Schauspiel in hundert Akten, das den nächsten zwei Jahrhunderten Europa's aufgespart bleibt, das furchtbarste, fragwürdigste und vielleicht auch hoffnungsreichste aller Schauspiele ...«.[36]

Hier muss ich jedoch darauf hinzuweisen, dass der wahre Wert von Nietzsches Denken nicht in derlei Prophezeiungen und Diagnosen liegt. Darüber hinaus sollte seine Philosophie auch nicht, wie es Heidegger nahelegt, als Projekt zur Überwindung des Nihilismus verstanden werden. Alain Badiou weist zurecht darauf hin, dass für Nietzsche »der Akt kein Überwinden ist. Der Akt ist ein Ereignis. Und dieses Ereignis ist ein absoluter Bruch, dessen [...] Eigenname Nietzsche ist.«[37] Anders ausgedrückt, Nietzsche ist nicht einfach ein scharfer Analytiker eines zeitgenössischen Unbehagens in der Kultur, seiner Formen und Ursachen und darüber hinaus mit der Gabe der Vorsehung hinsichtlich der Überwindung dieses Zustands ausgestattet. Er ist bereits der Bruch; er ist schon etwas anderes. Verschiedene Formen dessen, was er als Nihilismus bezeichnet, mögen noch Jahrhunderte fortwähren. Und doch hat mit Nietzsche etwas anderes – eine andere Konfiguration des Denkens – *bereits stattgefunden*. Das bedeu-

[35] Nietzsche, Friedrich: *Zur Genealogie der Moral*. In: KSA 5. S. 410.
[36] Ebd. S. 410-411.
[37] Badiou, Alain: *Casser en deux l'histoire du monde? In: Les conférences du perroquet, 37. Dezember, 1992*. Paris. 1992. S. 10.

tet, dass die Klage über bzw. Kritik an der (post)modernen Situation, diese Haltung, die gleichzeitig ein Ereignis erwartet oder anstrebt, das diese Situation endlich verändern möge, ebenso nihilistisch ist wie die Welt, die sie als nihilistisch verurteilt. Mit anderen Worten, der mögliche Ausstieg aus dem Entweder-oder ist kein Akt, der sich auf einen Punkt in der Zukunft beziehen muss – wenn sich die Welt und der Lauf der Dinge geändert haben –, sondern ein Akt, der sich lediglich auf die Vergangenheit sowie die Gegenwart beziehen kann, in der dieses Aussteigen einen realen Ort hat. Hier liegt der wahre Einsatz von Nietzsches Denken: nicht darin, dass er uns in die Lage versetzt, den nihilistischen Zustand wahrzunehmen und einer Kritik zu unterziehen, sondern in der Tatsache, dass es bereits das Reale einer anderen Konfiguration in sich trägt.

Bevor wir dieses Reale näher betrachten, sollten wir das Thema des Nihilismus aber zunächst aus der Perspektive der (lacanschen) Psychoanalyse beurteilen.

... als Krise der Sublimierung?

Es ist bekannt, dass Nietzsche den Nihilismus mit einer Krise der Werte in Verbindung bringt. Aber was genau bedeutet diese Wendung? Sie scheint inkompatibel mit Nietzsches postuliertem Immoralismus: Das Lamento über einen Mangel bzw. eine Krise der Werte ist ein *altes* Lied des Moralismus; man kann daraus ableiten, dass es eine permanente Krise der Werte gibt, dies regelrecht Teil ihrer Definition ist. Allerdings besteht für Nietzsche das Problem nicht im Fehlen von Werten oder ihrer Falschheit, sondern in der Abwesenheit einer Macht oder eines Mechanismus zur Erschaffung von Werten. Lacan verknüpft diesen Mechanismus mit dem Begriff der Sublimierung und es könnte sich als interessant erweisen, den Widerhall von Nietzsches Denken in Lacans Auffassung der Sublimierung zu untersuchen.

In seinem Seminar *Die Ethik der Psychoanalyse* insistiert Lacan, dass die Frage der Sublimierung als ethisches Problem betrachtet werden muss, und zwar aus folgendem fundamentalen Grund: Sie ist »Schöpferin der besagten gesellschaftlich anerkannten Werte.«[38] Die Antwort auf die Frage, was diese Behauptung genau bedeutet, wird uns zu einer recht eigentümlichen Auffassung der Sublimierung führen, die wenig mit dem üblichen Gebrauch des Begriffs gemein hat.

Lacan zufolge ist die Sublimierung also als ethisches Problem zu erwägen, weil sie gesellschaftlich anerkannte Werte schafft. Das bedeutet allerdings nicht, dass sich beispielsweise die künstlerische Sublimierung bereits bestehenden gesellschaftlichen Werten unterwirft und dadurch bestimmte gesellschaftlich inakzeptable Triebe in etwas verwandelt, das nun nicht nur akzeptiert, sondern bewundert und gepriesen wird. Lacans Formulierung muss unbedingt wörtlich genommen werden: Es geht um die *Schaffung* von Werten, nicht um die Wahrung bereits bestehender Werte. Die Gesellschaft legt nicht zuerst bestimmte Werte fest, an die sich unsere plastischen Triebe anschließend anpassen müssen, wobei sich die künstlerische Sublimierung in diesem Anpassungsprozess durch besonderen Einfallsreichtum, Originalität und Innovation auszeichnen würde. Ganz im Gegenteil geht es darum, dass alle großen Sublimierungen, sei es in den Künsten, der Wissenschaft oder Religion, neue Werte schaffen und bestimmte Dinge in Werte verwandeln. Darauf zielt Lacan mit seiner Behauptung, die Sublimierung sei »ein bestimmtes Verhältnis des Begehrens, das unsere Aufmerksamkeit auf die Möglichkeit hinlenkt [...] ein anderes Kriterium für eine andere, oder dieselbe, Moralität zu formulieren, dem Realitätsprinzip gegenüber.«[39] Dabei ist der Kontext zu berücksichtigen, in den Lacan die These stellt, die Sublimierung sei in der Lage, neue

[38] Lacan, Jacques: *Die Ethik der Psychoanalyse.* Wien. 2016. S. 133.
[39] Ebd. S. 136.

moralische Kriterien zu formulieren. Sie steht in Verbindung mit Kants bekanntem Beispiel der Moral in der *Kritik der praktischen Vernunft*:

> »Setzet, daß jemand von seiner wollüstigen Neigung vorgibt, sie sei, wenn ihm der beliebte Gegenstand und die Gelegenheit dazu vorkämen, für ihn ganz unwiderstehlich, ob, wenn ein Galgen vor dem Hause, da er diese Gelegenheit trifft, aufgerichtet wäre, um ihn sogleich nach genossener Wollust daran zu knüpfen, er alsdenn nicht seine Neigung bezwingen würde. Man darf nicht lange raten, was er antworten würde. Fragt ihn aber, ob, wenn sein Fürst ihm, unter Androhung derselben unverzögerten Todesstrafe, zumutete, ein falsches Zeugnis wider einen ehrlichen Mann, den er gerne unter scheinbaren Vorwänden verderben möchte, abzulegen, ob er da, so groß auch seine Liebe zum Leben sein mag, sie wohl zu überwinden für möglich halte. Ob er es tun würde, oder nicht, wird er vielleicht sich nicht getrauen zu versichern; daß es ihm aber möglich sei, muß er ohne Bedenken einräumen. Er urteilet also, daß er etwas kann, darum weil er sich bewußt ist, daß er es soll, und erkennt in sich die Freiheit, die ihm sonst ohne das moralische Gesetz unbekannt geblieben wäre.«[40]

Wir sind hier also mit zwei verschiedenen Situationen konfrontiert. Die erste Geschichte präsentiert uns einen Mann, der seine Leidenschaft, sein Begehren, nur um den Preis seiner unmittelbar darauffolgenden Exekution befriedigen kann. In diesem Wissen optiert er – Kant zufolge – gegen die Handlung, die sein Begehren befriedigt. Im zweiten Fall geht es um die Aufforderung zur Falschaussage gegen einen Mitmenschen, ebenfalls unter Androhung des Todes. Für Kant erlaubt uns das zweite Szenario zumindest die Vorstellung, der Mann könne die Pflicht wählen und die Falschaussage verweigern, auch wenn er dafür mit seinem Leben bezahlt. Es geht

[40] Kant, Immanuel: *Kritik der praktischen Vernunft*. Hamburg. 2003. S. 40.

um den Beweis, dass in Situationen, in denen alles auf dem Spiel steht, die antizipierte Lustbefriedigung, etwa eine Nacht mit einer angebeteten Person, so groß diese auch sein mag, kein hinreichendes Motiv darstellt, diese Option zu wählen. Einzig und allein unsere Pflicht bzw. das Moralgesetz kann ein solches Motiv liefern. Prüfen wir beide Szenarien genauer, so kommen wir nicht umhin festzustellen – und auch Lacan ist dies fraglos aufgefallen –, dass diese nicht nur weit davon entfernt sind, sich symmetrisch zueinander zu verhalten, sondern Kant in seiner Argumentation tatsächlich trickst, und zwar insofern sich ihre zugrundeliegenden Parameter fundamental unterscheiden. Kant präsentiert uns die erste Situation als Wahl zwischen Lust und Unlust, die zweite als Wahl zwischen Lust und Pflicht. Es hindert uns jedoch nichts daran – vor allem nicht die Moralphilosophie Kants, die sich gerade dadurch auszeichnet, dass der Begriff der Pflicht bzw. des Moralgesetzes nicht auf einer zuvor definierten Vorstellung des Guten basiert –, das erste Szenario ebenfalls in dieser Hinsicht zu betrachten.

Diesbezüglich ließe sich also folgende Behauptung aufstellen: Es ist keineswegs ausgeschlossen, dass ein Subjekt unter bestimmten Umständen bereit ist, diesen Preis zu zahlen, ebenso wie es die Falschaussage verweigern kann. Und die Bedingung für diese Entscheidung ist eben die *Sublimierung* nach Lacan: »Das Objekt wird hier zur Würde des *Dings* erhoben«.[41] Wenn es im gegebenen Beispiel – die Nacht mit der angebeteten Person – für das Subjekt nicht bloß um den trivialen Genuss körperlicher Lust geht, sondern es in diesem Akt sein Ding erkennt, die transzendentale Bedingung seines Begehrens, dann wird es ebenso zögern wie im zweiten Fall, bevor es dieses Ding verrät, das seiner Subjektivität Konsistenz verleiht. Anders gesagt, Kants Moralgesetz ist hier nicht unbedingt abwesend. Der entscheidende Punkt, der in Kants Zurückweisung der ersten Situation verloren geht, ist: *weder* bedeutet dies, das Subjekt sei bereit, alles für seine Lust

[41] Lacan, Jacques: *Die Ethik der Psychoanalyse.* Wien. 2016. S. 139.

zu opfern, *noch* bildet die (empirische, pathologische) Lust ein derart starkes Motiv, dass selbst der Tod dafür in Kauf genommen wird. Stattdessen zollt es, indem es den Tod unter diesen Umständen akzeptiert, dem Tribut, was *jenseits* des Lustprinzips liegt. Man kann sich also vorstellen, dass es in Anbetracht des vorgestellten Dilemmas eine Frage der Ehre ist, die angebetete Person nicht in diesem seltsamen Haus mit dem davor errichteten Galgen zurückzulassen, was bereits das einfache Motiv der Lust überschreitet. Die Entscheidung für den Tod kommt nicht einfach der Unfähigkeit gleich, auf die Lust zu verzichten: Unter diesen Umständen ist die Wahl der Lust der einzige Weg zu beweisen, dass das Subjekt in der Lage ist, dem Lust- bzw. Realitätsprinzip zuwiderzuhandeln. Bezogen auf Lacans These über die Sublimierung wäre dies die einzige Möglichkeit, »ein anderes Kriterium für eine andere, oder dieselbe, Moralität zu formulieren, dem Realitätsprinzip gegenüber.« Handelte das Subjekt so, wie Kant es nahelegt, würde stattdessen das Lustprinzip das oberste Prinzip seines Handelns bilden. Umgekehrt ist die Entscheidung, bei Todesstrafe die Nacht mit der angebeteten Person zu verbringen, ein Musterbeispiel für die Sublimierung.

Die fundamentale Geste der Sublimierung – ein Objekt zur Würde des Dings zu erheben – versetzt uns somit in die Lage, etwas als möglich zu akzeptieren, das aus dem Möglichkeitsraum, den das Realitätsprinzip stiftet, ausgeschlossen ist. Letzteres bildet normalerweise das Kriterium bezüglich möglicher Überschreitungen durch das Lustprinzip, d. h. das Realitätsprinzip setzt derartigen Transgressionen Grenzen, toleriert oder sanktioniert sogar einige, während es andere gänzlich ausschließt. Beispielsweise fordert es, dass wir ein gewisses Maß an Unlust als Bedingung unseres Überlebens und unserer sozialen Existenz akzeptieren, und schließt solche Formen der Überschreitung aus, die diesen Zielen zuwiderlaufen bzw. überhaupt keinem Zweck dienen. Es handelt sich also um ein Kriterium, das nach der binären Unterscheidung von Lust und Unlust bzw. Schmerz funktioniert. Die Sublimierung erlaubt es uns, dieses Prinzip infrage zu stellen und schließlich zu einer Neuformulierung zu gelangen. Diesbezüglich ist es wichtig zu betonen, dass sich das Realitätsprinzip nicht einfach auf natürliche Gegebenheiten bezieht, denen sich die Sublimierung im Namen irgendeiner Idee widersetzt. Das Realitätsprinzip ist selbst ideologisch besetzt; man könnte so weit gehen und behaupten, es bilde die höchste Form der Ideologie, insofern es sich als empirische Tatsache – biologisch, ökonomisch etc. – oder vermeintlich nicht-ideologische Notwendigkeit präsentiert. Hier sollten wir im Hinblick auf das Funktionieren von Ideologie besonders aufmerksam sein. Lacans Theorie der Sublimierung impliziert keine Abwendung vom Realen im Namen einer Idee, sondern vielmehr eine Annäherung an das Reale in der Sublimierung, die über das Realitätsprinzip hinausgeht. Sie zielt auf das Reale, insofern es gerade nicht auf die Realität reduziert werden kann. So ließe sich formulieren, dass die Sublimierung sich im Namen des Realen der Realität entgegenstellt bzw. von ihr abwendet. Ein Objekt zur Würde des Dings zu erheben, bedeutet nicht, es zu idealisieren, sondern es zu *realisieren*, es stellvertretend für das Reale einzusetzen.

Die Sublimierung ist also mit der Ethik verknüpft, insofern sie nicht völlig dem Realitätsprinzip untergeordnet ist und einen Möglichkeitsraum schafft, bestimmte Wertzuschreibungen jenseits eines anerkannten und etablierten Gemeinwohls vorzunehmen. So funktioniert die Sublimierung nicht, indem sie obskure und makabre Leidenschaften oder Triebe in etwas transformiert, das die Gesellschaft als gut oder schön anerkennt; sie arbeitet nicht gegen die Leidenschaften und Triebe. Ihre Hauptfunktion besteht darin, eine Bühne zu bereiten, auf der diese *obskuren Leidenschaften und Triebe* zu etwas Wertvollem werden. Es geht nicht darum, innerhalb desselben Sonnensystems, das das Realitätsprinzip bildet, dieses Gut oder jenen Wert durch einen anderen zu ersetzen. Der kreative Akt der Sublimierung schafft zudem nicht einfach irgendein neues Gut, er schafft und erhält in erster Linie einen Raum für Objekte, die in der gegebenen Realität keinen Platz haben, die als unmöglich gelten. Die Sublimierung verleiht etwas Wert, dem im Rahmen des Realitätsprinzips kein Wert zukommt.

Untersuchen wir, um dies zu veranschaulichen, die klassische Tragödie *Antigone*, die sich dadurch auszeichnet, dass sie *einer bestimmten Leidenschaft Wert verleiht.* Sophokles' künstlerischer Akt besteht darin, eine Szene zu kreieren, in der Antigones Leidenschaft *als solche* zutage tritt – ihr sichtbares und sinnloses Begehren; eine Szene, in der wir dieses Begehren in verschiedenen Situationen und seiner Entwicklung verfolgen, es uns als möglich vorstellen und dessen Elan und Treue würdigen können. Somit handelt es sich um einen Akt, der dem Jenseits des Lustprinzips Wert verleiht. Sophokles schafft einen Raum, in dem es möglich wird, bestehende Moralvorstellungen infrage zu stellen und dagegen neue, andere Kriterien zu formulieren. Indem er Antigones Leidenschaft sublimiert, eröffnet er einen Raum der Freiheit. Dieses Beispiel vermittelt uns auf anschauliche Weise, dass die Sublimierung einer Leidenschaft nicht bedeutet, sich von ihr abzuwenden und sich auf etwas anderes oder Akzeptableres zu konzentrieren. Im Gegenteil impliziert sie, dass wir diese Leidenschaft selbst annehmbar oder zumindest vorstellbar machen. Wenn Antigone die Bestattung ihres Bruders zur Würde des Dings erhebt, verleiht Sophokles diesem Begehren, das Antigones Handeln anleitet, eben diesen Status. Das Stück *Antigone* konfrontiert uns gleichsam mit Antigones Akt und Sophokles' Akt, der darin besteht, Antigones irrationaler Leidenschaft unanfechtbaren Wert zu verleihen.

Wir stoßen hier also auf eine eher ungewöhnliche Bedeutung des Begriffs Sublimierung: Er betrifft die Erschaffung eines Raums, einer Szene oder Bühne, die etwas Wertschätzung verleiht, das jenseits des Realitätsprinzips und jenseits des Gemeinwohlprinzips liegt. In diesem Punkt berühren sich Sublimierung und Ethik.

Allerdings bedarf es hier einer weiteren Bemerkung. Diese Art der Wertzuschreibung ist niemals eine unmittelbare. Mit anderen Worten, die Sublimierung erlaubt uns niemals das Ding selbst wertzuschätzen oder zu würdigen, sondern ein mehr oder weniger banales und alltägliches Objekt, das zur Würde des Dings erhoben wird – und die zentrale Leere des Dings maskiert: die Liebesnacht, die Bestattung etc. Für Lacan inszeniert die Sublimierung eine Art Parade, auf der sich ein Zug von Objekten *a* (*objets petit a*) präsentiert, die einerseits das Ding evozieren und es andererseits verbergen. Sie verschleiern die Differenz, die zwischen ihnen und der Leere besteht, die sie verkörpern und der sie ihren scheinbar eigentlichen, intrinsischen Wert verdanken. Hier taucht ein weiterer wichtiger Aspekt auf, den Lacan in Verbindung mit der Sublimierung entwickelt: das Thema der Täuschung und Verlockung. Es ist kein Zufall, dass der Abschnitt, der die Diskussion der Sublimierung eröffnet, den Titel *Die Triebe und die Täuschungen* trägt. Die folgenden zwei Passagen aus *Die Ethik der Psychoanalyse* verdeutlichen das Problem:

> »Auf der Ebene der Sublimierung kann das Objekt nicht von den imaginären, insbesondere den kulturellen Bildungen abgetrennt werden. Es ist nicht so, daß diese von der Gemeinschaft einfach als nützliche Objekte angesehen würden – die Gemeinschaft findet in ihnen vielmehr einen Bereich von Entspannung, durch welchen sie in gewisser Weise über *das Ding* sich täuschen und mit Hilfe ihrer imaginären Bildungen das Feld des *Dings* zu kolonisieren vermag. [...] In geschichtlich und gesellschaftlich spezifizierten Formen überdecken und täuschen die Elemente *a*, die imaginären Elemente des Phantasmas, das Subjekt im Punkt von *das Ding* selbst.« [42]

[42] Ebd. S. 123.

Diese Analyse offenbart, dass die Kritiker*innen der Ideologie sowie ihrer ästhetischen Effekte die Kritiker*innen der Sublimierung schlechthin sind. Derlei Kritiken sind Teil des Kampfes gegen das, was Lacan die Kolonisierung des Feldes des Dings nennt – ein Kampf, der versucht, die imaginären Bildungen vom Realen zu trennen und sich als Passion des Realen gegen den Schein richtet. Die Diskussion der verschiedenen Formen, die diese Passion des Realen annehmen kann, werde ich hier beiseitelassen und stattdessen ein jüngeres Phänomen untersuchen, das wiederum eine Art Gegenreaktion darstellt: die Rede vom Ende der Ideologien, wobei hinzuzufügen ist, dass dieser Diskurs Ideologie als eine Art gespenstisches Monstrum identifiziert, das uns dazu bringen kann, für unsere Sache zu sterben – was eben der Definition der Sublimierung entspricht.

Zu der These vom Ende der Ideologien existiert eine Kehrseite, die ihr diametral entgegengesetzt zu sein scheint: Die Behauptung, es gäbe kein Reales. Tatsächlich gehen beide jedoch Hand in Hand. Um den Begriff der Ideologie abzuweisen, muss man den Begriff des Realen – als finale Transzendenz, als letzte große Erzählung – diskreditieren. So scheint es, als wären wir einer Bewegung gefolgt, die im Namen des Realen alle Scheinwelten, Illusionen und ideologischen Formen zu entlarven suchte und sich schlussendlich in dieser Passion des Realen gegen sich selbst gewendet und seine eigenen Voraussetzungen untergraben hätte. Was also, wenn die Idee des Realen als von den symbolischen Fiktionen und imaginären Bildungen Verschiedenes nichts anderes als die letzte große Illusion oder Fiktion wäre? Hier nähern wir uns der letzten großen Erzählung aus der Ära des Endes der großen Erzählungen: Es gibt kein Reales, alles ist Konvention, Sprachspiel, ein Labyrinth von Möglichkeiten, die zumindest prinzipiell alle gleichwertig sind. Was ist der Effekt dieser These? Ihre Wirkung ist nicht etwa das Verschwinden des Realen, sondern dessen vollständige Koinzidenz mit der Realität. Umgekehrt formuliert wird das Realitätsprinzip als einziges und ultimatives

Reales aufgefasst. Dies ist es, was Nietzsche den modernen Nihilismus und die Krise der Werte nennt, wobei letztere eben eine Krise der Sublimierung im oben verstandenen Sinne ist. Somit geht es nicht um eine Klage über die Korruption und mangelnde Achtung der Werte, sondern um die Diagnose einer Schwächung der Kraft der Sublimierung, die eine gewisse Distanz zum Realitätsprinzip und dessen Ansprüchen erzeugen könnte. Deshalb ist es von entscheidender Wichtigkeit, auf dem Begriff des Realen zu beharren, der jedoch in Absetzung von der Vorstellung eines authentischen Realen hinter den trügerischen Erscheinungen bestimmt werden muss. Einen Weg dorthin eröffnet uns die Auffassung des Realen in Lacans Spätwerk. Das Reale ist hier gerade kein authentisches Jenseits, das die Wahrheit der Realität konstituiert, sondern ihr blinder Fleck oder der Punkt ihres Nichtfunktionierens, d. h. das Reale ist der Stolperstein, aufgrund dessen *die Realität nicht völlig mit sich selbst übereinstimmt.* Das Reale ist die intrinsische Kluft der Realität als solcher. In diesem Sinne ist es die Sublimierung, die diese Kluft offen hält und genau in diesem Zwischenraum operiert, der die Realität von sich selbst trennt. Und aus diesem Grund impliziert auch das Verschwinden des Realen die vermeintliche Koinzidenz der Realität mit sich selbst, die sodann als vollkommen unproblematisch erscheint.

Wir sehen, wie viele kritische Intellektuelle die totalitären Doktrinen und großen Ideologien verurteilen und munter das Ende dieser Diktaturen verkünden, ohne sich die Mühe zu machen, die unerbittliche Diktatur des Realitätsprinzips selbst als etwas zu hinterfragen, das wie selbstverständlich die unverrückbaren Grenzen des Möglichen setzt. Es scheint, als begegnen wir hier einer perversen Freude darüber, dass wir endlich an dem Punkt angelangt sind, an dem nichts (anderes) mehr möglich ist, sodass wir unser Leben in Ruhe genießen können. Hier stoßen wir wenig überraschend auf Nietzsche und eine der Definitionen des passiven oder reaktiven Nihilismus. Doch wir wissen allzu gut, dass dieser vermeintlich friedliche Zustand weit davon entfernt ist, wirklich friedlich zu sein und stattdessen ein postmodernes Unbehagen in der Kultur hervorbringt.

Der Grund dafür ist folgender: Die Krise der Sublimierung, die die Verwirrung von Realem und Realitätsprinzip impliziert, uns dem Diktat des Letzteren unterwirft und den Raum für die Entwicklung unseres Begehrens verengt, bedeutet nicht, dass wir einfach den Kontakt zum Ding oder zum Realen verloren haben. Vielmehr sind wir ihm und seinen unerbittlichen Forderungen durch die Koinzidenz des Realen mit der Realität vollständig unterworfen. Darin können wir das Ergebnis einer Fehleinschätzung hinsichtlich des Problems der Passion des Realen erkennen: Wenn wir nur von ihr ablassen, finden wir in dem Verzicht einen gewissen Frieden. Anders ausgedrückt, wenn wir nur unser Begehren aufgeben, fallen wir nicht mehr den schwierigen (und ideologischen) Entscheidungen zum Opfer, mit denen es uns konfrontiert – Falsch! Wir werden von nun an keinen Augenblick mehr unsere Ruhe haben: Das Ding wechselt damit auf die Ebene des Über-Ichs, wird zum Imperativ des Genießens und folgt uns überallhin. Eine mögliche Formulierung dieser Situation ist die folgende: Da nichts jenseits des Realitätsprinzips existiert, sind wir gezwungen, jeden einzelnen Moment zu genießen. Und es ist kaum nötig hinzuzufügen, dass dieser Imperativ des Genießens der sicherste Weg ist, um das Genießen zu verunmöglichen.

Die ganze Schwierigkeit liegt in der Frage, ob und wie es möglich ist, dem erstickenden überichhaften Imperativ des Genießens ein »Nein« entgegenzusetzen. Hier könnte man an den Witz erinnern, in dem John beschließt, aufgrund seines nächtlichen Bettnässens einen Psychiater aufzusuchen. Diesem erklärt er, dass ihm jede Nacht im Traum ein Zwerg erscheint und sagt: »Und jetzt, lieber John, werden wir pinkeln«, worauf John ordnungsgemäß handelt. Der Psychiater rät ihm, die Aufforderung des Zwergs mit einem entschiedenen »Nein!« zu erwidern. John geht nach Hause, kehrt aber schon am nächsten Tag zurück und berichtet: »Ich bin Ihrem Rat gefolgt und habe dem Zwerg, da er mich zum Pinkeln aufforderte, energisch widersprochen. Darauf der Zwerg: ›Nun gut, dann werden wir also scheißen.‹«

Wie also ist es möglich, dem Imperativ des Genießens zu entgehen, wenn – wie Freud gezeigt hat – jeder Verzicht, jedes »Nein« uns nur noch weiter in die Logik des Über-Ichs verstrickt? Vielleicht sollten wir eine Geste Nietzsches in Erwägung ziehen: ein »Ja« – nicht zum Imperativ des Genießens, sondern jenem Rest, der aufseiten des Subjekts fortbesteht, obwohl es als Resultat des Verzichts glaubt, alles Genießen sei Eigenschaft des Dings. Für unser Beispiel würde das bedeuten, im Traum zu entgegnen: »Hallo du! Schon bei deinem bloßen Anblick muss ich pinkeln.« Dies könnte dazu führen, dass das Subjekt aus seinem Traum erwacht – und darüber hinaus des Realen seines eigenen Begehrens und Genießens gewahr wird. Anstatt die gesamte Energie darauf zu verwenden, dem Ding zu entkommen, das es so leidenschaftlich verfolgt, könnte es dem Subjekt gelingen, eine gewisse Leidenschaft für das Ding zu entwickeln.

Kehren wir damit zur Frage der Sublimierung zurück. Im Gegensatz zu der Vorstellung, die Sublimierung sei eine Art Reaktion auf die Unmöglichkeit, etwas zu tun – und damit ein Surrogat für die Triebbefriedigung –, insistiert Lacan darauf, dass die Sublimierung Triebbefriedigung *ist*. Tatsächlich ermöglicht uns die Verbindung zwischen Sublimierung und Trieb, die Dualität im Zentrum der Sublimierung genauer zu formulieren. Sie wird nicht einfach durch die Kluft zwischen den *a*-Elementen, also imaginären, phantasmatischen Elementen, und dem Ding als unmögliches Reales konstituiert, obwohl unbestreitbar ist, dass ein Typ von Sublimierung, der eben auf die Produktion eines erhabenen Objekts hinausläuft, auf dieser Dualität beruht: Hier verschleiert das erhabene Objekt eine unrepräsentierbare Leere. Darin erschöpft sich das Phänomen der Sublimierung jedoch nicht. Es kann auch das genaue Gegenteil der Fall sein und Lacan macht wiederholt darauf aufmerksam. Das Produkt der Sublimierung muss nicht erhaben sein, es kann sogar, ästhetisch aufgefasst, alles andere als sublim sein. Und doch handelt es sich noch immer um Sublimierung, d. h. etwas öffnet die Kluft, die Realität und Reales trennt, und wirkt darin. In diesem zweiten Fall besteht die Dualität in einer intrinsischen Teilung oder Verdoppelung des *a*-Elements, wobei das Reale der Name dieser internen Differenz oder Nichtübereinstimmung ist. Wie ich bereits angedeutet habe, ermöglicht uns die Verbindung zwischen Sublimierung und Trieb, diese andere Dualität genauer zu bestimmen. Das Objekt des Triebs ist per definitionem ein doppeltes: Es gibt das Objekt, das den Trieb befriedigen soll und auf den Trieb zielt, aber darüber hinaus sollte auch die Befriedigung selbst als Objekt begriffen werden. Nehmen wir das Beispiel des Oraltriebs: Wir haben ein Objekt in der Gestalt von Nahrung, die wir zu uns nehmen wollen und auch tatsächlich aufnehmen. Zugleich aber haben wir auch ein Objekt, das die durch den Akt der Nahrungsaufnahme hervorgerufene Befriedigung verkörpert: die Mundlust. Die Mundlust ist selbst ein Objekt, Befriedigung *als* Objekt, um den von Jacques-Alain Miller geprägten Ausdruck zu verwenden. Wir müssen hier betonen, dass das Reale nicht auf der Ebene eines dieser beiden Objekte angesiedelt ist, die beide Teil der Realität sind. Anstatt es mit einem von beiden zu identifizieren, sollten wir es in der Kluft zwischen ihnen situieren, als Korrelat ihrer Nichtübereinstimmung. Diese Idee des Realen setzt es weder als massive und beunruhigende Präsenz noch als Wahrheit der Realität, sondern als ihren Stolperstein. Die Sublimierung ist im Bereich dieses Intervalls zwischen dem Objekt der Befriedigung und der Befriedigung als Objekt aktiv und sie verhindert zudem, dass sich diese Kluft schließt.

Abschließend ist auf eine doppelte Falle hinzuweisen, die es in diesem Zusammenhang zu vermeiden gilt: Es besteht nicht nur die Gefahr, die fragliche Kluft durch die Einschreibung der Befriedigung als Objekt in das Objekt der Befriedigung zu eliminieren, womit wir zu einer Definition des Fetischismus – einschließlich des Warenfetischismus – gelangen würden. Wenn uns das Wesen des Triebs ebenso wie die Sublimierung dazu zwingt, zwischen Objekten, die uns Befriedigung verschaffen und der Befriedigung als Objekt zu unterscheiden, und wenn dies ferner impliziert, dass es einer gewissen Anstrengung bedarf, beide auseinanderzuhalten, dann muss ebenso davor gewarnt werden, dies so weit zu treiben, dass beide Ebenen völlig voneinander getrennt sind, als hätten sie keine Beziehung zueinander. Wenn ich zu mir sage: »Ich weiß sehr wohl, dass das eigentliche Ziel meines Triebs nicht dieser Mann oder dieses Steak oder dieses Kleid ist, das ich in diesem Moment begehre, sondern nur die Befriedigung, die ich in ihnen finde«, also die *a*-Elemente de-realisiere und sie als irrelevante Mittel für die Erreichung meines Ziels halte, dann laufe ich Gefahr, das Reale zu verfehlen, gerade weil ich zu effizient bin. So gelangen wir zur Figur des Don Juan bzw. einem ihrer Aspekte, der in der komischen Version Molières fehlt, dafür aber im Zentrum von Mozarts *Don Giovanni* steht: Er kann so viel vögeln, wie er will, aber letztlich wird er vom Signifikanten gefickt, d. h. von der Liste, die er mit möglichst vielen Namen füllen muss. Denn er glaubt, dass das Reale ganz aufseiten der Befriedigung zu verorten ist. Diese Geste der Transformation der Dualität, die durch die Kluft existiert, die beide Seiten trennt und verbindet, in zwei Eine – den Schein und das Reale –, ist der eigentliche Ursprung der Anordnung zum Genießen durch das Über-Ich.

Teil 2
Der »grosse Mittag«

Wir kommen nun zum heikleren Teil dieses Essays, dessen Schwierigkeit darin besteht, dass ich im Rückgriff auf einige zentrale Themen Nietzsches eine Idee zu entwickeln versuche, die Nietzsche selbst nicht konzeptualisiert hat, sondern lediglich als sprachliches Bild wiederkehrt. Es handelt sich um das Bild des Mittags als Figur der Zwei. In der Einleitung habe ich bereits auf der Tatsache beharrt, dass der Mittag für Nietzsche kein Moment der Vereinigung ist, in dem alles in das Licht der Sonne gehüllt ist, sondern der Moment, wenn »Eins zu Zwei« wird[1], der »Augenblick des kürzesten Schattens«.[2] Nietzsche knüpft den Mittag zudem eng an das, was jenseits von Gut und Böse ist sowie die Idee der Wahrheit als Nuance. Genau genommen gibt es eine ganze Reihe von Termen, die unmittelbar mit dem Bild des Mittags verbunden sind: die Ewigkeit, der Blick, die Eins, die zu Zwei wird, der kürzeste Schatten, die Nuance, die Mitte und das Beinahe. Wollen wir die Tragweite der durch Nietzsche ausgelösten Subversion der Philosophie begreifen, müssen wir aufhören, über solche begriffslosen Begriffe die Nase zu rümpfen und ihnen das durch sie übermittelte Reale des Denkens abringen. Ein geeigneter Ausgangspunkt scheint der Begriff der Mitte zu sein, da in dieser Hinsicht bereits ein wesentlicher Schritt getan ist.

Bezüglich des Einflusses, den Nietzsche auf die Philosophie Deleuzes ausgeübt hat, bemerkt Badiou, dass Nietzsches *Jenseits* – von Gut und Böse, Wahrheit und Schein etc. – weder auf eine Synthese noch auf ein Drittes verweist, das die Dualität trans-

---

[1] Nietzsche, Friedrich: *Jenseits von Gut und Böse.* In: KSA 5. S. 243.

[2] Nietzsche, Friedrich: *Götzen-Dämmerung.* In: KSA 6. S. 81.

zendiert, sondern stattdessen deren *Mitte* bedeutet.[3] Und genau aus diesem Grund, so würden wir hinzufügen, ist der Mittag das privilegierte Bild dieses *Jenseits*. Selbstverständlich ist die Mitte nicht beliebig, ein bisschen hiervon und ein wenig davon, sondern bezeichnet einen sehr präzisen Punkt. Deleuze drückt dies in den Begriffen der disjunktiven Synthese und der konjunktiven Analyse aus. Leben spezifiziert und individualisiert, trennt und unterscheidet, während es gleichzeitig inkorporiert, virtualisiert und verbindet. Leben ist der Name für die Neutralität des Seins in seiner divergenten Logik. Es ist kreative Neutralität, die *inmitten von* disjunktiver Synthese und konjunktiver Analyse stattfindet. Hier wird Badiou zufolge Nietzsches Einfluss ersichtlich: Für Nietzsche produziert Leben Wertunterschiede, es ist die Macht der Wertung, Divergenz in Aktion. Jedoch kann Leben selbst, in seiner Neutralität, nicht bewertet werden, da es, kurz gesagt, kein Leben des Lebens gibt. Es gibt nur eine Bewegung, die ihrerseits nur als ein Dazwischen zweier Bewegungen zu denken ist: der Bewegung der Aktualisierung und der Bewegung der Virtualisierung. Die Macht des Seins ist neutral, unpersönlich, anonym und ununterscheidbar. Leben entspricht all diesen Nicht-Eigenschaften zugleich; es bezeichnet die integrale Gleichheit des Seins.

Dies ist die Quelle für Nietzsches Unterscheidung zwischen Starken und Schwachen. Stärke bedeutet, die Gleichheit des Seins zu affirmieren; Schwäche bedeutet, ihre Neutralität zu verstümmeln. Badiou stellt weiterhin fest, dass die Macht oder Stärke keineswegs selbstverständlich ist; sie setzt eine ständige Konzentration und Anstrengung voraus und erfordert eine Distanz zu allen Kategorien, aus denen wir für gewöhnlich unsere Gegenwärtigkeit, Individualität und unser Ego konstruieren. Nietzsches Formel »Wie man wird, was man ist« bedeutet: Man ist nur, was man wird. Um aber an den Punkt zu gelangen, an dem die

---

[3] Badiou, Alain: *Gott ist tot. Eine kurze Ontologie des Übergangs.* Wien. 2007. S. 64.

unpersönliche Kraft der Andersheit dieses Werden in Gang setzt, müssen wir uns selbst als disjunktive Synthese bzw. konjunktive Analyse behandeln – wir müssen uns spalten und auflösen. Das ist es, was die Starken tun. Hier liegt zudem der Grund dafür, dass Nietzsche zufolge große Gesundheit durch Krankheit zu erreichen ist, denn Krankheit verwandelt Gesundheit von einem Zustand (der Zufriedenheit) in eine Form der Affirmation und Metamorphose. Dies erfordert, so argumentiert Badiou völlig zurecht – und stellt sich damit einer oberflächlichen und doch allgegenwärtigen Vorstellung entgegen, die Philosophien Nietzsches und Deleuzes zelebrierten unendliche Möglichkeiten, Faltungen von Simulakrum und Wahrheit, Aktualitäten und Virtualitäten, durch die wir spielerisch wandeln –, ein Höchstmaß an Disziplin.[4] »Schlichtheit, Schlichtheit!«, das ist es, was sie von uns verlangen. Und warum nicht? Sich der Neutralität des Lebens zu stellen, gleicht einem Drahtseilakt – die Figur des Seiltänzers in Zarathustras *Vorrede* ist hier signifikant –, es bedeutet, auf dem schmalen Grat zu wandeln, der eben die Mitte ist.

Wir müssen also betonen, dass Nietzsches Neutralität des Lebens keine weite blühende Wiese ist, auf der alle Kühe schwarz sind und wir fröhlich umherspringen können. Ihr entspricht viel eher der Rand eines Papierbogens, der beide Seiten trennt und gleichzeitig zusammenhält. Diese Neutralität ist kein Grund, keine Grundlage für Unterscheidungen. Sie ist inmitten dieser Unterscheidungen zu verorten; sie bildet den Stoff, aus dem sie gemacht sind – sie existiert nur als Rand. Aus diesem Grund, so könnte man sagen, wird im Moment des Bruchs, der Entrückung oder Krise dieser Stoff sichtbar, wahrnehmbar. Und deshalb benötigen all jene, die dieser Mitte gewachsen sein wollen, das Geschick, die Konzentration, Stärke und Leichtigkeit eines Seiltänzers. Wie gesagt, die Tatsache, dass *Also sprach Zarathustra* mit der Geschichte des Seiltänzers beginnt, der versucht, auf

[4] Ebd. S. 65-69.

einem zwischen zwei Türmen gespannten Seil über den Marktplatz zu balancieren, ist kein Zufall. Dieses Unterfangen scheitert in dem Moment, als der Auftritt eines Narren ihn aus dem Gleichgewicht bringt. Dieser Zwischenfall beschreibt die erste Mitte, die Zarathustra repräsentiert: »Eine Mitte bin ich noch den Menschen zwischen einem Narren und einem Leichnam.«[5] Die Mitte bzw. das Mittel ist also nicht mit der goldenen Mitte zu verwechseln, die für Nietzsche lediglich Mittelmaß bedeutet.[6]

Ein zweckmäßiger Weg, um nun weiter zum Kern dessen vorzudringen, was in der Figur des Mittags auf dem Spiel steht, führt über Nietzsches Theorie der Wahrheit, d. h. Nietzsches Kritik des Wahrheitsbegriffs sowie seinen Versuch, eine Alternative zu entwickeln, die zwar auf der Idee des Perspektivismus beruht, jedoch nicht mit ihr deckungsgleich ist.

Ärger mit der Wahrheit

Ein zentrales Motiv in Nietzsches Diskurs über die Wahrheit ist sein Insistieren darauf, die Wahrheit sei dem Leben per definitionem antagonistisch bzw. fremd. Sie ist keine Funktion des Überle-

---

[5] Nietzsche, Friedrich: *Also sprach Zarathustra.* In: KSA 4. S. 23. Zuvor beschreib Zarathustra den Menschen als »Seil, geknüpft zwischen Thier und Übermensch, — ein Seil über einem Abgrunde. Ein gefährliches Hinüber, ein gefährliches Auf-dem-Wege, ein gefährliches Zurückblicken, ein gefährliches Schaudern und Stehenbleiben.« Ebd. S. 16.

[6] »›Wir setzten unsern Stuhl in die *Mitte* — das sagt mir ihr Schmunzeln — und ebenso weit weg von sterbenden Fechtern wie von vergnügten Säuen.‹ Diess aber ist — Mittelmässigkeit: ob es schon Mässigkeit heisst.« Ebd. S. 214-215. Siehe ebenfalls: »In den Griechen ›schöne Seelen‹, ›goldene Mitten‹ und andre Vollkommenheiten auszuwittern, etwa an ihnen die Ruhe in der Grösse, die ideale Gesinnung, die hohe Einfalt bewundern — vor dieser ›hohen Einfalt‹, einer niaiserie allemande zuguterletzt, war ich durch den Psychologen behütet, den ich in mir trug.« Nietzsche, Friedrich: *Götzen-Dämmerung.* In: KSA 6. S. 157.

bens, da sie dem Leben eher schadet als nützt – obwohl ihre Unerbittlichkeit und Härte das Leben auch stärken kann. Diese Haltung könnten wir als den Ursprung von Nietzsches Oszillieren zwischen einer Abwertung der Wahrheit als lebensfeindlich einerseits und dem Streben nach einer Art ethischem Imperativ der Wahrheit andererseits erkennen, der einen gewissen Heroismus der Wahrheit befürwortet oder zumindest schätzt. Die beiden folgenden Passagen sollen uns helfen, das Ausmaß dieser Schwankung zu ermessen:

> »Die Falschheit eines Urtheils ist uns noch kein Einwand gegen ein Urtheil; darin klingt unsre neue Sprache vielleicht am fremdesten. Die Frage ist, wie weit es lebenfördernd, lebenerhaltend, Art-erhaltend, vielleicht gar Art-züchtend ist; und wir sind grundsätzlich geneigt zu behaupten, dass die falschesten Urtheile (zu denen die synthetischen Urtheile a priori gehören) uns die unentbehrlichsten sind, dass ohne ein Geltenlassen der logischen Fiktionen, ohne ein Messen der Wirklichkeit an der rein erfundenen Welt des Unbedingten, Sich-selbst-Gleichen, ohne eine beständige Fälschung der Welt durch die Zahl der Mensch nicht leben könnte, — dass Verzichtleisten auf falsche Urtheile ein Verzichtleisten auf Leben, eine Verneinung des Lebens wäre. Die Unwahrheit als Lebensbedingung zugestehn: das heisst freilich auf eine gefährliche Weise den gewohnten Werthgefühlen Widerstand leisten; und eine Philosophie, die das wagt, stellt sich damit allein schon jenseits von Gut und Böse.«[7]

---

[7] Nietzsche, Friedrich: *Jenseits von Gut und Böse.* In: KSA 5. S. 18. Siehe auch: »[W]ie haben wir es von Anfang an verstanden, uns unsre Unwissenheit zu erhalten, um eine kaum begreifliche Freiheit, Unbedenklichkeit, Unvorsichtigkeit, Herzhaftigkeit, Heiterkeit des Lebens, um das Leben zu geniessen! Und erst auf diesem nunmehr festen und granitnen Grunde von Unwissenheit durfte sich bisher die Wissenschaft erheben, der Wille zum Wissen auf dem Grunde eines viel gewaltigeren Willens, des Willens zum Nicht-wissen, zum Ungewissen, zum Unwahren! Nicht als sein Gegensatz, sondern — als seine Verfeinerung! [...] [W]ie gerade noch die beste Wissenschaft uns am besten in dieser *vereinfachten,*

»Wie viel Wahrheit *erträgt*, wies viel Wahrheit *wagt* ein Geist? das wurde für mich immer mehr der eigentliche Werthmesser. Irrthum (— der Glaube an's Ideal —) ist nicht Blindheit, Irrthum ist *Feigheit*... Jede Errungenschaft, jeder Schritt vorwärts in der Erkenntniss *folgt* aus dem Muth, aus der Härte gegen sich, aus der Sauberkeit gegen sich... Ich widerlege die Ideale nicht, ich ziehe bloss Handschuhe vor ihnen an... Nitimur in *vetitum*: in diesem Zeichen siegt einmal meine Philosophie, denn man verbot bisher grundsätzlich immer nur die Wahrheit.«[8]

Man könnte sagen, dass diese beiden Passagen zwei Reflexionslinien über die Wahrheit verdichten und zuspitzen, die bereits auf die Aufklärung zurückgehen. Einerseits bedeutet Wahrheit den mutigen Kampf gegen Vorurteile, falsche Wahrheiten und allgemein akzeptierte Ideen, einen Kampf um die Reinheit des Wissens. Sie liegt angeblich nicht nur jenseits des Spiegels des etablierten Wissens (als Symbolisches), sondern ebenso jenseits des Spiegels der Wahrnehmung und unmittelbaren Erfahrung, die sich ihrerseits als durch alle möglichen akzeptierten Ideen deformiert erweisen. Andererseits wird aber die Tatsache anerkannt, dass solche Deformationen und symbolischen Fiktionen gerade die Bedingung für das Leben und Überleben sind. Es ist unmöglich, in der Wahrheit zu leben, eine Zeit ohne Wahrheit ist für das Leben unentbehrlich. So schreibt etwa der große Empirist Locke: »Stellen wir uns vor, jemand wolle nicht essen, ehe ihm bewiesen worden ist, daß die Speise ihn nähren werde; er wolle sich nicht rühren, bevor er

---

durch und durch künstlichen, zurecht gedichteten, zurecht gefälschten Welt festhalten will, wie sie unfreiwillig-willig den Irrthum liebt, weil sie, die Lebendige, — das Leben liebt!« Ebd. S. 41-42.

8 Nietzsche, Friedrich: *Ecce Homo*. In: KSA 6. S. 259. Siehe außerdem die folgende Passage: »Aber meine Wahrheit ist *furchtbar*: denn man hiess bisher die *Lüge* Wahrheit. [...] Ich erst habe die Wahrheit *entdeckt*, dadurch dass ich zuerst die Lüge als Lüge empfand [...]. [E]s wird Kriege geben, wie es noch keine auf Erden gegeben hat. Erst von mir an giebt es auf Erden *grosse Politik*.« Ebd. S. 365-366.

unfehlbar weiß, daß das Unternehmen, das er vorhat, auch gelingen werde. Diesem Menschen wird dann kaum etwas anderes übrigbleiben als stillzusitzen und umzukommen.«[9] Während wir durch das Leben gehen, verlassen wir uns auf alle möglichen Wahrscheinlichkeiten und Überzeugungen; nur selten verfügen wir über die Gewissheit der Wahrheit, und genau das verleiht uns Handlungsfähigkeit. Nietzsches starke These, dass die Unwahrheit Lebensbedingung ist, zielt tatsächlich in dieselbe Richtung: Es ist nicht möglich, in der Wahrheit zu leben, sie ist kein adäquates Medium für das Leben. Warum ist dies der Fall?

Die Wahrheit ist in dieser Konzeption ein Synonym für das Reale, das hier natürlich nicht mit der empirischen Realität verwechselt werden darf, da diese immer schon konstruiert ist – in dieser Hinsicht ist und bleibt Nietzsche Kantianer. Die Identifikation der Wahrheit mit dem Realen ist entscheidend für das Verständnis *einer* der beiden grundlegenden Argumentationslinien, die Nietzsches Auseinandersetzung mit der Wahrheit bestimmen. Sie reflektiert sich trotz der vermeintlichen Unvereinbarkeit in den beiden oben zitierten Abschnitten. Der scheinbare Widerspruch zwischen ihnen verschwindet angesichts einer These, die Nietzsche in unterschiedlicher Form wiederholt: »[M]an hiess bisher die *Lüge* Wahrheit«.[10] Die erste Passage ist eine einfache Erweiterung dieser Idee. Die Unwahrheit, deren Nutzen für das Leben Nietzsche preist, entspricht exakt der bisherigen sogenannten Wahrheit – synthetische Urteile a priori, unbedingte logische Fiktionen, Arithmetik etc. Die zweite Passage besteht darauf, dass diese sogenannte Wahrheit diese Bezeichnung zu Unrecht trägt, da die Wahrheit woanders liegt. Und die erste Aussage der neuen Wahrheit ist, dass die Lüge bisher Wahrheit geheißen wurde – oder anders formuliert: »Ich erst habe die Wahrheit ent-

---

[9] Locke, John: *Versuch über den menschlichen Verstand, Band 2*. Hamburg. 1988. S. 340.

[10] Siehe Anmerkung 8.

deckt, dadurch dass ich zuerst die Lüge als Lüge empfand [...].«[11] Dies ist die bisher verbotene Wahrheit. Obwohl hier kein konzeptueller Widerspruch besteht, gibt es einen klaren Widerspruch bzw. Unterschied in der Orientierung: Einerseits wird die (jetzt erkannte) Lüge als lebensnotwendig bzw. dem Leben förderlich gepriesen, andererseits aber der Mut, die Wahrheit auch um den Preis des Wohlergehens oder sogar auf Kosten des Lebens zu verfolgen. Nietzsche verteidigt beide Positionen mit gleicher Vehemenz. Wir sollten jedoch nicht vergessen, dass dieses Oszillieren sich nur auf eine der beiden Argumentationslinien Nietzsches hinsichtlich der Wahrheit bezieht – jene nämlich, die auf der Identifikation der Wahrheit mit dem Realen als letztgültige Wahrheit der Realität beruht.

Folglich hat Nietzsches These eine sehr präzise Bedeutung: Bisher wurde die Wahrheit mit dem Symbolischen, nicht aber mit dem Realen identifiziert, das in der Form symbolischer oder logischer Fiktionen erscheint. Nietzsches These betrifft also nicht den Inhalt dessen, was wir für wahr bzw. unwahr halten, sondern das Wesen der Wahrheit selbst – ist es wesentlich symbolisch oder nicht? Sind wir in Übereinstimmung einer sehr weit zurückreichenden philosophischen und religiösen Tradition berechtigt, die Wahrheit mit dem Symbolischen zu identifizieren? Nietzsches Urteil fällt negativ aus, und es ist hinzuzufügen, dass es sich dabei um ein entscheidendes Merkmal der Moderne handelt, das weit über Nietzsche hinaus reicht: Das zuvor allgemein akzeptierte und anerkannte symbolische Wesen der Wahrheit erscheint plötzlich als offensichtliche Lüge. So liegt die Wahrheit per definitionem woanders. Diese Verschiebung ist, so lässt sich nun herausstellen, intrinsisch mit dem Tod Gottes verbunden: Der Tod des (symbolischen) Gottes korreliert mit dem Tod der symbolischen Wahrheit.

[11] Siehe Anmerkung 89.

Logische Wahrheiten mögen ewig sein, der Grund dafür liegt aber nicht in ihrem Wahrheitsgehalt, sondern in ihrem symbolischen Wesen. Unser Wahrheitsbegriff hat sich auf das gerichtet, was im Laufe der Zeit gleich bleibt und keiner Veränderung unterworfen ist. Dabei kann es sich allerdings lediglich um symbolische Konstruktionen handeln, da letztere gerade die Möglichkeit des Zählens und Messens (also *Fixierens*) sowie den notwendigen Bezugsrahmen schaffen, um überhaupt Kontinuität in der Zeit zum Ausdruck bringen zu können. Deshalb haben wir die Lüge bzw. Fiktion als Wahrheit bezeichnet. Noch einmal, Lüge bedeutet hier nicht einfach Unwahrheit, sie kann sehr wohl wahr sein, ohne damit auch *real* zu sein – sie ist symbolisch und dadurch wird sie zur Lüge. Angesichts einer solchen Formulierung mögen unsere postmodernen Reflexe uns zu einem Aufschrei verleiten: Was ist schon real? Was soll dieses Reale sein, über das wir hier sprechen? Aus philosophischer Perspektive scheint es vielleicht unangebracht, ausgerechnet Nietzsche in die Denunziation der symbolischen Entitäten als Lüge zu verwickeln. Und doch *ist* dies tatsächlich trotz aller vorhandenen postmodernen Untertöne Nietzsches Problemstellung.

Ein wichtiger Aspekt in Nietzsches Philosophie ist somit von der Überzeugung geprägt, dass die Wahrheit, anstatt sie mit dem Symbolischen zu identifizieren, auf das Reale bezogen werden sollte. Gerade deshalb kann die Wahrheit dem Leben gefährlich werden: Das Symbolische ist die Zuflucht des Lebens, das Reale bedeutet dagegen seine Exposition und Verletzlichkeit. Aus diesem Grund ist die Wahrheit auch, wie die zweite Passage zeigt, im Bereich der Ethik angesiedelt – die Wahrheit erscheint dort nicht als epistemologische Kategorie, sondern als eine Frage des Muts: »Irrthum [...] ist nicht Blindheit, Irrthum ist *Feigheit*...«. Sie ist Teil einer bestimmten ethischen Haltung, die bisher einem Verbot unterlag; daher die wagemutige Losung: *Nitimur in vetitum.* Nietzsche kritisiert und praktiziert diese Haltung, die ein Anerkennen der Grausamkeit der Erkenntnis ebenso wie die mutige

Beharrlichkeit ihr gegenüber impliziert, gleichermaßen – denn diese Geste, die Wahrheit im Realen zu verorten, bildet auch den Kern des asketischen Ideals, insbesondere einer seiner finalen Formen, dem »redliche[n] Atheismus«.[12] Die Wahrheit, die ihren Halt und ihre Rückversicherung im großen Anderen verliert bzw. aufgibt, verschmilzt mit dem Realen und ist sodann in die Passion des Realen involviert. Mit anderen Worten, die Wahrheit – in ihrer existenziellen, nicht in ihrer epistemologischen Dimension – ist selbst die Grenze der Dinge sowie des Lebens. Deshalb erscheint die Wahrheit hier als potenziell lebensbedrohlich, nicht nur als Gefahr für die Homöostase des Lustprinzips, sondern für das nackte Überleben. Und doch ist sie gleichzeitig eine Art negatives Maß für den Wert des Lebens und seine Kraft:

> »Etwas dürfte wahr sein: ob es gleich im höchsten Grade schädlich und gefährlich wäre; ja es könnte selbst zur Grundbeschaffenheit des Daseins gehören, dass man an seiner völligen Erkenntniss zu Grunde gienge, — so dass sich die Stärke eines Geistes darnach bemässe, wie viel er von der ›Wahrheit‹ gerade noch aushielte, deutlicher, bis zu welchem Grade er sie verdünnt, verhüllt, versüsst, verdumpft, verfälscht *nöthig hätte.*«[13]

In dieser Konzeption ist die Wahrheit wie ein (zu) grelles Licht: Wenden wir ihr unseren Blick direkt zu, blendet und zerstört sie uns. Wir können uns der Wahrheit daher nur annähern, wenn wir uns bis zu einem gewissen Grad gegen ihr Licht abschirmen. Dass

---

[12] »Der unbedingte redliche Atheismus (— und *seine* Luft allein athmen wir, wir geistigeren Menschen dieses Zeitalters!) steht demgemäss *nicht* im Gegensatz zu jenem Ideale, wie es den Anschein hat; er ist vielmehr nur eine seiner letzten Entwicklungsphasen, eine seiner Schlussformen und inneren Folgerichtigkeiten, — er ist die Ehrfurcht gebietende *Katastrophe* einer zweitausendjährigen Zucht zur Wahrheit, welche am Schlusse sich die *Lüge im Glauben an Gott* verbietet.« Nietzsche, Friedrich: *Zur Genealogie der Moral.* In: KSA 5. S. 409.

[13] Nietzsche, Friedrich: *Jenseits von Gut und Böse.* In: KSA 5. S. 56-57.

die Wahrheit den Horizont des Menschen übersteigt, wäre eine andere Art, dies auszudrücken – ein Thema, das wiederum nicht von der für das 20. Jahrhundert so bedeutsamen Frage nach dem neuen Menschen zu trennen ist. Die Wahrheit etabliert sich also in einer Disjunktion mit den Funktionen des Seins und des Überlebens. Die Beschaffenheit dieser Disjunktion bzw. dieses gegenseitigen Ausschlusses ist jedoch dynamisch, nicht strukturell. Dieser Punkt ist absolut entscheidend; er wird uns helfen, den Unterschied zwischen der bisher diskutierten und der anderen von Nietzsche vorgeschlagenen Konzeption der Wahrheit zu bestimmen. Die Dynamik der hier infrage stehenden Disjunktion zu behaupten, heißt vor allem, dass sie eng mit der Frage der *Macht*differenz verbunden ist. Das Gewicht der Wahrheit bzw. des Realen ist zu mächtig und gewaltig; es kann uns überwältigen und die Stärke des Geistes misst sich daran, wie viel Wahrheit er gerade noch *erdulden* kann. Diese Konzeption der Wahrheit impliziert bereits eine spezifische Verknüpfung zwischen Wahrheit und Nuance – die Wahrheit muss »verdünnt, verhüllt, versüsst, verdumpft, verfälscht« werden. Sie ist jedoch strikt von Nietzsches eigentlicher Idee der Nuance zu unterscheiden, die in der folgenden berühmten Passage zum Ausdruck kommt und auf einer anderen Wahrheitskonzeption beruht:

> »[U]nd wollte man, mit der tugendhaften Begeisterung und Tölpelei mancher Philosophen, die ›scheinbare Welt‹ ganz abschaffen, nun, gesetzt, *ihr* könntet das, — so bliebe mindestens dabei auch von eurer ›Wahrheit‹ nichts mehr übrig! Ja, was zwingt uns überhaupt zur Annahme, dass es einen wesenhaften Gegensatz von ›wahr‹ und ›falsch‹ giebt? Genügt es nicht, Stufen der Scheinbarkeit anzunehmen und gleichsam hellere und dunklere Schatten und Gesammttöne des Scheins, — verschiedene valeurs, um die Sprache der Maler zu reden?

Warum dürfte die Welt, *die uns etwas angeht* —, nicht eine Fiktion sein?«[14]

Gerade einmal zwei Seiten trennen die beiden zuletzt zitierten Abschnitte aus *Jenseits von Gut und Böse*, die in ihrer Ausrichtung nicht unterschiedlicher sein könnten: Während in dem einen Fall die Stärke des Geistes daran gemessen werden soll, wie viel Wahrheit er noch zu ertragen vermag, handelt es sich bei letzterem geradewegs um eine Einladung, sich der Fiktion hinzugeben. Diese Tatsache allein sollte die Fruchtlosigkeit eines jeden Versuchs demonstrieren, derlei Widersprüche und Antinomien in Nietzsches Philosophie aufzulösen, indem man sie dem frühen bzw. dem reifen Nietzsche zuweist. Sie sollte uns zudem davor bewahren, die erste Passage einfach zu übergehen und die zweite emphatisch zu vertreten. Ein solcher interpretatorischer Fehltritt läuft Gefahr zu übersehen, dass auch der zweite Abschnitt eine gewisse Passion des Realen birgt, die in der Formulierung »*die uns etwas angeht*« zum Ausdruck kommt. Diese Passion ist noch immer da, ebenso die Wahrheit und das Reale, ihre Konfiguration unterscheidet sich allerdings deutlich. Und der beste Weg, diesen Unterschied aufzuzeigen, verläuft über die Untersuchung der zwei Verwendungen des Wortes *Nuance* bzw. Schatten.

Im ersten Abschnitt geht es um Nuancen der Abschirmung gegen die Wahrheit als Reales. Letztere gilt aufgrund der Diskrepanz zwischen ihrer Macht bzw. Gewalt und unserem Vermögen, diese zu ertragen, als unzugänglich – wir können uns ihr nur in abgeschwächter und deformierter Form nähern. Die Nuance bezieht sich auf den Grad der Abschwächung, auf den Schleier der Wahrheit, der jedoch nicht der Wahrheit selbst wesentlich ist, sondern lediglich *unserer* Konfrontation mit ihr.

Die zweite Konzeption der Wahrheit (und des Realen) in Nietzsches Werk impliziert dagegen eine andere Konfiguration.

---

[14] Ebd. S. 53-54.

In diesem Fall ist die Disjunktion von Sein und Wahrheit nicht dynamisch, sondern strukturell oder topologisch. Sie entspringt nicht der Unverhältnismäßigkeit zweier Vermögen, sondern der Nicht-Beziehung zweier Terme. Der Dreh- und Angelpunkt dieser zweiten Argumentationslinie ist Nietzsches Theorie des Perspektivismus, die mit der zuvor dargestellten Konzeption offensichtlich inkompatibel ist, in der die Grenze unseres Wissens kein Problem der Perspektive, sondern der Deformation der Wahrheit aufgrund ihrer inkommensurablen Kraft ist. Das Thema des Perspektivismus geht hingegen auf eine gänzlich andere Frage zurück als die nach dem Verhältnis der Wahrheit zum Symbolischen und Realen: Ist die Wahrheit einer gegebenen Konfiguration zugleich ein Teil dieser Konfiguration oder kann sie nur aus einer ihr äußerlichen Position formuliert werden? Nietzsches bekannte These, dass es keine Wahrheit, sondern lediglich Perspektiven gibt, ist eine Antwort auf diese Frage. Sie impliziert, dass die Wahrheit jeweils Teil der Situation ist, auf die sie sich bezieht und nicht etwa außerhalb liegt; die Wahrheit ist innerhalb einer gegebenen Konfiguration zu lokalisieren. Hier wird Nietzsches Idee des Perspektivismus oft vorschnell dahingehend verstanden, dass alle Wahrheiten subjektiv und damit partiell sind und insofern eine skeptische Position nahelegt, die einen bequemen Relativismus und den Rückzug auf eine letzte Wahrheit ermöglicht, die darauf hinausläuft, dass es keine Wahrheit gibt. Diese Haltung entspricht dem von Nietzsche identifizierten passiven Nihilismus. Wie ich im ersten Teil des Essays bereits gezeigt habe, beschreibt Nietzsche den »sanften holden einlullenden Mohn Skepsis« und prangert den Skeptiker als »als eine Art von Sicherheits-Polizei« an, der »bei jedem Nein, ja schon bei einem entschlossenen harten Ja zu zucken« beginnt, da es »ihm wider die Moral« geht.[15] In der folgenden Passage wird Nietzsche noch deutlicher:

[15] Ebd. S. 137.

»Bei den stärkeren, lebensvolleren, nach Leben noch durstigen Denkern scheint es aber anders zu stehen: indem sie Partei *gegen* den Schein nehmen und das Wort ›perspektivisch‹ bereits mit Hochmuth aussprechen, indem sie die Glaubwürdigkeit ihres eigenen Leibes ungefähr so gering anschlagen wie die Glaubwürdigkeit des Augenscheins, welcher sagt ›die Erde steht still‹, [...] wer weiss, ob sie nicht im Grunde Etwas zurückerobern wollen, das man ehemals noch *sicherer* besessen hat«.[16]

Nietzsches Perspektivismus ist eine These über die Immanenz der Wahrheit, während sich die skeptische Wahrheit von der betreffenden Situation ausnimmt. Sie gibt vor, außerhalb des Lebens zu stehen und es von einem ihm äußeren Standpunkt aus zu beurteilen. Perspektivische Wahrheit dagegen ist niemals eine Sichtweise auf das Leben, sondern in das Leben involviert. Die entscheidende Frage ist hier, ob es möglich ist, eine Perspektive bezüglich der (eigenen) perspektivische Wahrheit zu entwickeln, ohne die Verwicklung in das Leben preiszugeben, d. h. ohne eine Meta-Perspektive einzunehmen. Ist es möglich zu behaupten, es gibt ausschließlich perspektivische Wahrheiten, ohne damit auf die Metaebene zu wechseln und diese Position jenseits der Welt zu formulieren, auf die sie sich bezieht? Anders gesagt geht es darum, wie es mittels des Perspektivismus gelingen kann, der Schließung unserer Perspektive zu entkommen, ohne in eine distanzierte, relativistische und dogmatische Haltung gezwungen zu werden. Die Aussage, dass es keine Wahrheit, sondern lediglich Perspektiven gibt, ist jedenfalls nicht ausreichend. Sie mag einen ersten Schritt darstellen, läuft allerdings Gefahr, in die entgegengesetzte Richtung, also in den Skeptizismus zu führen, den Nietzsche ausdrücklich zurückweist. Vor diesem Hintergrund stellt sich die Frage folgendermaßen: Existiert in einer Situation mit einer Mannigfaltigkeit möglicher Perspektiven eine Perspektive, die man als Perspektive der Wahrheit bezeichnen könnte? Wir müssen hier auf

[16] Ebd. S. 23.

der Hut sein, die Frage nicht misszuverstehen. Sie zielt nicht darauf, ob eine Perspektive wahrer ist als die anderen, da dies immer noch einen externen Vergleichsmaßstab voraussetzen würde. Der Einsatz ist radikaler: Ist Wahrheit als singuläre Perspektive innerhalb einer gegebenen Situation denkbar? Gibt es eine Perspektive, die kein Subjekt für sich beanspruchen kann, obwohl zugleich eine intrinsische Verbindung zwischen dieser singulären Perspektive und der Konstitution jedes in die Situation involvierten Subjekts existiert? Nietzsches Projekt eines neuen Wahrheitsbegriffs hängt maßgeblich von der Antwort auf diese Frage ab.

Um zu versuchen, eine Antwort auf diese Frage zu geben, gilt es im Folgenden die entscheidenden Parameter in Nietzsches Theorie der Perspektivität zu isolieren, wobei die nachstehende Passage aus *Die fröhliche Wissenschaft* den Ausgangspunkt bildet:

> »›Erklärung‹ nennen wir's: aber ›Beschreibung‹ ist es, was uns vor älteren Stufen der Erkenntniss und Wissenschaft auszeichnet. Wir beschreiben besser, [...] wir haben das Bild des Werdens vervollkommnet, aber sind über das Bild, hinter das Bild nicht hinaus gekommen. Die Reihe der ›Ursachen‹ steht viel vollständiger in jedem Falle vor uns, wir schliessen: diess und das muss erst vorangehen, damit jenes folge, — aber *begriffen* haben wir damit Nichts. Die Qualität, zum Beispiel bei jedem chemischen Werden, erscheint nach wie vor als ein ›Wunder‹, ebenso jede Fortbewegung; Niemand hat den Stoss ›erklärt‹. Wie könnten wir auch erklären! [...] [W]ie soll Erklärung auch nur möglich sein, wenn wir Alles erst zum *Bilde* machen, zu unserem Bilde!«[17]

Auf den ersten Blick scheint es, als begegne uns hier eine Version von Kants Feststellung, dass wir keine Vorstellung von den Dingen haben können, wie sie an sich sind und es immer das erkennende

[17] Nietzsche, Friedrich: *Die fröhliche Wissenschaft.* In: KSA 3. S. 472-473.

Subjekt ist, das die Objekte zuerst als Objekte konstituiert – als Objekte der Erkenntnis, die wesentlich mit der Erfahrung verbunden sind. Ohne Zweifel besteht diese Parallele bis zu einem gewissen Grad, und doch interessiert Nietzsche letztlich ein anderes Problem. Die Frage ist nicht, was die reale Substanz eines Objekts jenseits unseres beschreibenden Wissens oder unserer Erklärungen ist. Das Wunder, von dem Nietzsche spricht und an das unsere Beschreibung niemals heranreicht, ist den Phänomenen selbst inhärent. Es ist der Erscheinung inhärent und wir könnten es als das Auftreten eines Sprungs oder einer Diskontinuität bezeichnen. Es geht nicht darum, dass Ursache und Wirkung Kategorien sind, die in unseren Beschreibungen, jedoch als solche in der Natur nicht vorkommen, sondern darum, dass wir nicht einmal wissen, was *zwischen* Ursache und Wirkung, Punkt a und Punkt b, den Zahlen 1 und 2 geschieht. Statt auf die Beschaffenheit des Phänomens an sich richtet sich die Frage also darauf, wie sich das Phänomen in der Mitte bzw. von seiner Mitte aus darstellt. Worauf aber zielt dann Nietzsches Begriff der Beschreibung? Und was steht in der Aussage auf dem Spiel, dass wahre Erkenntnis bzw. wahres Verstehen unvereinbar mit unserer Praxis ist, die Dinge zunächst in Bilder zu verwandeln? Infrage steht hier das Problem der Repräsentation in seiner modernen Ausprägung. Wir stehen damit vor derselben Fragestellung, die Gérard Wajcman als zentral für die moderne Kunst erkennt: »Wie einen anderen Zugang zur Welt als durch das Bild finden? Wie auf die Welt, auf das Reale zielen, ohne zugleich den Schirm der Repräsentation zu interponieren?«[18]

In der Auseinandersetzung mit Nietzsche sollten wir nicht vergessen, dass dieser Aspekt ebenso zu seinem Werk gehört wie die bekanntere Verherrlichung der Oberfläche, der Masken und Erscheinungen, also der Repräsentationen. Vielleicht ist er

[18] Wajcman, Gérard: *L'objet du siècle*. Paris: Verdier. 1998. S. 166. [Anm. d. Ü.: Der hier von Zupančič zitierte Text liegt nicht in deutscher Übersetzung vor. Die Passage wurde unter Berücksichtigung der Originalquelle sowie Zupančičs Übersetzung ins Deutsche übersetzt.]

schlussendlich sogar fundamentaler, sodass die Betonung der Montage der Repräsentationen als Nuancen der Erscheinung gerade als Antwort auf die Frage gelesen werden könnte, wie das per definitionem Nicht-Repräsentierbare zu repräsentieren wäre.

Das Problem der Welt *als Bild* hängt selbstverständlich mit dem zusammen, was Nietzsche später perspektivisches Sehen nennt. Damit ist nicht nur die Voreingenommenheit, Fragmentierung und Kontextualität unserer Erkenntnis angezeigt, sondern zuvorderst die Tatsache, dass sie in der Sphäre der Bilder verbleibt. Nietzsche betont wiederholt, wie wichtig es für das erkennende Subjekt ist, die Perspektive zu wechseln und legt nahe, dass die Vollständigkeit unserer Erkenntnis und unseres Bildes von einem Gegenstand von unserer Geschicklichkeit in der Ausführung dieser Übung abhängt.[19] Allerdings befinden wir uns hier immer noch auf der deskriptiven Ebene des Bildes, der Ebene von Realismus und Repräsentation, im Sinne einer möglichst genauen oder vollständigen Abbildung. Und obwohl es plausibel ist, dass diese Art von Erkenntnis objektiver ist als jene, die sich mit einer einzigen Perspektive begnügt, so handelt es sich lediglich um einen Prozess unendlicher Annäherung. Nietzsches Ideal der Objektivität ist jedoch gerade nicht die unmögliche Totalität aller Perspektiven – genau deshalb ist sie für Nietzsche nicht *ideal*. Denn Objektivität *als Ideal*, als regulative Idee im Sinne Kants, die ideale Objektivität der Erkenntnis, ist bloß der Ausdruck ihrer eigenen Unmöglichkeit. Etwas entzieht sich immer, und zwar konstitutiv, ihrem Zugriff und schleicht verstohlen auf die andere Seite des Spiegels der Repräsentation. Das

[19] »Es giebt *nur* ein perspektivisches Sehen, *nur* ein perspektivisches ›Erkennen‹; und je *mehr* Affekte wir über eine Sache zu Worte kommen lassen, je *mehr* Augen, verschiedne Augen wir uns für dieselbe Sache einzusetzen wissen, um so vollständiger wird unser ›Begriff‹ dieser Sache, unsre ›Objektivität‹ sein.« Nietzsche, Friedrich: *Zur Genealogie der Moral*. In: KSA 5. S. 365.

Phänomen der Erkenntnis – und ebenso das der Wahrheit – weist eine grundlegende Dichotomie auf.

Diese Dichotomie oder strukturelle Disjunktion, wie ich sie oben genannt habe, birgt zudem eine gewisse tödliche Dimension, d. h. Nietzsche betrachtet sie auch als Disjunktion von Leben und Tod. Doch im Gegensatz zur bereits behandelten dynamischen Variante – zwei symmetrische Begriffe, die in einem ungleichen Machtverhältnis zueinanderstehen – ist diese Disjunktion oder Dichotomie in erster Linie durch ihre Asymmetrie gekennzeichnet. Man denke etwa an diese vielsagende Passage aus *Menschliches, Allzumenschliches*:

> »*Am Mittag.* — Wem ein thätiger und stürmereicher Morgen des Lebens beschieden war, dessen Seele überfällt um den Mittag des Lebens eine seltsame Ruhesucht, die Monden und Jahre lang dauern kann. Es wird still um ihn, die Stimmen klingen fern und ferner; die Sonne scheint steil auf ihn herab. [...] Er will Nichts, er sorgt sich um Nichts, sein Herz steht still, nur sein Auge lebt, — es ist ein Tod mit wachen Augen. Vieles sieht da der Mensch, was er nie sah, und soweit er sieht, ist Alles in ein Lichtnetz eingesponnen und gleichsam darin begraben. Er fühlt sich glücklich dabei, aber es ist ein schweres, schweres Glück. — Da endlich erhebt sich der Wind in den Bäumen, Mittag ist vorbei, das *Leben* reisst ihn wieder an sich, das Leben mit blinden Augen, hinter dem sein Gefolge herstürmt: Wunsch, Trug, Vergessen, Geniessen, Vernichten, Vergänglichkeit. Und so kommt der Abend herauf, stürmereicher und thatenvoller als selbst der Morgen war. — Den eigentlich thätigen Menschen erscheinen die länger währenden Zustände des Erkennens fast unheimlich und krankhaft, aber nicht unangenehm.«[20]

Auf den ersten Blick liegt die Assoziation des Mittags bei Nietzsche mit dem messianischen Moment Walter Benjamins nahe, de-

---

[20] Nietzsche, Friedrich: *Menschliches, Allzumenschliches II*. In: KSA 2. S. 690.

finiert als Dialektik im Stillstand. Und in der Tat ist der Stillstand – ein Herz, das stillsteht oder die Passage in *Also sprach Zarathustra*: »Der Zeiger rückte, die Uhr meines Lebens holte Athem« – ein entscheidendes Merkmal der Figur des Mittags. Wir werden darauf zurückkommen.

Hinsichtlich der asymmetrischen Disjunktion von Leben und Tod in Zusammenhang mit der Frage nach wahrer Erkenntnis könnte man die Passage folgendermaßen auf den Punkt bringen: Ein Anteil des Lebens ist in den Tod verstrickt, und das ist es, was das Leben gegen seine Wahrheit blind macht – ihm aber zugleich erlaubt, zu gedeihen. Mit anderen Worten, jener Teil steht nicht einfach auf der anderen Seite des Lebens, er konstituiert auch den blinden Fleck des Lebens selbst. Dieser blinde Fleck ist nichts anderes als die Art und Weise, in der sich dieser in den Tod verstrickte Anteil wiederum in das Leben selbst einschreibt bzw. sich darin reflektiert. Es gibt Momente, in es uns möglich ist, die Dinge aus der Perspektive dieses blinden Flecks zu sehen. Die konzeptuelle Figur für diese Erfahrung ist der Mittag.

In seinen Mediationen und Gedichten über den Mittag bezieht Nietzsche sich wiederholt auf die gleiche enigmatische und faszinierende Figur: *ein Tod mit wachen Augen*. Die unmittelbare Assoziation, die dieses Bildes nahelegt, ist die unheimliche Erfahrung, wenn etwas, das wir betrachten, plötzlich unseren Blick erwidert und uns anstarrt. Diesem toten Ding, dessen Augen lebendig sind, stellt Nietzsche *das Leben mit blinden Augen* gegenüber. Dinge, tote Dinge, blicken uns an, ihre Augen sind wach; wir sehen die Dinge, jedoch nicht von dem Punkt aus, von dem sie uns anblicken. Der Gegensatz von Leben und Tod bzw. erkennendem Subjekt und Objekt der Erkenntnis verwandelt sich in eine Asymmetrie oder Nicht-Beziehung. Der Ausdruck Lichtnetz, den Nietzsche verwendet, ist mehr als eine elegante Metapher. Tatsächlich bezieht sich die ganze Passage auf eine lebhafte Debatte des 17. und 18. Jahrhunderts, die sich unter anderem um die asymmetrische Inkompatibilität zwischen

Schauen und Sehen drehte. Die zentrale Figur dieser Debatte war ein hypothetischer Blinder, der seine Sehkraft wiedererlangt[21] und die zentrale Frage lautete: Was ist reines Sehen, unabhängig von den anderen Sinnen, insbesondere dem Tastsinn, von dem man annahm, er sei für unsere Vorstellung von Raum, Entfernung usw. verantwortlich? George Berkeley vertrat die Ansicht, dass unsere visuelle Erfahrung niemals rein, sondern vielmehr ein Kompositum aus zwei verschiedenen Arten von Ideen sei, wobei eine dem Sehvermögen, die andere dem Tastsinn entspringt und letzterer das erstere kontaminiert. Er sprach daher einerseits vom sehenden und anderseits vom tastenden Auge: Mit dem sehenden Auge nehme ich lediglich ein Spiel aus Licht und Opazität sowie Farben *in mir*, in meinem Geist, wahr. Dagegen ist es das tastende Auge, das mir etwas über den Raum, die Entfernung, die Gestalt und die Bewegung mitteilt.

Condillac, für den Nietzsche große Bewunderung empfand, ersetzte die hypothetische Figur des Blinden durch ein gänzlich virtuelles Modell: eine Statue, innen von gleicher Konstitution wie wir, aber mit einer Hülle aus Marmor versehen und mit einem Geist ohne Ideen ausgestattet. Die Hülle erlaubt es der Figur nicht, ihre Sinne zu benutzen. In dem Gedankenexperiment entfernt Condillac nun nach und nach Teile des Marmors, um verschiedene Kombinationen der Sinneswahrnehmung zu ermöglichen und die Effekte dieser Operation zu beobachten. Hinsichtlich des Sehens führt er im Abschnitt *Die Statue braucht nicht sehen zu lernen, sondern muß anschauen lernen* diese interessante Unterscheidung ein: »Man scheint nicht zu wissen, daß zwischen ›sehen‹ und ›anschauen‹ ein Unterschied ist«.[22] Die Statue muss nicht lernen zu sehen, denn sie sieht bereits alles,

---

[21] Siehe auch Zupančič, Alenka: *Philosophers' Blind Man's Buff.* In: Salecl, Renata; Žižek, Slavoj (Hg.): *Gaze and Voice as Love Objects (Sic 1).* Durham. 1996. S. 32-58.

[22] de Condillac, Étienne Bonnot: *Abhandlung über die Empfindungen.* Hamburg. 2014. S. 133.

was es zu *sehen* gibt, also das farbige *Lichtnetz*, dessen Wahrnehmung im Allgemeinen als reines Sehen gilt. Allerdings muss sie lernen zu *schauen*, d. h. eine Perspektive auf die Dinge entwickeln. Die Dichotomie zwischen dem Lichtnetz und der (perspektivischen) Tiefenschärfe stand im Mittelpunkt dieser Debatte, und der Übergang von ersterem zu letzterer wurde als Moment der Konstitution des Ich aufgefasst. Die auf das Sehvermögen beschränkte Statue, so wurde angenommen, würde das Gesehene als Teil ihrer selbst wahrnehmen. Anders ausgedrückt sieht die Statue *nichts*, weil sie alles als Teil ihrer selbst *qua* Ding sieht. Es ist erst der Tastsinn, der sie allmählich zu schauen lehrt, sie also das Bewusstsein für die Exteriorität des Gesehenen entwickeln lässt. Zunächst nur Teil des Netzes aus Strahlen und schillernden Farben, tritt die Statue nun als Auge, als Sinnesorgan, hervor. Die Konstitution des Ich und seiner Begrenzung entspricht somit der Preisgabe eines Teils des Selbst und des Lebens der Statue an die äußere Welt der Objekte, deren Konstitution sich im selben Moment vollzieht. Die Statue hört auf ein Ding zu sein und wird in dem Moment zum Subjekt, da ein Teil ihrer selbst unwiederbringlich verloren geht und in ein Objekt transformiert wird.

Es scheint, als ob Condillac eine mythologische Version von Lacans Theorie des Spiegelstadiums sowie seiner Theorie des Sehfelds mit der fundamentalen Disjunktion von Sehen bzw. Auge und Blick entwirft. Als die Statue bloß sah, aber noch nicht zu schauen gelernt hatte, war alles Teil ihrer selbst. Um aber Subjekt zu werden, den Platz einzunehmen, von dem aus sich ein Ich artikulieren kann – dieser entspricht dem Ort des Subjekts der Repräsentation in Lacans Schema des Sehens –, muss die Statue einen Teil von sich abtrennen. Von einem Ding, das sieht, verwandelt sie sich in ein schauendes Subjekt, und um dies zu erreichen, muss sie etwas ausstoßen, das derart zum Objekt wird. Dies ist eine faszinierende Schilderung dessen, was Lacan mit dem Blick als (Partial-)Objekt bezeichnet – der Blick ist immer außen und konstituiert den blinden Fleck in unserem Sehfeld. Der wichtigste

Aspekt dieser Darstellung ist, dass die Konstitution der Trennlinie zwischen dem Subjekt (des Sehens, der Repräsentation, der Erkenntnis) und der Objektwelt mit dem Wechsel eines Teils des Subjekts auf die Seite des Objekts einhergeht, der eine grundlegende Asymmetrie in der Subjekt-Objekt-Beziehung einführt. Mit anderen Worten, das Subjekt befindet sich nur insofern auf der Seite der Objekte oder Dinge – um sie zu sehen, zu untersuchen, sie zu verstehen – als es einen Teil vom Subjekt gibt, der diesen Objekten und Dingen innewohnt, ein fragmentarischer Rest von Subjektivität, aufgelöst in der Materie der Welt durch das Auftreten der ursprünglichen Trennung. Die Relevanz dieser Überlegungen für Nietzsches Theorie der Erkenntnis und der Wahrheit sowie die Idee des Perspektivismus ist damit bereits abzusehen.

Was also ist die Konzeption der Wahrheit, die in dieser asymmetrischen Konfiguration am Werk ist und aus der ex-zentrischen Verfasstheit des Subjekts folgt? Es ist hier nicht der Fall, dass die Wahrheit zu mächtig oder grausam ist und deshalb in ihrer Intensität abgeschwächt werden muss. Infrage steht eine strukturelle Disjunktion zwischen dem Objekt der Erkenntnis und der Art und Weise, wie wir in dieses Objekt eingeschrieben sind, wobei die Disjunktion selbst der Ort der Wahrheit ist. Es ist wichtig zu betonen, dass dies etwas anderes ist als die Frage nach dem *Standpunkt*, von dem aus wir die Dinge betrachten, sprechen oder Urteile fällen. Es handelt sich um zwei verschiedene Wege, die uns zu dem Problem des Perspektivismus führen. Der Perspektivismus und der damit verbundene Relativismus schränken unser Erkenntnisvermögen nicht einfach ein, sodass wir das Ding nie in seiner reinen Integrität bzw. Ganzheit erkennen können. Was jeder einzelnen Perspektive strukturell entgeht, sind nicht nur bestimmte Aspekte des Dings – dies ist ein rein empirisches Problem –, sondern die Art und Weise, wie wir als Subjekte in das beobachtete Ding eingeschrieben sind.

Das ist das fundamentale Problem des Perspektivismus, der Welt als Bild und der deskriptiven Erkenntnis. Das Problem der

Erkenntnis und ihrer Beziehung zur Wahrheit ist nicht der Gegensatz zwischen Teil und Ganzem, es ist die Tatsache, dass der Punkt des Blicks und unser Standpunkt, unsere Perspektive, nicht zusammenfallen. Dieses Ding, das uns aufgrund unseres perspektivischen Sehens entgeht, das fortwährend auf die andere Seite des Spiegels der Repräsentation entschwindet, ist nichts anderes als der Blick als blinder Fleck, der den Ort des Subjekts *innerhalb* des beobachteten Abbilds der Dinge konstituiert. Anders formuliert, wenn wir einfach wiederholen, dass unsere Erkenntnis subjektiv vermittelt und daher notwendigerweise partiell ist, haben wir nichts von Bedeutung gesagt. Darüber hinaus ist diese Form des Diskurses der sicherste Weg, die Frage der Einschreibung und Verstrickung des Subjekts in das Objekt zu verpassen oder zu vermeiden, da sie das Problem auf die Beziehung des Ich als Geometralpunkt des Sehens zum Objekt als dessen Schirm reduziert. Der beste Indikator dafür ist gerade die Phantasie der Ganzheit des Objekts, selbst wenn diese als empirisch unmöglich gilt und lediglich als unerreichbares Ideal postuliert wird. Sie zeigt an, dass der subjektive Blick als etwas betrachtet wird, das das Bild des Objekts *von außen* verfälscht, ohne inhärent mit ihm verbunden zu sein. Nehmen wir, anders ausgedrückt, die These ernst, dass der subjektive Blick in das Objekt eingeschrieben ist, dann ist letzteres notwendig nicht alles. Das heißt nicht, dass ihm immer das eine Element fehlt, das es komplettieren würde; es ist konstitutiv nicht alles.

Dies kann uns helfen, den Unterschied und die Beziehung zwischen diesem strukturellen, konstitutiven Nicht-Alles und der scheinbaren empirischen Unmöglichkeit, dass das Subjekt bzw. der Begriff ein Objekt vollständig erfassen kann, zu erklären. So ließe sich sagen, dass letzteres eine Art optischer Effekt ist, der auf das Nicht-Alles zurückzuführen ist: Was den Erkenntnisprozess vorantreibt und als Objektursache der Erkenntnis bezeichnet werden könnte, ist etwas im Objekt der Erkenntnis, das sich immer unserem Zugriff entzieht. Dementsprechend wäre das

Streben nach Erkenntnis analog zum Begehren im Sinne Lacans strukturiert. Jede neue Entdeckung wird von dem Gefühl begleitet, dass dies vielleicht noch nicht alles ist und es immer möglich ist, noch einen Schritt weiterzugehen oder einen anderen Aspekt des Objekts aufzudecken. Hier handelt es sich jedoch bloß um unseren eigenen Blick, der sich unserer Erkenntnis entzieht. Das Objekt und seine Aspekte werden im Erkenntnisprozess nicht einfach freigelegt; sie werden durch ihn konstituiert. Dabei ist es wichtig, dies nicht in der üblichen Weise zu verstehen: als eine Position, der zufolge alle Objekte durch etwas vom Objekt Verschiedenes – sei es ein Subjekt oder ein Diskurs – konstruiert werden. Der entscheidende Punkt ist folgender: Wenn alle Objekte im Prozess der Erkenntnis, etwa in der Rede über sie, konstruiert werden, ist der Grund dafür eben ihr irreduzibles Objekt-Element, dessen Spur nachvollziehend wir die Konstruktionsleistung erbringen. Mit anderen Worten, wenn die objektive Wirklichkeit nicht einfach gegeben, sondern konstituiert ist, dann deshalb, *weil etwas aus der Ordnung des Objekts gegeben ist.* Dem Ideal der rein objektiven Erkenntnis steht nicht irgendein subjektives Moment im Weg, es ist ein Element des Objekts selbst, wobei hier keine leblose Materie gemeint ist, die der Blick des Subjekts niemals durchdringen kann, sondern der Blick als irreduzibles Objekt im Objekt.

Der Punkt des Blicks ist also nicht mit der Sichtweise bzw. dem Standpunkt zu verwechseln, von dem aus wir ein Objekt beobachten. Deshalb werden wir niemals zu diesem Punkt der Objektivität gelangen, indem wir unsere Perspektive auf die Dinge reflektieren und zu bestimmen versuchen, was uns bestimmt, während wir ein spezifisches Ding betrachten. Der Standpunkt hinsichtlich eines Objekts kann selbstverständlich zum Gegenstand der Erkenntnis werden und ist damit demselben Schicksal unterworfen wie alle anderen derartigen Objekte: Sie wirft die Frage nach der Perspektive auf die Perspektive auf und führt in einen infiniten Regress. Diese Reflexion auf die Reflexion ist der sicherste Weg, die Frage nach dem Blick zu vermeiden, der jedenfalls nicht mit dem Punkt übereinstimmt, von dem wir die Dinge betrachten und reflektieren. Die grundlegende Disjunktion, die jeden Erkenntnisprozess betrifft, ist jene zwischen perspektivischem Standpunkt und dem Punkt des Blicks. Die eigentliche Frage ist nicht, wo wir im Hinblick auf ein bestimmtes Objekt stehen, sondern wo innerhalb dieses Objekts wir uns befinden. Zudem liegt ein grundsätzlicher Irrtum in der Vorstellung, dass wir uns in der Reflexion auf unseren Standpunkt der Objektivität annähern, auch wenn sie ultimativ unerreichbar ist. Sie verschleiert lediglich diese fundamentale Disjunktion und suggeriert fälschlicherweise, der Blick sei tatsächlich irgendwie zu erhaschen. Oft ist zu hören, Erkenntnis sei zirkulär, sodass alles, was wir im Objekt entdecken, von uns selbst hineingelegt wurde. Vielleicht könnte man aber auch das Gegenteil behaupten: Die zirkuläre oder metonymische Struktur der Erkenntnis ist darauf zurückzuführen, dass wir in dem betrachteten Objekt nie das finden, was wir hineingelegt haben, nämlich unseren Blick.

In einer interessanten Passage aus *Jenseits von Gut und Böse* verbindet Nietzsche einmal mehr sein Projekt bezüglich Erkenntnis und Wahrheit mit der emblematischen Figur des Blicks: »[M] achen, dass der Mensch fürderhin vor dem Menschen steht, wie er heute schon, hart geworden in der Zucht der Wissenschaft, vor der *anderen* Natur steht, mit unerschrocknen Oedipus-Augen [...] — das mag eine seltsame und tolle Aufgabe sein, aber es ist eine *Aufgabe* — wer wollte das leugnen!«[23]

Was sind die unerschrockenen Ödipus-Augen anderes als die Augen eines Blinden, eines Mannes, der sich die Augen ausgestochen und sich damit sozusagen auf die reine Instanz des Blicks als Gegenteil des Sehens reduziert hat? Und wer tat sich eben dies genau in dem Moment an, als seine Suche nach Erkenntnis erfolgreich war? Die Figur des Ödipus ist paradigmatisch; sie kann uns

[23] Nietzsche, Friedrich: *Jenseits von Gut und Böse*. In: KSA 5. S. 169.

helfen, eine simplifizierende Idee der Wahrheit zu vermeiden, der zufolge die Wahrheit so furchtbar bzw. überwältigend ist, dass sie uns in der direkten Konfrontation unweigerlich blendet. Diese Auffassung, die, wie wir gesehen haben, einen Aspekt in Nietzsches Auseinandersetzung mit dem Begriff der Wahrheit darstellt, ist selbst gefangen in der Phantasie, die sie zu entlarven sucht. In diesem Zusammenhang ist es hilfreich, an einen zentralen Punkt in Lacans Kommentar zu *Antigone* in der *Ethik der Psychoanalyse* zu erinnern. Der strahlende Glanz – das Licht, dessen Intensität uns zwingt, den Blick abzuwenden – ist die *ultimative Maskierung* respektive Oberfläche und es wäre schlichtweg falsch anzunehmen, dass wir darin das (unmögliche) Ding an sich erkennen. Anders formuliert, bedarf er nicht nur bis zu einem gewissen Grad der Abschirmung und Verschleierung, damit wir etwas sehen können, er ist selbst bereits Schleier und Schirm.

Kehren wir aber zu Ödipus zurück. Wer ist Ödipus? Zusammengefasst könnten wir ihn als jemanden beschreiben, der die Suche einer bestimmten Erkenntnis beharrlich fortsetzt, obwohl sich eine Katastrophe abzeichnet und es besser wäre, die Dinge auf sich beruhen zu lassen. Im Zuge seiner Nachforschungen erfährt Ödipus, dass er sowohl Vatermord als auch mütterlichen Inzest begangen hat. Als Reaktion auf diese erschütternde Entdeckung begeht er wider Erwarten nicht etwa Selbstmord, sondern nimmt sich das Augenlicht, setzt sein Leben fort und – hier beziehe ich mich auf *Ödipus auf Kolonos* – hält an seinem Erkenntnisstreben fest. Lacan stellt diesbezüglich fest, dass Ödipus es »mit der Folge jenes Begehrens zu tun bekommt, das ihn dazu gebracht hat, diesen Term zu überschreiten, das Begehren zu wissen. Er wußte und er will noch mehr wissen.«[24]

Aber, um einen Schritt zurückzutreten, wie sollten wir Ödipus' Selbstblendung hier einordnen? Es wäre viel zu einfach anzunehmen, dass es sich um eine Metapher für die direkte Konfron-

---

[24] Lacan, Jacques: *Die Ethik der Psychoanalyse*. Wien. 2016. S. 363.

tation mit der Wahrheit handelt und die Blindheit aus dem Akt resultiert, der furchtbaren Wahrheit direkt ins Auge zu sehen. Stattdessen war Ödipus bereits zuvor blind; er tötete blindlings einen Fremden, der seinen Weg kreuzte, und war blind gegenüber der Tatsache, dass er mit seiner Mutter schlief – er lebte also blind im Sinne Nietzsches: zunächst war er Leben mit blinden Augen, dann wurde er der Tod mit wachen Augen. Darüber hinaus sollten wir noch einmal überdenken, ob Vatermord und Inzest tatsächlich das Ding bzw. die furchtbaren Wahrheiten sind, die Ödipus entdeckt. Ist es nicht vielmehr so, dass er in seinem Streben nach Wissen nichts anderes findet als sich selbst, d. h. seinen eigenen Blick? Nicht der Vatermord und der Inzest konstituieren das Ding. Es ist Ödipus selbst als Objekt, das von Beginn an aus dem Bild getilgt gewesen ist, verstoßen von den Eltern, dem Hirten anvertraut, mit der Anweisung, Ödipus müsse verschwinden. Es ist diese Auslöschung, die von Anfang an Ödipus' *Perspektive* ebenso bestimmt wie das Bild der Welt, in der er sich blind wiederfindet. Das Entscheidende des perspektivischen Sehens ist nicht nur, dass der Standpunkt meine Perspektive informiert, es geht um mehr: Ich kann einen Standpunkt überhaupt nur einnehmen, weil ein intimer Teil meiner selbst auf der anderen Seite, außer mir, bei den Objekten steht. Dieses ausgelöschte und ausgestoßene Objekt ist es, das Ödipus am Ende des Dramas findet. Inmitten der Objekte, die er investigiert, begegnet er sich selbst. Dabei ist dieses Objekt, das Ödipus ist und als das er sich erkennt, jedoch kein Objekt, in dem er sich wiedererkennen könnte. Diese Unterscheidung mag künstlich wirken, ist aber tatsächlich zentral. Ödipus erkennt sich selbst nicht in diesem Objekt – »Das bin nicht ich«, insistiert er in *Ödipus auf Kolonos* –; stattdessen subjektiviert er sich in Bezug auf dieses Objekt, und der Akt der Selbstblendung ist eben das Zeichen dieser Subjektivierung.

Hier kehren wir zu einer Diskussion aus der Einleitung zurück, die den Unterschied zwischen Subjekt und Subjektivierung betrifft. Wenn das konstituierte Ich die Dinge nur um den

Preis sieht, dass es den Blick nicht sieht, dann ist das Subjekt nicht etwa dasjenige, das den Blick sieht, es ist der Blick selbst. Das Subjekt ist nichts anderes als der Blick des Objekts, während Subjektivierung eine Antwort auf den Blick ist. Genauer gesagt, die Konstitution von Subjektivität geschieht, wenn ein Teil des Subjekts herausfällt – wobei in diesem vorläufigen Stadium noch nicht von einem Subjekt im strengen Sinne gesprochen werden kann –, während Subjektivierung dem Effekt einer möglichen Begegnung mit diesem herausgefallenen Teil entspricht. Subjektivierung ist somit nicht die Bedingung der Subjektwerdung, sondern ihre mögliche, aber nicht notwendige *Folge*. Dieser Punkt ist absolut entscheidend in Nietzsche Philosophie, er impliziert, dass das Subjekt seiner Subjektivierung in gewisser Weise vorausgeht. Andererseits verhält es sich so, dass man erst durch die Subjektivierung wird, was man ist, also das Subjekt, das man ist. Subjektivierung hängt also mit dem Thema der (doppelten) Affirmation zusammen, auf das im Folgenden noch einzugehen sein wird.

Das Ding, dem man im Objekt begegnet und das als Katalysator der Subjektivierung funktioniert, ist also das Subjekt selbst als Objekt. Subjektivierung resultiert jedoch nicht aus der Selbsterkenntnis in diesem Objekt-Subjekt, sie ist vielmehr die Konsequenz der Tatsache, *dass man sich nicht darin wiedererkennt*. Aus diesem Grund haben Begegnungen dieser Art eine solch starke subjektivierende Kraft, die umgekehrt all jenen Begegnungen fehlt, in denen wir uns ohne Weiteres wiedererkennen. Nehmen wir die subjektivierende Wirkung der Liebe, der amourösen Begegnung als Beispiel: Wir können auf Liebe nur mit Liebe reagieren, d. h. uns in der Figur der Liebe subjektivieren, wenn wir in einem radikalen Sinn nicht wissen, was die andere Person in uns sieht und uns darin nicht selbst erkennen können. Zudem ist die Liebe ein ausgezeichnetes Beispiel für die Subjektivierung durch das plötzliche Auftauchen des unmöglichen Objekts, das im Allgemeinen gerade der Objekt-Blick ist. Vielleicht hat kein Dichter diesen Moment der Subjektivierung in der Liebe besser zum Ausdruck gebracht als Racine. Man erinnere sich an den berühmten Vers aus *Phèdre*, unübersetzbar in seinem subtilen Spiel mit dem beschwörenden Klang der Worte: »Je le vis, je rougis, je pâlis à sa vue [...]«.[25] Im Hinblick auf Nietzsche ist dieser Vers aus mindestens zwei Gründen interessant: Erstens verbindet er die Konfiguration des Ereignisses (der Liebe) mit dem Moment der Subjektivierung aus dem Abschnitt *Mittags* in *Also sprach Zarathustra*: »Das Wenigste gerade, das Leiseste, Leichteste, einer Eidechse Rascheln, ein Hauch, ein Husch, ein Augen-Blick«[26]; zweitens bezieht er das Ereignis auf das plötzliche Erscheinen des Blicks als jenes Objekt, das dem (perspektivischen) Sehen entgeht – denn worauf verweist dieser Wechsel von Erröten zu Erblassen, wenn nicht auf das Auftauchen der Dimension des Blicks?

Kommen wir damit auf die Frage nach der Wahrheit und ihrer Beziehung zum Realen zurück, die am Beginn dieses Kapitels stand und die wir nun in einen Zusammenhang mit Nietzsches These stellen, dass es lediglich perspektivisches Sehen und Erkennen gibt. Zielt sie darauf, dass all unsere Erkenntnis deskriptiv und keine Wahrheit im starken Sinne des Wortes existiert? – Nein: Sie läuft darauf hinaus, dass die Wahrheit eine Perspektive *ist*. Weder existiert sie jenseits aller Perspektiven noch als unmögliche Summe aller Perspektiven; sie existiert *als Perspektive*. Was aber bedeutet das genau? Das Problem ist ja, wie Wahrheit als Perspektive möglich ist – eine Frage, auf die wir bei Lacan ebenfalls stoßen. Wie ich bereits in der Auseinandersetzung mit der Disjunktion von Sehen und Blick angedeutet habe, ist die Wahrheit mit dem Punkt des Blicks verknüpft. Dieser ist jedoch auf der anderen Seite des Schirms oder Spiegels der Repräsentation situiert, er bildet das konstitutive Andere der Perspektive, das aus dieser herausfällt, um sie zuallererst zu

[25] In Schillers Übersetzung heißt es: »Ich sah ihn, ich errötete, verblaßte Bei seinem Anblick[...]«. Schiller, Friedrich: *Phädra*. Stuttgart. 1971. S. 13.
[26] Nietzsche, Friedrich: *Also sprach Zarathustra*. In: KSA 4. S. 344.

ermöglichen. Dies ist aber gerade der Punkt: Insofern der Blick auf der anderen Seite des Spiegels der Repräsentation verbleibt, gibt es keine Wahrheit als Perspektive, obwohl sich ein Kampf um Hegemonie zwischen verschiedenen Perspektiven entfalten kann, in dem eine von ihnen ihre Wahrheit behaupten wird. Die Einsicht, dass jede Perspektive ihre Wahrheit und ihre Geschichte hat, ist selbstverständlich äquivalent zum Postulat, dass es keine Wahrheit, nur Perspektiven gibt. Sie ist jedoch von der These der Wahrheit *als* Perspektive zu unterscheiden. Ihre Voraussetzung ist, dass der Blick auf der Ebene des Sehens erscheinen kann und dort einen dezentrierenden Effekt bewirkt. Dies geschieht allerdings nicht durch die Reflexion auf unsere Perspektive, sondern durch ihre *Veränderung* oder Verschiebung und hier liegt Nietzsches eigentliche Pointe. Der Effekt dieser Perspektivverschiebung stellt sich nicht durch Relativierung bzw. Akkumulation verschiedener Perspektiven ein, sondern beruht auf einem (blinden) Fleck, der die Transparenz dessen, was wir sehen oder erkennen, trübt – es ist das objektive Element auf der Ebene des Sehens. Um diesen Effekt hervorzurufen, müssen wir nicht beliebig viele Perspektiven berücksichtigen – zwei, also der Wechsel von einer zur anderen, sind ausreichend. Man könnte es auch so ausdrücken: Es gibt eine Perspektive auf die Dinge, die ausschließlich in der Perspektivverschiebung zutage tritt. Sie existiert nicht als separate Perspektive mit einem festen Standpunkt, gleichwohl ist sie eine Perspektive. Wir erhalten also folgende Antwort auf die oben gestellte Frage, wie es möglich ist, die These zu formulieren, dass alle Wahrheiten perspektivisch sind, ohne sie als Metaaussage von einer gegebenen Situation loszulösen: Es ist möglich, sie aus der Position der Disjunktion zu formulieren, die sich in der Realität einer gegebenen Situation durch die Verschiebung der Perspektive ergibt.

An dieser Stelle kann eine weitere Parallele zur lacanschen Psychoanalyse gezogen werden. Im Seminar *Encore*, in dem unter anderem die Theorie der vier Diskurse erörtert wird, behauptet

Lacan, dass bei jedem Wechsel von einem Diskurs zum anderen der analytische Diskurs auftaucht, wobei er gleichzeitig einen der vier Diskurse bildet.[27] Mit anderen Worten, Lacans Formulierung des analytischen Diskurses ist der Versuch, das in eine diskursive Form zu gießen, was nur im Dazwischen existiert, in der Verschiebung, in der Veränderung als *Wendepunkt*. Tatsächlich ist der analytische Diskurs ebenso fragil wie der Status der Wahrheit bei Nietzsche, die auf ihren »eignen Credit hin« lebt; er kann nur in der Bewegung der Dezentrierung aufrechterhalten werden:

> »Was im Zentrum bleibt, das ist diese liebe Gewohnheit, die macht, daß das Signifikat schlußendlich immer den gleichen Sinn bewahrt. Dieser Sinn ist gegeben durch das Gefühl, das jeder hat, weil er Teil seiner Welt ist, das heißt, seiner kleinen Familie und alles dessen, was sich darum dreht. Jeder von Ihnen — ich rede sogar für die Linken — sind Sie hier mehr, als Sie glauben, dem verhaftet, und zwar in einem Maße, das zu erfassen Sie gut täten. Eine gewisse Anzahl von Vorurteilen dienen Ihnen als Grundlage und beschränken die Tragweite Ihrer Insurrektionen auf den kürzesten Ausdruck, auf den, sehr genau, wo das Ihnen keine Unannehmlichkeit bringt, und vor allem nicht in einer Weltauffassung, die ihrerseits völlig sphärisch bleibt. Das Signifikat findet sein Zentrum, wohin Sie es auch bringen mögen. Und es ist bis auf weiteres nicht der analytische Diskurs, so schwierig aufrechtzuerhalten in seiner Dezentrierung, und der noch nicht seinen Eingang gefunden hat ins allgemeine Bewußtsein, was in irgendeiner Weise subvertieren kann, was es auch sei.«[28]

Bemerkenswert ist diese Passage, in der eindeutig Nietzsche anklingt, insofern sie auf faszinierende Weise von einem konzeptuellen Bestreben zeugt, das auf Subversion zielt, zugleich aber mit einem Pessimismus hinsichtlich der Möglichkeit einhergeht, über-

---

[27] Lacan, Jacques: *Encore*. Wien. 2008. S. 21.
[28] Ebd. S. 47.

haupt etwas zu subvertieren bzw. die Subversion aufrechtzuerhalten. Sie ereignet sich weder durch eine Revolution im Sinne eines einfachen Austausches des Zentrums, um das sich unsere Welt dreht, noch durch die in unseren postmodernen Zeiten gerne herangezogenen Abwesenheit eines Zentrums. Für Lacan ist der Einsatzpunkt der Subversion *ein Zentrum jenseits des Zentrums*, das in der Dezentrierungsbewegung fortbesteht. Dementsprechend betont er, dass die wahre Revolution in der Astronomie nicht mit dem Namen Kopernikus verbunden ist, der lediglich das Zentrum austauschte – die Erde für die Sonne, sondern mit Kepler und seiner These über die elliptische Laufbahn der Erde, die zur Folge hat, dass das Zentrum dieser Bewegung nicht im Zentrum liegt. Das Signifikat findet, so schreibt Lacan, immer sein Zentrum, wohin man es auch trägt. Deshalb ist unsere Welt sphärisch. Das eigentliche Problem ist die Dezentrierung des Signifikats und wie diese aufrechtzuerhalten ist. Es ist bzw. sollte die Aufgabe des analytischen Diskurses sein, sich dieses Problems fortwährend anzunehmen. Natürlich findet die Dezentrierung auch außerhalb der Analyse statt, etwa wenn sich Diskursverschiebungen ereignen. So gesehen kann die Analyse als ein Instrument betrachtet werden, solche Verschiebungen künstlich zu produzieren. Darüber hinaus handelt es sich aber auch um einen Versuch – dies ist vielleicht das Charakteristische der Theorie Lacans, das zudem ihre politische Dimension ausmacht –, einen Diskurs zu konzipieren und zu konstruieren, der Stütze und Form dieser Dezentrierung wäre – ein Diskurs, in dem die Dezentrierung des Signifikats nicht einfach auf ein neues Signifikat im Zentrum hinausläuft, sondern der hingegen in der Lage wäre, die Kluft aufrechtzuerhalten, die der Begriff Dezentrierung impliziert.

Ein ähnliches Problem bildet aus meiner Sicht das Zentrum von Nietzsches Philosophie. Entscheidend in der Perspektivverschiebung ist nicht die so herbeigeführte Veränderung selbst, etwa die Ersetzung alter durch neue Werte, sondern was im Moment der Perspektivverschiebung *stattfindet*: Das ist die Perspektive der Wahrheit. Die Dezentrierung zu isolieren und zu denken bedeutet, dieses Moment als die Sache selbst zu betrachten und nicht als bloßen Übergang in der Bewegung auf sie hin. Die konzeptuelle Bestrebung besteht gerade darin, etwas zu denken, das als flüchtiges Aufblitzen erscheint, als Diskurs zwischen zwei Seinsordnungen im Falle Lacans und in der eigenständigen Figur des Mittags bei Nietzsche. Der Status dieses Diskurses, um zunächst bei Lacan zu bleiben, ist paradox. Es ist möglich, sich hier einen Diskurs vorzustellen, der jedoch aufgrund der Tatsache, dass er um eine grundlegende Dezentrierung herum konstruiert ist, immer auch eine schiefe Perspektive auf Diskursivität schlechthin aufweist. Es ist eine Perspektive auf Diskursivität aus ihr selbst heraus. So ließe sich auch formulieren, dass der analytische Diskurs das lacansche Mathem für die Diskursivität des Ereignisses ist, das als Kehrseite eines jeden Diskurses bzw. der Diskursivität erscheint.

Nietzsches Artikulation des Ereignisses im Bild des Mittags als eine Figur der *Zwei* weist eine strukturelle Homologie auf. Im Verhältnis zu der potenziell unendlichen Vielzahl von Perspektiven produziert diese Figur nicht ein Objekt – als Reales oder Original –, sondern die Form der Disjunktion oder Nicht-Koinzidenz, die Bedingung und Motor der potenziell unendlichen Multiplikation der Perspektiven ist. Es verleiht einem gewissen Dazwischen, dem Moment der Unterbrechung bzw. des Risses eine – temporale – Form. Die zentrale Kategorie ist hier also weder das eine noch die Multiplizität, sondern die Zwei als Figur einer reinen Disjunktion, Nicht-Koinzidenz oder Kluft, die Vielheit erst hervorbringt. Die heute weithin anerkannte Einsicht, dass das Eine statt eines ursprünglich Gegebenen das Resultat einer Operation an einer vorgängigen Multiplizität ist, sollte uns nicht dazu verleiten, diese Revolution unvoreingenommen zu begrüßen und die Multiplizität vorschnell als ursprünglich gegeben zu setzen. Konzeptuell betrachtet, und Nietzsche sah dies in aller Deutlichkeit, ist die Glorifizierung der Vielheit gegenüber dem Einen (und seiner Autorität) lediglich eine Form der Wiederherstellung des Signifikats im Zentrum, wohin wir es auch tragen. Mit seiner Idee der Zwei als Nicht-Koinzidenz des Selben zielt Nietzsche eben auf die Dezentrierung des Zirkels, die die (moderne) Alternative zwischen Einheit und Vielheit bildet.

Um dies zu veranschaulichen, kehren wir noch einmal zum Phänomen des Theaterstücks im Theaterstück zurück, dessen wohl bekanntestes Beispiel die Mausefalle in *Hamlet* ist. In dieser Szene präsentieren die Darsteller auf Geheiß Hamlets ein Stück, das als Wiederholung des Mordes an Hamlets Vater verstanden werden kann, mit dem mörderischen neuen König Claudius und dem Rest des Hofs als Publikum. Auf allgemeiner Ebene dient das Stück im Stück als Mittel, um die Blicke zu spiegeln: Durch die Einführung einer zweiten Bühne wird auch ein zweiter Blick eingeführt, der das beobachtende Publikum selbst einem Blick – dem des zweiten Publikums – unterwirft. Doch diese Verkehrung des Beobachters in den Beobachteten – durch eine Erweiterung in konzentrischen Kreisen – ist nicht der Aspekt, der der Mausefalle einen so außergewöhnlichen und faszinierenden Status verleiht. Zunächst ist zu betonen, dass Claudius nicht nur erschüttert wird, weil er Hamlets, Horatios sowie unserem Blick ausgesetzt ist. Abgesehen davon entspricht die Beziehung der beiden dargestellten Realitäten nicht exakt zwei konzentrischen Kreisen, wobei der innere das Stück im Stück und der äußere das Stück als Ganzes markiert. Zweifellos existiert zwischen ihnen eine narrative und formale Verbindung, die für die Dramaturgie des Stücks von entscheidender Bedeutung ist. Wir dürfen also die Tatsache nicht aus den Augen verlieren, dass einer der Haupteffekte und ein Ziel dieser Szene eben darin bestehen, das Zentrum des Stücks zu dezentrieren. Laurence Oliviers Verfilmung gelingt es, diese Dimension, in der sich der Wahrheitseffekt durch die Verschiebung der Perspektive einstellt, auf pointierte Weise darzustellen. Die Präsentation der Szene folgt den Prinzipien der Galileischen Physik, wie das nachstehende Schema illustriert.

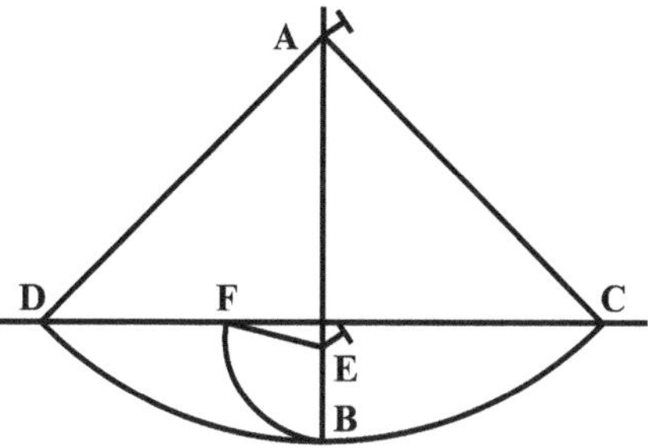

Im Punkt A befindet sich ein Nagel, an dem ein Pendel befestigt ist. Beginnt es ausgehend von Punkt C zu schwingen, durchläuft es den Punkt B und kehrt schließlich von Punkt D zum Ausgangspunkt zurück. Fügen wir jedoch einen zweiten Nagel an der Position E hinzu, verändert sich die vom Pendel beschriebene Bahn in Richtung F, nachdem der Punkt B durchlaufen wurde.[29]

Exakt auf diese Weise hat Olivier das Stück im Stück in Szene gesetzt. Die am Hof gastierende Schauspieltruppe führt entsprechend Hamlets Wunsch das Stück *Die Ermordung des Gonzago* auf; König und Königin und Angehörige des Hofs bilden als Halbkreis vor der Bühne arrangiert das Publikum, wobei sich der König im Zentrum befindet. Hamlet und sein Vertrauter Horatio besetzen, den König beobachtend, die beiden Außenpositionen (C und D). Während der Vorführung beschreibt die Kamerabewegung zunächst weiten, kontinuierlichen Halbkreis hinter dem Rücken des Publikums, als wäre sie das Ende eines Pendels, das in der Mitte der Bühne befestigt ist. Daraufhin wird die Bewerbung durch eine Reihe von Schnitten unterbrochen: Der König schaut auf das Bühnengeschehen, Nahaufnahme der Bühne, Hamlet sieht den König an, dann Horatio und schließlich wieder Hamlet. Diese Schnitte bzw. durch sie transportierten Blicke bewirken eine Verschiebung des Zentrums von der Bühne zum König. Sowohl metaphorisch als auch wortwörtlich

[29] Galilei, Galileo: *Two New Sciences*. Madison. 1974. S. 162-164.

nageln sie den König fest (E). Anschließend setzt die Kamera die initiale Bewegung fort, allerdings verformt sich nun die (halb) kreisförmige Bahn in eine Art elliptische Bewegung (von F zu C). Sie resultiert aus der Dezentrierung des Zentrums; als Konsequenz findet das Signifikat, das Lacan zufolge »sein Zentrum [findet], wohin Sie es auch bringen mögen«, sein Zentrum *nicht* mehr – und schlägt dem König mit voller Wucht ins Gesicht, wodurch seine Perspektive auf die Ereignisse beeinträchtigt wird. Der unmittelbar folgende Aufschrei des Königs – »Give me some light!« – demonstriert dies eindringlich.

Das Stück im Stück ist also nicht in konzentrischen Kreisen aufgebaut. Die Verdoppelung ist in erster Linie ein Nebeneinanderstellen der zwei Stücke und wir als Zuschauer nehmen eher eine Randposition als eine externe, alles erfassende Position ein. Somit ließe sich festhalten, dass die Mausefalle in *Hamlet* analog zu Nietzsches Figur des Mittags strukturiert ist, in der das Jenseits den Platz sowie die Form der Mitte ein- und annimmt. Im Verhältnis zum inneren Publikum mit Claudius im Zentrum ist unsere Perspektive nicht einfach umfassender, sondern vielmehr disloziert: Wir sehen sozusagen schief.

Auf den ersten Blick sind die Position und die Funktion der Mausefalle in *Hamlet* offenbar *nicht* Keimzelle einer potenziell unendlichen Spiegelung von Repräsentationen – ihre Logik ist nicht metonymisch bzw. referenziell, sondern die der Stillstellung, des Bruchs, der Interpunktion. Man könnte sogar so weit gehen zu sagen, dass sie das metonymische Spiel der Blicke und Reflexionen unterbricht, das sich über weitere Strecken des Stücks entfaltet. Durch die Montage zweier Perspektiven gelingt es, den Blick als das Andere der Perspektive zur Erscheinung zu bringen. Das Stück ist, darüber ist Hamlet sich im Klaren und spricht es auch aus, die Falle für diesen schwer fassbaren Blick.

Dagegen könnten wir einwenden, dass die Funktion der Unterbrechung weniger mit der formalen Struktur und vielmehr mit dem Inhalt der Szene zusammenhängt. Wir könnten also argumentieren, dass der entscheidende Faktor nicht die Aufführung des Stücks im Stück per se ist, sondern das In-Szene-Setzen des von Claudius begangenen Verbrechens. Ohne Frage trifft dies zu, allerdings unter einem bedeutenden Vorbehalt, der diese übliche Lesart wiederum unterläuft: Es ist unerlässlich, dass das Verbrechen *inszeniert* wird. Würde Hamlet Claudius unmittelbar mit seinem Wissen konfrontieren, wäre die Wirkung eine völlig andere. Der in der Einleitung thematisierte Effekt des »Ich, die Wahrheit, spreche« würde sich nicht einstellen.

Das Stück im Stück in *Hamlet* interessiert uns aber noch aus einem anderen Grund. Lacan formuliert in diesem Zusammenhang die These, dass die Wahrheit wie eine Fiktion strukturiert ist – auch hier klingt erkennbar Nietzsche an. Sie muss im Lichte der vorangegangenen Argumentation verstanden werden.

Es wäre falsch festzustellen, dass Lacan in seinem Werk nur eine Theorie der Wahrheit vorschlägt. Ebenso wie Nietzsche identifiziert auch Lacan während einer bestimmten Phase seines Schaffens die Wahrheit mit dem unmöglichen Realen, dessen direkte Konfrontation für das Subjekt tödlich enden könnte. Diese Identifizierung bzw. Nähe von Wahrheit und Realem resultiert aus der grundlegenden Unterscheidung zwischen einer – zwangsläufig phantasmatischen – Realität und dem Realen, die somit nahelegt, das Reale als die (verdrängte) Wahrheit der Realität zu setzen. Lacans andere Konzeptualisierung der Wahrheit situiert diese inmitten der Realität. Die Diskontinuitäten, Brüche, Momente der Stillstellung und Krisen der Realität bilden hier Punkte oder Stätten der Wahrheit. Sie ist also nicht ein unmögliches und tödliches Jenseits, das einzig in der Überschreitung der Grenzen des Symbolischen und des Imaginären erreichbar ist, sondern erscheint nun zwischen den Zeilen, in den Verschiebungen der Diskursivität, den Störungen, Unterbrechungen und Entgleisungen des Diskurses. Auch in dieser Konzeption wird die Wahrheit mit dem Realen identifiziert, das jetzt allerdings einen anderen Status innehat, der durch den Übergang vom Konzept des *Dings* zum Objekt *a* angezeigt wird. In einer dritten Variante der Konzeption der Wahrheit, die für die hiesige Diskussion am interessantesten ist, geht diese immer noch aus den Unterbrechungen, Störungen und Verschiebungen des Diskurses hervor – dies bleibt eine Konstante in Lacans Denken –, nimmt aber darüber hinaus selbst eine gewisse diskursive Form an.[30] Wir könnten diese letzte Fassung durch zwei Propositionen und eine rhetorische Figur kennzeichnen:

1. Die Wahrheit hat die Struktur einer Fiktion.
2. Die Wahrheit ist ›Frau‹ aufgrund der Tatsache, dass sie nicht alles ist, es also unmöglich ist alles zu sagen.
3. *Moi, la vérité, je parle.* (»Ich, die Wahrheit, spreche.«)

Beginnen wir mit dem dritten Punkt: Die Wahrheit, die in der ersten Person spricht, ist natürlich etwas ganz anderes als jene, die zwischen den Zeilen hervortritt. Die Konnotationen dieser Figur sind nicht nur provokant, es ergeben sich daraus zudem weitreichende theoretische Implikationen: Die Wahrheit als Person und insbesondere als Bühnenfigur – der theatralische Ausdruck in dieser Zeile ist alles andere als ein Zufall –, ja sogar als komödiantische Figur, verweist auf Lacans Rede von der »Minorisierung der Wahrheit«.[31] Wir sollten hier außerdem Nietzsches Worte be-

---

[30] So gewinnt etwa ab dem Seminar *Die Kehrseite der Psychoanalyse* die Frage, wie Wahrheit als Wissen möglich ist, in Lacans Theorie zunehmend an Bedeutung.

[31] Siehe die folgende an Nietzsche erinnernde Passage: »In diesem Genre, die Evangelien, kann man nicht besser sagen. Man kann nicht besser von der Wahrheit sagen. Genau daraus resultiert, daß es Evangelien sind. Man kann gar nicht besser die Dimension der Wahrheit spielen lassen, das heißt besser die Realität zurückstoßen ins Phantasma. Schließlich, die Folge hat hinlänglich bewiesen [...] daß diese dit-mension sich hält. Sie hat das überflutet, was man die Welt nennt, indem sie diese zu ihrer Kehrrichtwahrheit restituiert hat. Sie hat das abgelöst, was das Römische, Maurer ohnegleichen, gegründet hatte in einem wunderbaren, universalen Gleichgewicht, mit Bädern an Genuß

rücksichtigen: »Ich will kein Heiliger sein, lieber noch ein Hanswurst... Vielleicht bin ich ein Hanswurst... Und trotzdem oder vielmehr *nicht* trotzdem — denn es gab nichts Verlogneres bisher als Heilige — redet aus mir die Wahrheit.«[32]

Die Wahrheit als Bühnenfigur hat jedoch noch eine andere spezifische Bedeutung für Lacan, die mit der Theorie und Praxis der analytischen Erfahrung zusammenhängt. Ich beziehe mich hier auf *la passe*, eine Art Test, bei dem sich entscheidet, ob dem zuvor von einer Person im Rahmen der Analyse geäußerten Wunsch stattgegeben wird, selbst Analytiker*in zu werden. Im Zuge dessen berichten diese zwei zufällig ausgewählten Personen, die entweder selbst Analytiker*innen sind oder sich seit geraumer Zeit in Analyse befinden, von der Erfahrung des analytischen Prozesses – teilt ihnen also, warum nicht, ihre Wahrheit mit. Diese berichten wiederum einer Jury, die entscheidet, ob *la passe* gelungen ist oder nicht. Die Wahrheit wird entsandt, um für sich selbst zu sprechen, und es geht selbstverständlich darum, ob die Wahrheit bestehen kann, nicht nur als Beschreibung eines bestimmten analytischen Prozesses, sondern als Zeugnis eines bestimmten Wissens über die Wahrheit. Lacan betont dies in seinem Spätwerk mit Nachdruck: Die Analyse beruht auf der

---

dazu, die hinlänglich symbolisiert werden von jenen sagenhaften Thermen, von denen uns eingestürzte Stücke geblieben sind. Wir können uns schlechterdings keine Vorstellung mehr machen, wie, was Genießen angeht, pompös das war. Das Christentum hat alles das verworfen als verächtliche Gemeinheit, die man als Welt ansah. So besteht das Christentum fort nicht ohne eine intime Affinität zum Problem des Wahren. [...] In diesem Register des Wahren, wenn man in es eintritt, kommt man nicht mehr heraus. Um die Wahrheit zu minorisieren, wie sie es verdient, muß man eingetreten sein in den analytischen Diskurs. Was der analytische Diskurs ausquartiert, stellt die Wahrheit an ihren Platz, aber macht sie nicht locker.« Lacan, Jacques: *Encore*. Wien. 2008. S. 116-117.

[32] Nietzsche, Friedrich: *Ecce Homo*. In: KSA 6. S. 365.

Annahme, »daß aus ihrer Erfahrung sich konstituieren könnte ein Wissen über die Wahrheit.«[33]

Wir alle kennen das gelegentliche Gefühl der quälenden Diskrepanz zwischen unserer Erfahrung einer Situation sowie ihrer Wahrheit einerseits und ihrer objektiven Schilderung andererseits, wobei uns letztere als völlig unzureichend erscheint. Obschon sie gewissermaßen korrekt ist, straft die Wahrheit sie dennoch *Lügen* – sie erscheint unzutreffend und klingt schlicht falsch. Hier steht mehr auf dem Spiel als das Verhältnis der inneren oder persönlichen Wahrheit zur auf der Ebene des Symbolischen artikulierten Wahrheit. Entscheidend ist, dass nicht alle symbolischen Artikulationen auch die Wahrheit ausdrücken – und dennoch ein Unterscheidungskriterium existiert, das dem Symbolischen selbst innewohnt. Die Frage ist nicht, ob ein gegebener symbolischer Ausdruck mit unserer Erfahrung korrespondiert, sondern ob sie derart im Symbolischen nachvollzogen werden kann, sodass sie weitergegeben werden – durchgehen oder passieren – kann. Genau darauf läuft die These hinaus, dass die Wahrheit die Struktur der Fiktion hat. Ein Definitionsversuch könnte folgendermaßen lauten: Die Wahrheit ist die Inszenierung des Realen mit den Mitteln des Symbolischen. Die Wahrheit *zielt* wortwörtlich auf das Reale; sie ist weder eine Wahrheit *über* das Reale noch mit ihm identisch. Es handelt sich um eine spezifische Beziehung zum Realen, eine privilegierte Beziehung, auf der auch das Privileg der Wahrheit gründet. Die einzige Implikation ist hier, dass sich die Wahrheit, um dieses Privileg geltend zu machen und aufrechtzuerhalten, nicht auf ein Reales außer ihrer selbst beziehen kann. Hier liegt der Unterschied zwischen der Wahrheit, die die Form des Stücks im Stück annimmt, sowie jener hypothetischen Situation, in der Hamlet Claudius direkt mit der Tatsache konfrontiert, dass jemand, der aus dem Realen wiederkehrt, ihn über den Mord an seinem Vater unterrichtet

---

[33] Lacan, Jacques: *Encore*. Wien. 2008. S. 99.

hat – und so versucht, die Wahrhaftigkeit dieses Wissens auf das Zeugnis des Realen zu stützen. Der Zweck der Inszenierung des ursprünglichen Verbrechens ist nicht, die Wahrheit festzustellen oder zu beweisen, sondern sie zu formulieren und in die Realität einzuschreiben, deren Wahrheit sie ist. Noch einmal, die Frage ist nicht, ob ein bestimmtes Wissen wahr ist oder nicht; die Frage ist, ob Wahrheit als Wissen überhaupt möglich ist. Das Zielen auf die Wahrheit bedeutet nicht den Versuch, sie zu treffen oder auszudrücken – wenn wir uns auf dieses Spiel einlassen, erlangen wir statt der Wahrheit lediglich gemeinplätzige Weisheiten.

In dieser Konzeption, die sich sowohl bei Lacan als auch bei Nietzsche findet – obwohl nicht die einzige Variante, ist sie es, die mit der Figur des Mittags in Verbindung steht –, ist Wahrheit weder Übereinstimmung zwischen Aussage und Realität noch eine verborgene Wesenheit des Seins, von der wir uns im Interesse unseres Wohlergehens besser fernhalten. Sie liegt nicht außerhalb der Ordnung des Seins oder des Lebens, sondern kann lediglich darin stattfinden, wobei sie nicht einfach irgendeinen Ort besetzt, sondern eben die Mitte im oben dargelegten Sinn. Paradox formuliert: Auch diese Konzeption impliziert in gewisser Weise, dass die Wahrheit *jenseits* des Lebens liegt, aber nur insofern dieses Jenseits selbst Teil des Lebens ist, seine Mitte und sein innerer Rand, der Punkt, an dem das Leben entschieden wird.

Wir werden auf die Frage der Wahrheit zurückkommen, sowohl auf die bisher ausgelassene Verbindung von Wahrheit und ›Frau‹, die bei Nietzsche und Lacan zu finden ist, als auch auf bereits angeklungene Aspekte. Für eine produktive Wiederaufnahme dieser spezifischen Idee der Wahrheit ist es jedoch von entscheidender Bedeutung, sie in den Kontext einer anderen Diskussion zu stellen, und zwar jener um den Status des Nichts in Nietzsches Philosophie.

> »[...] und eher will [der Mensch] noch *das Nichts* wollen, als *nicht* wollen.«[34]

Was ist streng genommen der Sinn dieser viel zitierten Aussage Nietzsches? Wäre es vielleicht besser, der Mensch würde nicht wollen? – Selbstverständlich nicht. Offenbar sind für Nietzsche beide Alternativen problematisch. Darüber hinaus verweisen sie aber zweifellos auf eine dritte Möglichkeit: dass der Mensch *etwas* wollen würde. Die Feststellung einer Krise im Hinblick auf diese dritte Option wäre eine Art, den Nihilismus bzw. die Situation zu bestimmen, auf die der Nihilismus antwortet. Wie bereits dargelegt, konfrontiert uns der Nihilismus also mit dieser erzwungenen Wahl: das Nichts zu wollen oder nicht zu wollen. Wir haben somit erstens den Willen zu etwas, zweitens den Willen zum Nichts und drittens das Nichtwollen. Es wäre jedoch falsch, daraus zu schließen, dass das Nichts oder die Negativität lediglich in den beiden letzteren Fällen eine Rolle spielt. Die Dialektik des Willens, die in dieser Hinsicht mit der Dialektik des Begehrens verglichen werden kann, setzt die Negativität bzw. das Nichts *immer* voraus. Wie Slavoj Žižek herausgestellt hat, ist ein solcher Wille zum Nichts die immanente Bedingung eines jeden leidenschaftlichen Begehrens oder Willens:

> »[E]s [ist] von äußerster Wichtigkeit [...], die wechselseitige Abhängigkeit zwischen der Ablösbarkeit von jeglichem bestimmten Inhalt und der exzessiven Anbindung an ein Partikularobjekt, das uns allen anderen Objekten gegenüber gleichgültig werden lässt, im Auge zu behalten. Ein solches Objekt ist, was Lacan, im Anschluss an Kant, eine ›negative Größe‹ nennt, also ein Objekt, das gerade aufgrund seiner positiven Anwesenheit als ein Platzhalter für die Leere des Nichts (oder den Abgrund des unmöglichen Dings) fungiert.

[34] Nietzsche, Friedrich: *Zur Genealogie der Moral*. In: KSA 5. S. 339.

> Aus diesem Grund ist *das Wollen dieses Partikularobjekts, das Aufrechterhalten der eigenen ›eigensinnigen Bindung‹ an es, was immer auch geschieht, die eigentlich konkrete Form ›das Nichts zu wollen‹*. [...] [D]ie eigentliche Formalstruktur der Bezugnahme auf das Nichts [ist es], die es uns ermöglicht, aus dem stupiden und selbstgefälligen Lebensrhythmus auszuscheren, um uns irgendeiner Sache [cause] – sei es Liebe, Kunst, Wissen oder Politik – ›leidenschaftlich zu verschreiben‹, für die wir bereit sind, alles aufs Spiel zu setzen.«[35]

Mit anderen Worten ist die Tatsache eines fundamentalen Willens zum Nichts die Bedingung dafür, überhaupt etwas zu wollen. Nietzsche ist sich dessen sehr wohl bewusst und so wäre es falsch anzunehmen, dass seine Philosophie insgesamt dem Nichts und der Negativität ablehnend gegenübersteht. Schließlich ist, wie Nietzsche selbst es formuliert, »[d]as psychologische Problem im Typus des Zarathustra [...], wie der, welcher in einem unerhörten Grade Nein sagt, Nein *thut*, zu Allem, wozu man bisher Ja sagte, trotzdem der Gegensatz eines neinsagenden Geistes sein kann«.[36]

Aus Nietzsches Perspektive ist nicht das Nichts bzw. die Negativität als solche das Problem, es ist ihre Kombination mit dem Kategorienpaar Wahrheit/Schein, d. h. ihre Einbettung in die traditionelle Topographie der Wahrheit. Nietzsche zufolge war dies eine der grundlegenden Gesten des Christentums als Religion der Wahrheit. Wenn die Annahme korrekt ist, dass man nichts (Konkretes) wollen kann, ohne das Nichts zu wollen, dann kann die Einbettung dieser immanenten Verbindung zwischen Nichts und Etwas in die Topographie der Wahrheit nur zu weitreichenden – für Nietzsche: katastrophalen – Konsequenzen führen. Es folgt, dass die Unterscheidung zwischen Wahrheit und Unwahrheit den Willen selbst betrifft und sich die Frage stellt, mit

---

[35] Žižek, Slavoj: *Die Tücke des Subjekts*. Frankfurt am Main. 2001. S. 151-152.
[36] Nietzsche, Friedrich: *Ecce Homo*. In: KSA 6. S. 344-345.

welcher der aneinandergebundenen Facetten des Willens sie sich verknüpfen. Die Antwort lautet: Das Nichts ist wahr, das Etwas – alle weltlichen Objekte, Bindungen, Kämpfe – sind immer falsch, trügerisch und unwahr. Derart wird das Begehren bzw. der Wille zur Wahrheit zum Begehren bzw. Willen zum Nichts. Diese Tatsache ist für die längste Zeit verborgen geblieben, da das Christentum an die Stelle des Nichts nichts Geringeres als Gott gesetzt hat. Anders formuliert, im Christentum ist Gott der Name für das Nichts als inhärente Bedingung allen Wollens oder Begehrens. Gott ist diese radikale Negativität, die Loslösung von der Welt, die jede Art der leidenschaftlichen Bindung zu *etwas* erst ermöglicht. Gleichzeitig hindert sie uns daran, zu vergessen, dass wir in der geliebten Person, in der Kunst, für die wir brennen oder der Sache, für die wir kämpfen, eigentlich Gott, also das Nichts, lieben und schätzen. Gott ist der Name für das, was wir wirklich verfolgen und (indirekt) anstreben, durch unsere Verstrickung in die weltlichen Aktivitäten und Objekte.

Nietzsche Kritik am Christentum gilt nicht einfach der Tatsache, dass es das Nichts als irreduzibel setzt, sie zielt auf die Situierung der Wahrheit und des Realen in diesem Nichts, während den Objekten, zu denen das Nichts Beziehungen der Anziehung unterhält, die Wahrheit abgesprochen wird. Das gilt vor allem in Zusammenhang mit der Figur des asketischen Ideals und somit der jüngsten Inkarnation des Christentums, dem redlichen Atheismus. Durch die Priorisierung lediglich einer der beiden Facetten des Willens, initiiert das Christentum einen Prozess, der schließlich auf einen expliziten Nihilismus hinausläuft, da er selbst inhärent nihilistisch ist. Er führt dazu, dass die beiden Facetten des Willens, das Nichts zu wollen und etwas zu wollen, voneinander getrennt und somit unabhängig werden. Diese Trennung führt zu einer Erschöpfung des Willens, der sich nur noch in Bezug auf das Nichts *an sich* aktivieren lässt. So wird nicht länger das Nichts in der Form dieses oder jenes partikularen und konkreten Objektes gewollt, sondern direkt ohne all das unsinnige und unnötige

Drumherum. Ersetzen wir den Begriff des Willens durch das psychoanalytische Konzept des Begehrens, ließe sich formulieren, dass das Auftauchen des Nihilismus den Moment markiert, in dem das einzige noch übrig gebliebene begehrenswerte Objekt die transzendentale Bedingung des Begehrens selbst ist. So gibt jedoch die Struktur des Begehrens selbst nach und fällt in sich zusammen, da die Kluft zwischen dem Objekt des Begehrens und seiner transzendentalen Bedingung qua Nichts eliminiert wird, die das Begehren aufrechterhält.

Gott selbst bleibt von dieser Logik nicht verschont und wird der Säuberung durch die Opposition Wahrheit/Schein sowie einer Losung unterworfen, die sich wie folgt formulieren lässt: »Wir wollen Gott, aber ohne all das unsinnige und unnötige Drumherum.« Doch wenn wir erst beginnen Gott von allem Scheinbaren zu befreien, entdecken wir früher oder später, dass auch vom wahren Gott nichts mehr übrig bleibt:

> »*Was*, in aller Strenge gefragt, hat eigentlich über den christlichen Gott *gesiegt*? [...] [D]ie christliche Moralität selbst, der immer strenger genommene Begriff der Wahrhaftigkeit, die Beichtväter-Feinheit des christlichen Gewissens, übersetzt und sublimirt zum wissenschaftlichen Gewissen, zur intellektuellen Sauberkeit um jeden Preis. Die Natur ansehn, als ob sie ein Beweis für die Güte und Obhut eines Gottes sei; die Geschichte interpretiren zu Ehren einer göttlichen Vernunft [...]; die eigenen Erlebnisse auslegen, [...] wie als ob Alles Fügung, Alles Wink, Alles dem Heil der Seele zu Liebe ausgedacht und geschickt sei: das ist nunmehr *vorbei*, das hat das Gewissen *gegen* sich [...] Alle grossen Dinge gehen durch sich selbst zu Grunde, durch einen Akt der Selbstaufhebung [...]. Dergestalt gieng das Christenthum *als Dogma* zu Grunde, an seiner eignen Moral [...].«[37]

[37] Nietzsche, Friedrich: *Zur Genealogie der Moral*. In: KSA 5. S. 409-410.

Anders gesagt, Gott selbst war zu sehr in den Schein verstrickt, um dem moralischen Druck des asketischen Ideals standzuhalten.

Es handelt sich hier also um eine spezifische Bewegung, die von einer akkuraten Einsicht in die inhärente Spaltung zwischen Begehren bzw. Willen und Objekt ausgeht: Das Objekt ist immer zweifach, verdoppelt in Nichts und Etwas, wobei letzteres als Hülle für das Nichts fungiert. Diese Spaltung wird sodann als Differenz zwischen Realem und Schein interpretiert. Im letzten Schritt etabliert sich eine Art ethischer Imperativ des Realen, der dem Schein den Kampf ansagt. Diese Bewegung fasst Nietzsche unter dem Begriff des asketischen Ideals zusammen. Dessen entscheidendes Merkmal ist nicht, dass wir allen Formen der Befriedigung entsagen. Im Gegenteil, wir sind gezwungen, ständig nach dem unmittelbaren Realen der Befriedigung zu streben, jenseits aller scheinbaren und immer nur partiellen Befriedigungen.

Die Dynamik dieser Bewegung lässt sich vielleicht am deutlichsten am Beispiel der Anorexie veranschaulichen, die auch die enge Verbindung zwischen asketischem Ideal und dem Genießen als Imperativ aufzeigt. Lacan bemerkt, dass das anorektische Subjekt nicht einfach die Nahrungsaufnahme verweigert, sondern das Nichts selbst isst. So ließe sich sagen, dass es direkt auf das geheimnisvolle X zielt, aufgrund dessen jedes bestimmte Nahrungsmittel zum begehrten Objekt wird. In gewisser Weise versucht es aus der Nahrung das Element zu isolieren oder destillieren, das mehr ist als die Nahrung – in Lacans Terminologie: den mysteriösen Überschuss bzw. die Differenz zwischen der Befriedigung eines Bedürfnisses und dieser anderen Befriedigung. Letztere wird hier zum unmittelbaren Objekt der Befriedigung. Das Problem ist jedoch, dass in dieser Konfiguration die eigentliche Struktur des Begehrens zusammenbricht. Das Begehren, in der Nahrung Genuss zu finden, hat sich in den Imperativ des Genießens verwandelt, so wie der Wille zu genießen als solcher – wie Lacan in seiner Analyse de Sades zeigt – impliziert, dass das Subjekt zum reinen Instrument des Genießens des Anderen wird. In Bezug auf die Nahrung gibt es wahrscheinlich kein anderes Subjekt, das dem unbarmherzigen Imperativ des Genießens so ausgeliefert ist wie das anorekische Subjekt. Unersättliche, die das Nichts in der Nahrung und durch die Nahrung genießen und konsumieren, vollbringen es noch, die Kluft aufrechtzuerhalten, in der sich das Begehren situieren kann. In diesem Fall bedeutet mehr Nichts zu konsumieren, mehr Nahrung aufzunehmen. Dem anorekischen Subjekt gelingt es dagegen, das Nichts direkt zu essen, also die reine Substanz des Genießens von der Nahrung zu isolieren. In der maximalen Zuspitzung der Differenz zwischen Bedürfnis und Begehren hebt es diese letztlich auf. Diese Gefahr wurde bereits im Zusammenhang mit der Sublimierung erörtert: Sie liegt darin, das Objekt der Befriedigung von der Befriedigung als Objekt zu trennen und letzteres zum einzigen Ort des Realen zu erklären.

Wenn wir zulassen – und dies ist eine wichtige Lektion sowohl für die Philosophie des Willens als auch psychoanalytische Theorien des Begehrens –, dass der Wille oder das Begehren den Prozess der Unterscheidung zwischen wahr bzw. real und scheinbar durchläuft, ergibt sich einerseits die fortschreitende Akkumulation des Scheinbaren, der Schleier, hinter die es zu blicken gilt und auf der anderen Seite ein wachsendes Nichts als unzugängliche, quasi-noumenale Dimension. Jedes Etwas hat seine Kehrseite, die in einen infiniten Regress führt – auf der Suche nach einem Realen hinter der Erscheinung, das immer weiter zurückweicht. In diesem Sinne ist Nietzsche zufolge der Imperativ, zwischen Wahrheit bzw. Realem und Schein zu unterscheiden, eine Maschine, die das Nichts produziert, eine Fabrik des Nihilismus. Nietzsche steht den Kategorien der Wahrheit und des Realen nicht einfach ablehnend gegenüber, er drängt auf eine neue und veränderte Topologie. Eines der zentralen Anliegen seiner Philosophie ist der Hinweis – und hier bietet sich der Rückgriff auf eine von Nietzsche abweichende, aber absolut treffende Terminologie an –, dass das Reale nicht durch seine *Unterscheidung* vom Imaginären und Symbolischen eingeholt werden kann. Wir werden es weder hinter den imaginären Schleiern noch den Verzerrungen des Symbolischen finden. Diese Tendenz aber, die das Reale letztlich mit einer unaussprechlichen Authentizität oder Wahrheit identifiziert, ist Nihilismus *par excellence*.

Es bleibt also die Frage, wie Nietzsche die Wahrheit und das Reale situiert: Was ist ihre Beziehung zueinander? Wie sähe eine Modalität des Nichts oder der Negativität aus, die nicht von vornherein nihilistisch wäre? Antworten auf diese Fragen sind in Nietzsches Theorie des Anderen als Artikulation der Zwei zu suchen.

... über die doppelte Affirmation ...

Aus der Logik des Einen folgt, kurz gesagt, eine Nicht-Beziehung zum Anderen. Man nehme etwa das Begriffspaar Wahrheit/Schein in seiner rudimentärsten Form: Als einander entgegengesetzt, konstituieren sie jeweils ein Eines, das auf sein Anderes nur angewiesen ist, um den eigentlichen Bezugsrahmen abzustecken. Wahrheit und Schein unterhalten also überhaupt keine Beziehung zueinander; Wahrheit ist alles, was nicht Schein ist und umgekehrt. Ihre Schnittmenge ist leer, während ihre Vereinigung das Paar Wahrheit/Schein hervorbringt. In dieser Konfiguration bilden sie jedoch nur deshalb ein Paar, weil sie zusammen die Totalität erschöpfen, deren Teile sie sind und somit *eine dritte Möglichkeit ausschließen*. Nietzsches Haltung zur aristotelischen Logik und insbesondere dem Ausschluss des Dritten ist bekannt: Er war der Ansicht, dass sie nicht einmal zwei Möglichkeiten zulasse. Wir schließen die Möglichkeit eines Dritten aus, um die Akzeptanz des Ersten zu erzwingen, da das Zweite bzw. Andere immer die schlechte, verbotene oder verachtenswerte Alternative ist – das Böse als Gegensatz des Guten, der Schein als Gegensatz zur Wahrheit etc. Nietzsches Kampf für, wenn ich so sagen darf, die Inklusion einer dritten Möglichkeit – das »dritte Auge«, das »dritte Ohr« – zielt gerade auf die Rehabilitierung des Status des Anderen, auf ein Konzept des Anderen, das nicht bloß die Ableitung oder negative Bestimmung des Einen ist. Dies impliziert allerdings, dass das Andere niemals (nur noch) Eines sein kann, sondern immer schon zwei (zugleich) ist.

Was aber genau ist die dritte Möglichkeit? Die einfachste Antwort auf diese Frage wäre: die Wiederholung der zweiten Möglichkeit. Sie ist keine Kombination der ersten beiden Möglichkeiten, bedeutet also zum Beispiel nicht eine Erscheinung, die ein wenig Wahrheit in sich trägt. Genau darauf will Nietzsche nicht hinaus, wie das paradigmatische Paar Affirmation/Negation bzw. Ja-Sagen/Nein-Sagen bzw. aktive/reaktive Kräfte vielleicht am deutlichsten zeigt. Wie bereits gesehen stellt Nietzsche in *Ecce Homo* fest, dass »[d]as psychologische Problem im Typus des Zarathustra [...], wie der, welcher in einem unerhörten Grade Nein sagt, Nein *thut*, zu Allem, wozu man bisher Ja sagte, trotzdem der Gegensatz eines neinsagenden Geistes sein kann«. Die Lösung des Problems besteht nicht darin, der Dichotomie Ja/Nein einen dritten Term zu ergänzen – ein vielleicht oder weder noch. Nietzsche fügt ein weiteres Ja hinzu, eine weitere Affirmation. Zarathustra sagt Ja und Nein, letzteres wahrscheinlich häufiger, und doch repräsentiert er die Affirmation schlechthin.

Eine Möglichkeit, dies zu verstehen, wäre im Sinne der Dialektik als Negation der Negation. Zarathustra negiert die Negation und ist somit der Geist der Affirmation. Doch das ist es nicht, worauf Nietzsche hinauswill. Die Negation bezieht sich weder auf die Affirmation noch auf eine bereits existierende Negation; sie negiert etwas Neutrales, nämlich das Leben bzw. das Werden. Dasselbe gilt aber für die Affirmation, sodass man sagen könnte, sie ringen um das Leben. Und natürlich sind sie beide ein Teil des Lebens. Die Negation negiert das Leben nicht von außen, sondern ist dem Leben immanent – sie wird selbst zur Lebensform. Das impliziert nicht eine Dialektik von Affirmation und Negation, sondern vielmehr eine doppelte parallele Dialektik: Einerseits wird das Leben durch die Negation qualifiziert, andererseits durch die Affirmation. Sie bedingen einander nicht, sind aber beide gegenwärtig bzw. waren es, denn es scheint, dass die reaktiven Kräfte das Leben erobert haben und zu seinem dominierenden Faktor geworden sind. Nietzsches Begriff für dieses Phänomen ist Nihilismus. Alles ist Eins geworden. Die Weltgeschichte zeugt nicht vom graduellen Verlust einer mythischen Einheit – ganz im Gegenteil handelt es sich um den Verlust einer originären Zweiheit. Deshalb impliziert das Ereignis für Nietzsche vor allem die (Re-)Aktivierung der anderen bzw. zweiten Quelle, also der Affirmation – die allerdings in sich selbst bereits verdoppelt ist.

Anders gesagt, die Logik einer möglichen Veränderung, eines Ausbruchs aus dem Nihilismus, hängt nicht von der Macht der Negation ab, die in ihrer äußersten Radikalität sich schließlich selbst negiert und damit die Möglichkeit der Affirmation eröffnet. Darauf zu warten, bedeutet, buchstäblich auf das Nichts zu warten. Wie Gilles Deleuze bemerkt hat, reicht es nicht, dass eine Kraft bis an die Grenze ihres Vermögens geht, um aktiv zu werden; sie muss es zum Objekt der Affirmation machen.[38] Obwohl also die Negation in der Lage ist, sich selbst zu negieren, verfügt sie nicht über die Fähigkeit, dieses Vermögen zu affirmieren. Geht die Negation an ihre Grenze, verharrt sie dort, bleibt ihr verhaftet und bringt so als einzige Affirmation eine *Reaktion* auf ihre eigene Radikalität hervor – in der »wirklichen thätlichen Verneinung des Lebens«.[39] Die Affirmation als Reaktion auf die Kraft der Negation ist nicht aktiv im strengen Sinne des Wortes und kann es auch nicht sein; sie kann lediglich die Form eines *Sedativs* annehmen, das die *Erregung* ausgleicht, die mit der Kraft des Willens der Negation einhergeht. Die Affirmation, in der wir alles bejahen – die Dinge akzeptieren, wie sie sind, bereitwillig auch das begrüßen, was uns zuwider ist, immer eine positive Einstellung bewahren –, entspricht dem Esel, der für den Geist der

---

[38] Vgl. Deleuze, Gilles: *Nietzsche und die Philosophie.* Frankfurt am Main. 1985. S. 75.

[39] Nietzsche, Friedrich: *Jenseits von Gut und Böse.* In: KSA 5. S. 137.

Schwere steht. Nietzsche schreibt dazu im Kapitel *Vom Geist der Schwere* in *Also sprach Zarathustra*:

> »Wahrlich, ich mag auch Solche nicht, denen jegliches Ding gut und diese Welt gar die beste heisst. Solche nenne ich die Allgenügsamen. Allgenügsamkeit, die Alles zu schmecken weiss: das ist nicht der beste Geschmack! Ich ehre die widerspänstigen wählerischen Zungen und Mägen, welche ›Ich‹ und ›Ja‹ und ›Nein‹ sagen lernten. Alles aber kauen und verdauen — das ist eine rechte Schweine-Art! Immer I-a sagen — das lernte allein der Esel, und wer seines Geistes ist!«[40]

In der Tat kommt in dieser Passage der passive Nihilismus zum Ausdruck, und sie hilft uns zudem, die ultimative Sackgasse des Nihilismus zu bestimmen. Er bezeichnet eine Konfiguration, in der die aktive Kraft ganz auf der Seite der Negation steht, aber insofern limitiert ist, als sie diese Aktivität nicht bejahen kann, sodass die Affirmation stets *reaktiv* oder passiv ist. Nietzsches passiver Nihilismus bezieht sich auf diese reaktive Affirmation. Nihilismus ist also nicht einfach ein reaktiver Zustand; es findet immer noch ein Ringen zwischen aktiven und reaktiven Kräften statt, wobei erste ausschließlich aufseiten der Negation wirken und die einzige Form der Affirmation reaktiv ist.

Deshalb ist eines der Hauptanliegen der Philosophie Nietzsches der Kampf gegen den Geist der Schwere, gegen eine Affirmation, die lediglich Akzeptanz der Verantwortung, ein bloßes Auf-sich-Nehmen all dessen ist, was einem widerfährt. Noch einmal, Nietzsche richtet sich, wie Deleuze gezeigt hat, gegen eine Konzeption von Affirmation, die diese lediglich als eine *Funktion* des Seins betrachtet. Für Nietzsche kann wahre Affirmation nur ein Agens des Werdens und keine Funktion des Seins sein. »Bejahen heißt nicht, sich aufladen, auf sich nehmen, was ist, sondern

[40] Nietzsche, Friedrich: *Also sprach Zarathustra*. In: KSA 4. S. 243-244.

das, was lebt, entbinden, befreien.«.[41] Aus diesem Grund ist das dionysische Ja ein Ja, das versteht Nein zu sagen und es vermag die Negation in den Dienst der Kraft der Affirmation zu stellen. Um zu ermöglichen, dass die Negation selbst ein Modus der Affirmation wird, bedarf es aber einer Verdopplung der Affirmation. Die Affirmation selbst muss affirmiert werden, sie muss ihr eigenes Objekt werden. Dies ist Nietzsches Theorie der doppelten Affirmation, die bestrebt ist, das Nichts bzw. die Negativität in der Form des Nichts als *Intervall* oder *minimale Differenz* des Selben zu mobilisieren.

Die doppelte Affirmation – weiße Affirmation auf weißem Grund, um Malewitsch zu paraphrasieren – ist gerade die Erzeugung einer minimalen Differenz. Dieser Hiatus zwischen zwei Affirmationen, dieser in der Verdopplung entstehende Riss, aktiviert die Negation bzw. Negativität[42], ohne sie in etwas zu transformieren, das ein direktes Objekt des Willens sein könnte. Der Grund dafür ist, dass die Negation ausschließlich in und durch diesen Hiatus, diese minimale Differenz existiert, die – mit Nietzsche formuliert – den kürzesten Schatten bildet. In dieser Konfiguration ist die Negativität weder das Gegenteil oder die Kehrseite jeder positiven Entität noch funktioniert sie selbst als singuläre Entität – wie es etwa im vorangegangenen Kapitel für das anorekische Subjekt der Fall war, dem es gelingt, das Nichts selbst zu essen. Mit anderen Worten, der Einsatz dieser Konzeption ist in gewisser Weise restriktiv in Bezug auf die wundersame Macht des Symbolischen, das Nichts selbst in ein Etwas, also den Mangel in ein Objekt zu verwandeln. Der Mangel eines Objekts wird nicht selbst zum Objekt, er existiert lediglich in der inhärenten Differenz eines Objekts, d. h. insofern das Objekt nicht völlig *mit sich selbst* übereinstimmt. Dies bedeutet jedoch nicht, dass diese Vorstellung von Negativität bzw. Mangel präsymbolisch

---

[41] Deleuze, Gilles: *Nietzsche und die Philosophie*. Frankfurt am Main. 1985. S. 200.
[42] Aus diesem Grund ist wahre Affirmation immer selektiv.

oder gar an das imaginäre Register gebunden ist. Es geht vielmehr um das Vermögen, zwischen der Macht des Symbolischen einerseits und seinen Produkten – die sehr wohl einen imaginären Status annehmen können – andererseits zu unterscheiden.

All die (schillernden) Objekte, die die Leere bzw. das Nichts verkörpern, sind Effekte symbolischer Operationen, gehören aber selbst nicht zum Register des Symbolischen und Nietzsches Bemühungen sind eben darauf gerichtet, den Unterschied aufzuzeigen und somit eine Distanz zwischen beiden einzuführen. Wenn die nihilistische Haltung gegenüber der Realität in dem Versuch besteht, das Reale vom Imaginären zu trennen, unterscheidet sich Nietzsches Strategie davon folgendermaßen: Sie besteht in dem Versuch, das Symbolische vom Imaginären zu trennen und derart einen Raum für das Reale zu eröffnen. Das bedeutet auch, dass das Symbolische nicht auf das Imaginäre *folgt* und dessen radikales Impasse auflöst: Alle drei Dimensionen – das Symbolische, das Imaginäre und das Reale – sind strikt simultan zu denken. Hinsichtlich der zwei Konzeptionen des Nichts, wobei erstere das Nichts als Etwas setzt und letztere als Differenz oder Intervall – die doppelte Affirmation setzt voraus, dass die Negation bzw. der Mangel sich lediglich als Differenz und Nicht-Beziehung einschreibt: nicht als Differenz zwischen dem Einen und dem Anderen, sondern als Differenz im Anderen, der immer verdoppelt ist – gilt weiterhin: Es ist nicht der Fall, dass erstere dem Symbolischen zuzuordnen ist, während letztere der Dualität des Imaginären verhaftet bleibt. Wäre dies zutreffend, würde dies nach sich ziehen, dass Lacans Unterscheidung zwischen der Logik des Alles und des Nicht-Alles ebenfalls in das imaginäre Register verstrickt bliebe.

Ein Vergleich von Nietzsche und Lacan in diesem Punkt ist in der Tat instruktiv, da die Lacansche Idee des Nicht-Alles ebenfalls auf die Inklusion einer dritten Möglichkeit zielt. Was wäre in Lacans konzeptuellem Universum diese dritte Möglichkeit? – Der Andere des Anderen. In diesem Zusammenhang ist darauf hinzuweisen, dass Lacans Diktum »Es gibt keinen Anderen des

Anderen« nicht auf die Exklusion, sondern umgekehrt die Inklusion eines Dritten bedeutet. Der Andere (des Anderen) ist Teil des Anderen – und genau das macht den Anderen zum Anderen anstatt zum bloßen Duplikat oder zur Wiederholung des Einen. Durch diese Inklusion ist der Andere per definitionem nicht alles.

Untersuchen wir dies anhand eines Beispiels, das sowohl in Nietzsches Philosophie als auch der Lacanschen Psychoanalyse in unterschiedlicher Form wiederkehrt: Der Lügner von Kreta. Das bekannte Paradoxon lautet folgendermaßen: Ein Kreter sagte: »Alle Kreter sind Lügner.« Wenn der Kreter die Wahrheit sagt, dann lügt er, da alle Kreter Lügner sind. Lügt er hingegen, so spricht er die Wahrheit. Denn wenn es unwahr ist, dass alle Kreter lügen, so sagen sie die Wahrheit. Die moderne Logik hat auf dieses Paradoxon auf zwei Weisen reagiert, die strikt korrelativ zueinander sind: einerseits durch den *Ausschluss* aller Aussagen als unsinnig, die ihren eigenen logischen Wert (Wahrheit und Falschheit) betreffen, andererseits mit der Behauptung, dass Aussagen über den logischen Wert einer anderen Aussage nicht auf derselben Ebene liegen, da es sich um Metaaussagen handelt. Man kann unmittelbar feststellen, dass die Konstruktion einer Metaebene korrelativ zur ersten Variante ist. Während im Bereich der Logik derlei Verbote und Ausschlüsse möglich sind, kann dies jedoch nicht in gleicher Weise auf die gesprochene Sprache übertragen werden. Mehr noch erscheint ein Paradoxon in der Logik nicht notwendigerweise auch als solches auf dem Feld der natürlichen Sprache. Eine Aussage wie »Ich lüge« wird regelmäßig verwendet und funktioniert ohne Weiteres, wir verstehen sie problemlos. Inwiefern ist nun dieses Beispiel für unsere Diskussion interessant?

Zunächst ist zu beachten, dass die in der Logik ausgeschlossene Aussage, also die dritte Möglichkeit, nicht zwischen Wahrheit und Falschheit steht; es ist keine Halbwahrheit, sondern genau der Punkt, an dem wir eine Wahrheit so äußern, dass wir *zugleich* etwas über diese Äußerung aussagen. Durch den Ausschluss dieser Möglichkeit, in der Aussage auch ihren Aussagewert anzugeben, wird eine strenge Dichotomie zwischen Wahrheit und Lüge etabliert. Anders formuliert stimmt die Exklusion der dritten Möglichkeit mit der Konstruktion der Metaebene überein, die von außen die Wahrhaftigkeit der Wahrheit und die Falschheit der Lüge sicherstellt. Nur auf diese Weise können Wahrheit und Lüge *alles* sein. »Alle Kreter sind Lügner« ist eine Aussage, die nur eine außenstehende Person widerspruchsfrei formulieren kann.

Lacan verwahrt sich gegen genau diese Vorstellung: Aussagen wie »Ich lüge« existieren in der Sprache und wir verstehen sie aus einer Position innerhalb derselben. Darüber hinaus deutet die Tatsache des Verstehens eindeutig darauf hin, dass die scheinbaren Metaaussagen in den formalen Sprachen – also der Teil der Aussage, der den logischen Wert derselben Aussage betrifft – tatsächlich auf derselben Ebene liegen. Sie sind in die Aussagen inkludiert, also gerade keine Metaaussagen. Dies impliziert allerdings, dass jede Aussage in sich selbst verdoppelt ist und Lacan konzeptualisiert diese Dualität in der Unterscheidung zwischen der Ebene des Aussagens und der Ebene des Ausgesagten. Das Ich des Aussagens muss vom Ich des Ausgesagten, also vom *shifter*, der mich in der Aussage bezeichnet, unterschieden werden. Das Ich bezeichnet nicht einfach mich – es ist ein *shifter*, den jede Person verwenden kann, um sich auf sich selbst zu beziehen. Aus diesem Grund ist die Aussage »Ich lüge« vollkommen zulässig; ich sage damit lediglich, dass diejenige, die spricht – und das bin hier zufällig ich –, lügt. Ich kann solche gültigen Aussagen ebenso über mich selbst wie andere formulieren, da ich als sprechende Person nicht notwendigerweise eine metaphysische Einheit mit dem *shifter* bilde. Derart wird das scheinbar unlösbare und nach einer Hierarchisierung der Aussagen verlangende Paradoxon durch den Aufweis einer derselben Ebene inhärenten Differenz, also durch ihre Dezentrierung, aufgelöst. Die Beziehung zwischen der Ebene des Aussagens und der Ebene des Ausgesagten ist nicht hierarchischer Art – es handelt sich um eine Beziehung zweier Zentren auf einer Ebene.

Lacans These, dass es keine Metasprache gibt, betrifft die Tatsache, dass unsere gesprochene Sprache nicht formalisiert ist. Außerhalb ihrer gibt es nichts, das sie evaluieren könnte. Doch bedeutet dies für Lacans Denken *nicht* – ein allzu häufiges Missverständnis –, dass Sprache alles ist. Im Gegenteil folgt aus dem Gesagten, dass für Lacan Sprache *nicht alles* ist. Wenn jenseits der Sprache nichts existiert, das Aussagen über ihren Wahrheitswert treffen kann, so kann sie niemals eine totalisierte Einheit bilden. Zudem muss in diesem Fall das Vermögen zur Bewertung *innerhalb der Sprache* liegen. Lacan inkludiert also die dritte Möglichkeit und genau darauf zielt die folgende Reihe von Aussagen, in denen der Andere ebenso durch die Formel »Die Ordnung der Sprache« ersetzt werden könnte: »Es gibt keinen Anderen des Anderen«, »Der große Andere existiert nicht«, »Der Andere ist nicht alles«, »Der Andere ist gebarrt/inkonsistent« usw. Die Aussage, dass die Wahrheit nicht alles ist und man die Wahrheit nur halb sagen kann (*mi-dire*) ist Teil desselben Arguments.

Aber was genau bedeutet das? Es bedeutet *nicht*, dass die Wahrheit aufgrund eines immer enthaltenen Anteils an Lüge oder betrügerischer Täuschung nicht alles ist. Stattdessen ist die Wahrheit aufgrund der Tatsache nicht alles, dass sie in der Aussage immer und irreduzibel auch eine Wahrheit über sich selbst aussagt. Dies ist das Reale, das die Wahrheit niemals (unmittelbar) aussagen kann und sie dennoch immer begleitet. Die Ordnung der Sprache enthält etwas, das nicht direkt – in der logischen Form s = p – geäußert werden kann und doch immer in der Sprache ausgesagt wird. Zur ganzen Wahrheit können wir nur durch die Abspaltung und Verlagerung dieses Elements auf eine andere, höhere Ebene gelangen. Das Problem ergibt sich aus der Tatsache, dass die Wahrheit eine konstitutive Dimension der Sprache ist. Wir können nichts aussagen, ohne es als wahr zu setzen.[43]

Wann immer wir in einer Konversation »Ich lüge« sagen, postulieren wir damit so etwas wie: »(Es ist wahr, dass) ich lüge.« Versuchen wir aber, dies aus dem Gesagten auszuschließen und es als Aussage auf der Metaebene zu formulieren, erhalten wir: »Es ist wahr, dass ich lüge«, das wiederum mehr enthält und aussagt: »Es ist wahr, dass es wahr ist, dass ich lüge« usw. So erhalten wir eine potenziell unendliche Reihe von Ebenen, auf denen dieselbe Aussage erscheint: $s(s'(s''(s''' \ldots s^n \rightarrow p)))$. Kurz gesagt, wenn wir die Ebene des Aussagens durch dessen explizite Formulierung ausschließen und eine weitere Ebene einführen, vervielfacht sich lediglich das ursprüngliche Problem. Die Feststellung, die Wahrheit sei nicht alles, bedeutet nicht, dass eine Aussage nicht alles äußern kann, also immer etwas bleibt, das nicht gesagt werden kann oder dessen Aussage scheitert. Das Problem ist vielmehr umgekehrt, dass wir in der Äußerung der Wahrheit mehr als die Wahrheit sagen. Der Möglichkeit, die ganze Wahrheit zu sagen, steht nicht so sehr ein Mangel, sondern ein Überschuss im Weg, der an all unseren Äußerungen haftet. Deshalb lässt sich die Ebene des Aussagens nicht vom Ausgesagten trennen. Wäre die Wahrheit keine konstitutive Dimension des Sprechens – also außerhalb der Sprache zu verorten, anstatt ihr inhärent zu sein –, wäre es problemlos möglich, die ganze Wahrheit (und nichts als die Wahrheit) zu sagen. Da dies jedoch nicht der Fall und die Sprache nicht einfach ein Werkzeug ist, mit dem wir ausdrücken können, was immer uns beliebt, gerät die Wahrheit ins Stolpern. Anders ausgedrückt, die Wahrheit ist deshalb nicht alles, weil sie für die Sprache konstitutiv und ihr *zugleich* inhärent ist, sodass es im Bereich der gesprochenen Sprache nicht möglich ist, diese beiden Ebenen, auf denen die Wahrheit operiert, unabhän-

[43] Für eine detailliertere Auseinandersetzung siehe Miller, Jacques-Alain: *Microscopia: An Introduction to the Reading of Television.* In: Lacan, Jacques: *Television.* New York. 1990. S. xx.

gig voneinander zu behandeln. Darüber hinaus handelt es sich bei der Ebene des Aussagens nicht bloß um eine leere Form der Wahrheit, die jede Aussage begleitet (»Es ist wahr, dass …«). Sie ist der Punkt, an dem das Subjekt des Aussagens in die Aussage eingeschrieben ist.

Dasselbe Problem ließe sich durch die Beziehung zwischen Wissen und Genießen (*jouissance*) artikulieren. Wenn wir von Zeug*innen verlangen, die ganze Wahrheit zu sagen, erwarten wir Lacan zufolge genau genommen zweierlei: die Wahrheit hinsichtlich des Wissens zu sagen und zudem etwas zu offenbaren, das ein Urteil über das Genießen erlaubt – also das Genießen zu bekennen. Zeug*innen werden so mit der unmöglichen Forderung konfrontiert, die eigene Position innerhalb des mitgeteilten Wissens zu formulieren. Genau dies ist auf direktem Weg nicht möglich, sondern nur durch eine (zeitliche) Verzögerung – es kann nur rückwirkend von einer anderen Ebene aus geschehen, wodurch sich das Problem jedoch nur verschiebt.

Wie ich bereits dargelegt habe, ist die Wahrheit weder aufgrund eines gewissen Anteils der Lüge noch eines undurchsichtigen oder unbeweglichen Kerns des Realen nicht alles. Der Grund ist stattdessen die Tatsache, dass in jeder Aussage der Wahrheit eine Aussage über die Aussage getätigt wird; er liegt in eben diesem autoreferenziellen Moment, wodurch eine Wahrheit immer auch eine Wahrheit über sich selbst beinhaltet. Lacan nennt diese Verdoppelung bzw. Selbstüberlagerung das Reale. Die Wahrheit ist nicht eine Wahrheit *über* das Reale; das Reale ist die inhärente Grenze der Wahrheit, die diese in Wissen und (Mehr-)Genießen verdoppelt. Mit anderen Worten verdoppelt das Reale die Wahrheit in das Symbolische und das Imaginäre – »das Genießen läßt sich interpellieren, aufrufen, heraustreiben, erarbeiten nur ausgehend von einem Schein«[44], also ausgehend vom Imaginären. Das Reale ist die Kluft zwischen dem Symbolischen und dem Imagi-

[44] Lacan, Jacques: *Encore*. Wien. 2008. S. 100.

nären, sie existiert innerhalb der Wahrheit zwischen dem Wissen und dem Genießen. Die nihilistische Versuchung besteht darin, das Reale entweder auf der einen oder der anderen Seite zu verorten und damit die Verdoppelung aufzuheben, die das Reale der Wahrheit *ist*. In diesem Sinne sind die Askese des Wissens und der Hedonismus des Genießens strikt korrelativ, sie bilden die zwei Seiten der nihilistischen Tendenz. Die entscheidende These, die es aufrechtzuerhalten gilt, lautet, dass die Wahrheit nicht bloß der Überschuss des Aussagens über die Aussage ist, sondern immer *beides*: sowohl die Aussage als auch der Überschuss. So wie wir der Versuchung widerstehen müssen, die Wahrheit ganz auf das Wissen bzw. die Aussage zu reduzieren – und damit Aussagen des Typs »Ich lüge« einfach ausschließen –, müssen wir es ebenfalls unterlassen, die Wahrheit ausschließlich in diesem Überschuss zu lokalisieren und somit auf eine reine Tautologie des Genießens zu beschränken. In diesem Fall gleiten wir unweigerlich ins Imaginäre – und das einzig noch übrige Reale ist das Nichts. Hierbei handelt es sich um eine Form des Nihilismus, die paradoxerweise daraus resultiert, dass die Affirmation völlige Unabhängigkeit erlangt und Nietzsches Theorie der doppelten Affirmation soll genau dies verhindern.

Kants Unterscheidung zwischen objektiven, subjektiven und ästhetischen Urteilen illustriert auf interessante Weise, worauf Nietzsche mit der Idee der doppelten Affirmation abzielt.[45] Ein Blick auf Kants eigenes Beispiel, die »grüne Farbe der Wiesen«, zeigt die Funktion des Objekts in Bezug auf diese drei Stufen oder Typen von Urteilen. Zunächst die objektive Stufe: Die grüne Farbe gehört zum Bereich objektiver Empfindung, bei der Aussage »Die Wiesen sind grün« handelt es sich um ein objektives Urteil. Es folgt die subjektive Stufe: Die Annehmlichkeit des Grüns gehört zum Bereich subjektiver Empfindung, die Aussage »Ich finde Gefallen an grünen Wiesen« ist ein subjektives Urteil,

[45] Siehe Kant, Immanuel: *Kritik der Urteilskraft*. Hamburg. S. 49-52.

das ausdrückt: »Ich möchte so oft wie möglich grüne Wiesen sehen.« Dieses Urteil affirmiert das Objekt, von dem wir uns, so Kant, Vergnügen versprechen und das wir im hiesigen Kontext zuvor als Objekt der Befriedigung bezeichnet haben. Auf der dritten Stufe schließlich betrifft die Affirmation nicht das Objekt, das Grün der Wiesen, sondern dessen Annehmlichkeit, das Vergnügen selbst bzw. die Befriedigung als Objekt. Affirmiert wird hier also die vorangegangene Affirmation, die Empfindung selbst wird zum Objekt (des Urteils). Die Aussage »Die grünen Wiesen sind schön« ist ein Geschmacksurteil, ein ästhetisches Urteil, weder objektiv noch subjektiv. Man könnte es auch als akephales Urteil bezeichnen, da hier das Ich des Urteils ersetzt ist – nicht durch die unpersönliche Neutralität der ersten Stufe, sondern durch den intimsten Teil des Subjekts *als Objekt*, seine Affiziertheit durch eine gegebene Repräsentation. Dem ästhetischen Urteil entspräche die folgende Aussage: »Ich finde Gefallen daran, dass ich an diesem Objekt Gefallen finde.«

Es zeichnet sich bereits ab, wie nah die dritte Stufe Nietzsches Thema der doppelten Affirmation kommt. Es muss eine zweite Affirmation stattfinden, die die erste Affirmation affirmiert. Aus diesem Grund benötigt das dionysische Ja (zu allem, das uns Vergnügen bereitet) zu seiner Vervollständigung die Figur der Ariadne. So wäre auch die in Verbindung mit Nietzsche üblicherweise als Ästhetisierung des Lebens bezeichnete Thematik zu begreifen: Wenn das Leben ein Ja zu einem Ja sein soll, dann bedeutet dies eben, dass es im Sinne Kants ästhetisiert werden muss. Das Leben muss Lust und Leidenschaft – Engagement, Hingabe, Enthusiasmus, Interesse – beinhalten, darüber hinaus aber immer mit einer zusätzlichen Affirmation einhergehen, da es sonst im Nihilismus endet. Doch zugleich, das ist für Nietzsche entscheidend, führt dieses zweite Ja, steht es vollkommen für sich und die Befriedigung selbst wird zum einzigen Objekt der Affirmation, ebenfalls unweigerlich in den Nihilismus. Damit betont Nietzsche, dass die Affirmation der Affirmation für sich genommen nicht den Schlusspunkt bilden kann. Derart isoliert ist es gerade keine Affirmation der Affirmation mehr, sondern eine wahllose und leere Geste der Zustimmung. Nietzsches Figur der Affirmation kann ausschließlich in dieser *doppelten* Form auftreten – oder gar nicht. Ein weißes Quadrat ist nicht dasselbe wie ein weißes Quadrat auf weißem Grund. Die Affirmation erhält ihren Status als Affirmation nur in verdoppelter Form aufrecht und aktiviert so zugleich die Negation. An diesem Punkt ist das Thema der doppelten Affirmation am engsten mit dem Problem der Wahrheit verknüpft, da die Wahrheit die Struktur einer doppelten Affirmation hat – und deshalb ist sie nicht alles.

Wie oben dargelegt, gehen sowohl Nietzsche als auch Lacan von der Inklusion einer dritten Möglichkeit aus, wobei diese in Lacans Konzeption als der Andere des Anderen auftritt. Wir könnten dies auch als Garanten der Wahrhaftigkeit der Wahrheit bezeichnen oder als Garanten der Wahrheit dessen, was in der Sprache als Wahrheit produziert wird. Weiterhin haben wir gesehen, dass die Inklusion einer dritten Möglichkeit mit dem (zweiten) Anderen verbunden ist und keine unabhängige dritte Position besetzt. Nun könnte es so scheinen, als ob auf diese Weise jedes Wahrheitskriterium verloren geht. Aber impliziert Lacans These, dass es keinen Anderen des Anderen und also keine Metasprache gibt, tatsächlich auch, dass kein Garant für die Wahrheit existiert und Wahrheit und Lüge ununterscheidbar sind? Keinesfalls. Sie bedeutet, dass das fragliche Kriterium der *Sprache* selbst inhärent, in ihr *inkludiert* ist. Der Andere ist im Anderen enthalten, genau deshalb ist er nicht alles. Lacan drückt diese Verdoppelung mit einem Neologismus aus, der sich aus dem französischen Wort *langue* ableitet: lalangue. Wo oder was ist aber unser Kriterium, wenn die Unterscheidung zwischen wahr und falsch der Sprache bzw. *lalangue* inhärent ist? Lacans Antwort, die an Nietzsche erinnert, lautet: »Unser Rekurs ist, in lalangue, das, was sie bricht.«[46] Diese Brüche sind nichts anderes als die inneren Hindernisse und Differenzen des Anderen, Einschreibungen in und durch den Anderen, der nicht mit sich selbst übereinstimmt.

An dieser Stelle lässt sich möglicherweise eine Ambiguität aufklären. Sowohl Nietzsche als auch Lacan behaupten eine Affinität zwischen Wahrheit und ›Frau‹. Nietzsche und die Frage der ›Frau‹ ist bekanntermaßen ein kontroverses Thema, über das bereits viel geschrieben wurde. Für den hiesigen Kontext ist jedoch lediglich ein spezifischer Aspekt von Interesse: Nietzsches Aussage, die sich in deutlich elaborierterer Form bei Lacan wiederfindet, »dass die Wahrheit ein Weib ist«.[47] Das erste zu vermeidende Missverständnis ist die Lesart, dass ›Frau‹ die Wahrheit oder das Symptom *eines Mannes* sei. ›Frau‹ kann lediglich die Wahrheit bzw. das Symptom *für* einen ›Mann‹ sein, also insofern sie die Funktion eines Objekts *a* innehat und derart das ›männliche‹ Begehren konstituiert und aufrechterhält. Obwohl ›Frau‹ also auf diese Weise die Wahrheit bzw. das Symptom eines Mannes sein kann, definiert dies nicht ihren ontologischen Status. Lacan ist in dieser Hinsicht explizit: ›Frau‹ kann die Personifikation des Objekts *a* sein, wäre dies jedoch, was sie *ist*, würde ein sexuelles Verhältnis existieren: $\$ \lozenge a$ wäre nicht das Mathem des Phantasmas, sondern das Mathem des sexuellen Verhältnisses. Mit anderen Worten, wir müssen der Versuchung widerstehen, ›Frau‹ ausgehend von dem zu definieren, in dessen Namen ›Mann‹ sie sucht – also im Namen dessen, was sich dem Diskurs entzieht. Gelingt uns dies nicht, wird die Wahrheit bzw. ›Frau‹ zu einem jede Aussage begleitenden, immer präsenten, aber niemals ausgesprochenen Supplement (»Es ist wahr, dass ...«). In diesem Fall ist ›Frau‹ Wahrheit, aber nur, indem sie als stummer Katalysator für die Wahrheit dient – und vom Diskurs ausgeschlossen ist. Dieses Etwas, das zusammen mit und durch

[46] Lacan, Jacques: *Encore*. Wien. 2008. S. 49.
[47] Nietzsche, Friedrich: *Jenseits von Gut und Böse*. In: KSA 5. S. 11.

die Sprache entsteht – der Überschuss des Aussagens über die Aussage – wird isoliert, rückwirkend als unergründliche Bedingung von Sprache gesetzt und somit eliminiert. ›Frau‹ wird ausgeschlossen und zugleich auf einen Sockel gehoben – mit der Aufschrift: ›Frau‹-Wahrheit. Im Gegensatz dazu besteht Lacan zufolge die einzige Affinität zwischen Wahrheit und ›Frau‹ in der Idee des *Nicht-Alles* sowie im immanenten Als-Zwei-Zählen, das diese Vorstellung impliziert.

Die Idee eines immanenten Als-Zwei-Zählens und ihre Relevanz für den Begriff des Anderen ist vielleicht der Schlüssel zu einer merkwürdigen Passage in Lacans Seminar ... *ou pire*, der bereits einige kritische Aufmerksamkeit zuteilwurde, etwa vonseiten Alain Badious.[48] Lacan geht darin so weit zu behaupten, die Zahl Zwei könne niemals ausgehend von den Zahlen Null und Eins erreicht werden. Es gibt, so Lacan weiter, zwischen der Eins und der Zwei eine unüberwindbare Kluft, und aus dieser Perspektive ist die Zahl Zwei bereits unendlich. Hat Lacan etwa vergessen, dass 1 + 1 = 2 ist? Wie kann er als stolzer Kenner der Mathematik vorgeben, das komplexe Problem aktualer Unendlichkeit anzugehen, indem er behauptet, sie wäre unmittelbar vorhanden in der einfachen Zahl Zwei? In der Tat kann man Lacans Gebrauch der Mathematik hier stellen, gleichwohl ist jedoch recht offensichtlich, worauf er abzielt und wo das Problem liegt. Für Lacan ist die Zwei hier nicht einfach eine weitere Zahl, sondern der numerische Signifikant des Anderen. Seine These lautet, dass wir niemals durch die Operation der Addition – von Eins plus Eins – zum Anderen gelangen. Dies entspricht Lacan zufolge exakt dem ›männlichen‹ Umgang mit dem sexuellen Nicht-Verhältnis. ›Mann‹ ist mit dem Anderen in der Form des Objekts *a* konfrontiert, es »ist ihm gegeben, seinen Geschlechtspartner, der der Andere ist, zu erreichen nur über das Mittel dieses, daß er

[48] Badiou, Alain: *Bedingungen*. Zürich. 2011. S. 323-342.

die Ursache seines Begehrens ist.«[49] Allerdings ist dieses *a* immer Eins – mögen es auch »Tausend und drei« sein, wie in *Don Giovanni*, es ist jedenfalls niemals der Andere: a + a ≠ A.

Lacan strebt eine Definition an, die darauf beruht, dass wir in Bezug auf den Anderen mit der Zwei zu zählen beginnen. Was den Anderen betrifft, ist die Zwei die erste Zahl, mit der wir unweigerlich rechnen müssen – wir gehen von einer Spaltung schlechthin aus, der Nicht-Koinzidenz des Selben. Nebenbei bemerkt ist Lacan in diesem Punkt Badiou viel näher, als dieser bereit ist zuzugeben. In seinem Aufsatz *La scène du Deux* erörtert Badiou die »Möglichkeit einer Zwei, die weder als Eins gezählt wird noch die Summe von Eins plus Eins ist«, eine Zwei, »die immanent als Zwei gezählt wird« und »weder eine Verschmelzung noch eine Summierung ist.«[50] Badiou unternimmt also auf seine Art die Konstruktion eines Konzepts einer Zwei, die nicht von der Null und der Eins aus zu erreichen ist und nicht die Summe von Eins plus Eins ist.

Anstatt den Anderen als Einen durch die Aussage »Der Andere existiert« zu affirmieren, postuliert Lacan, dass »eine Zwei existiert«. Er setzt dies axiomatisch als einen anderen Ausgangspunkt, von dem es überhaupt möglich ist, den Anderen als Anderen zu denken. Diese fundamentale Nicht-Koinzidenz mit sich selbst, die den Anderen charakterisiert, ist von der Nicht-Koinzidenz zu unterscheiden, die das Nicht-Verhältnis der beiden Geschlechter konstituiert. Die zwei Geschlechter entsprechen also nicht der oben beschriebenen Figur der Zwei. Um dieses andere Nicht-Verhältnis zu illustrieren, zieht Lacan bekanntlich

---

49 Lacan, Jacques: *Encore*. Wien. 2008. S. 87.

50 Badiou, Alain: *La scène du Deux*. In: Badiou, Alain; Dragonetti, Roger; Grosrichard, Alain; Jacques, Brigitte; Méla, Charles; Roubaud, Jacques: *De l'amour*. Paris. 1999. S. 178. [Anm. d. Ü.: Der hier von Zupančič zitierte Text liegt nicht in deutscher Übersetzung vor. Die Passage wurde unter Berücksichtigung der Originalquelle sowie Zupančičs Übersetzung ins Deutsche übersetzt.]

das Paradoxon von Achilles und der Schildkröte heran: »Achilles, soviel ist klar, kann die Schildkröte nur überholen, er kann sie nicht einholen. Er holt sie nicht ein, außer in der Unendlichkeit.«[51] Dies ist nicht so zu verstehen, dass ›Mann‹ Achilles und ›Frau‹ die Schildkröte ist (ein unerreichbares, opakes, rätselhaftes, träges Wesen, dem ›Mann‹ sich nur unendlich annähern kann, ohne es jemals erreichen und ihm begegnen zu können). Vielmehr sind ›Mann‹ und ›Frau‹ *zwei Varianten des Achilles*, während die Schildkröte das Objekt ist, durch das sie versuchen, einn Verhältnis zueinander zu etablieren – einerseits als Objekt *a* (›Mann‹), andererseits als Φ (›Frau‹). ›Mann‹ ist jener Achilles, der die Schildkröte niemals einholen kann. Erreicht er ihren Punkt A, ist sie bereits an Punkt B angelangt, erreicht er Punkt B, ist sie bereits auf Position C usw. Kurz gesagt, ›Mann‹ verfolgt das metonymische Objekt des Begehrens. ›Frau‹ hingegen ist der (Lacansche) Achilles, der die Schildkröte unweigerlich überholt, sozusagen schon mit dem ersten Schritt, indem er sich von der bereits ursprünglich verdoppelten bzw. gespaltenen Position des Anderen – ›Frau‹ ist bereits ursprünglich nicht alles, der Andere als irreduzible Differenz des Selben – auf sie bezieht.[52] So sind wir mit zwei verschiedenen Differenzen konfrontiert: die irreduzible Differenz des bzw. in Bezug auf den Anderen (die männliche Position) und die irreduzible Differenz innerhalb des Anderen (die weibliche Position). Bezogen auf meine vorangegangene Argumentation hinsichtlich der verschiedenen Modi des Nichts, ließe sich dies wie folgt formulieren: Im ersten Fall handelt es sich um das inkorporierte Nichts, das uns von außen antreibt; im zweiten Fall dagegen um das Nichts als innere Differenz des Selben, die das immanente Als-Zwei-Zählen begründet. Letztere Form des

---

[51] Lacan, Jacques: *Encore*. Wien. 2008. S. 12.

[52] »Da sie im Geschlechtsverhältnis [...] radikal das Andere ist, ist die Frau das, was Verhältnis hat auf dieses Andere. [...] Die Frau hat Verhältnis zu S(Ⱥ) und darin bereits verdoppelt sie sich, ist sie nicht alle, denn, andererseits, kann sie Verhältnis haben mit Φ.« Ebd. S. 88.

Nichts verbindet Nietzsche mit der für seinen Begriff der Wahrheit entscheidenden Idee der doppelten Affirmation, die in der Figur des Mittags ausgedrückt ist: »Um Mittag war's, da wurde Eins zu Zwei …«.[53]

… zum Nichts als minimaler Differenz

Wir können nun aus einer etwas anderen Perspektive auf unsere Ausgangsfrage nach dem Status des Nichts in Nietzsches Philosophie zurückkommen. Welchen Status hätte das Nichts in einer nicht-nihilistischen Konfiguration – eine Negativität, die Nietzsche jenseits von Gut und Böse ansiedelt.

Ein interessanter Ausgangspunkt, um diese Frage anzugehen, ist eine Bemerkung Lacans im Seminar *Die Übertragung*, dass die Formulierung Nietzsches allzu leicht missverstanden wird. Wenn wir ein Verhalten auf diese Weise designieren, meinen wir für gewöhnlich, dass sich die Person nicht im Geringsten um das Gute schert. Der Ausdruck ist zu einer Art Ritornell geworden und wird in der Regel nicht korrekt verwendet – richtiger wäre es, in diesem Fall von jenseits des Guten zu sprechen. Anders ausgedrückt wird die Formel verwendet, um einen Bereich zu umschreiben, in dem das Gute nicht länger in Betracht gezogen wird, während (die Faszination für) das Böse sehr wohl präsent ist. Folgen wir Lacans Logik, ist es selbst dem skandalösen Marquis de Sade lediglich gelungen, die Sphäre des Guten zu überschreiten. In de Sades Literatur büßen die Opfer ihre Schönheit durch die Grausamkeiten, denen sie unterworfen sind, nicht nur nicht ein, sie steigern sie sogar: Bis zum Schluss verhüllt eine erhabene Schönheit trotz ihrer Entblößung die Körper der Opfer. Es geht Lacan hier um den Aufweis der Schutzwälle, die die Menschen errichtet haben, um sich gegen das als böse konnotierte Ding abzuschirmen: Die erste Verteidigungslinie ist das Gute, die

[53] Nietzsche, Friedrich: *Jenseits von Gut und Böse*. In: KSA 5. S. 243.

zweite das Schöne bzw. Erhabene. An diesem Punkt entspringt die enge Verbindung zwischen erhabener Schönheit und dem Bösen bzw. der Gefahr. Nietzsche selbst entwickelt die Idee, dass wir in der Transgression des Guten – oder Indifferenz ihm gegenüber – in die Sphäre des Erhabenen eintreten, was jedoch nicht bedeutet, dass wir tatsächlich jenseits von Gut und Böse sind. Sie steht in Zusammenhang mit der Frage der Erkenntnis und der Wahrheit in einer Passage, die der bereits zitierten vorangeht und die Figur des Ödipus einführt:

> »*Diesem* Willen zum Schein, zur Vereinfachung, zur Maske, zum Mantel, kurz zur Oberfläche [...] wirkt jener sublime Hang des Erkennenden *entgegen*, der die Dinge tief, vielfach, gründlich nimmt und nehmen *will*: als eine Art Grausamkeit des intellektuellen Gewissens und Geschmacks, welche jeder tapfere Denker bei sich anerkennen wird [...]. [...] Es sind schöne glitzernde klirrende festliche Worte: Redlichkeit, Liebe zur Wahrheit, Liebe zur Weisheit, Aufopferung für die Erkenntniss, Heroismus des Wahrhaftigen, — es ist Etwas daran, das Einem den Stolz schwellen macht. Aber wir Einsiedler und Murmelthiere, wir haben uns längst in aller Heimlichkeit eines Einsiedler-Gewissens überredet, dass auch dieser würdige Wort-Prunk zu dem alten Lügen-Putz, -Plunder und -Goldstaub der unbewussten menschlichen Eitelkeit gehört [...]. [...] [M]achen, dass der Mensch fürderhin vor dem Menschen steht, wie er heute schon, hart geworden in der Zucht der Wissenschaft, vor der *anderen* Natur steht, mit unerschrocknen Oedipus-Augen [...] — das mag eine seltsame und tolle Aufgabe sein, aber es ist eine *Aufgabe* — wer wollte das leugnen! Warum wir sie wählten, diese tolle Aufgabe? Oder anders gefragt: ›warum überhaupt Erkenntniss?‹ — Jedermann wird uns darnach fragen. Und wir, solchermaassen gedrängt, wir, die wir uns hunderte Male selbst schon ebenso gefragt haben, wir fanden und finden keine bessere Antwort ....«[54]

[54] Ebd. S. 168-170.

Nietzsche beginnt mit dem »Willen zum Schein, zur Vereinfachung, zur Maske, zum Mantel, kurz zur Oberfläche«, den er zuvor mit dem Gedeihen des Lebens und der Entscheidung für die Unwissenheit identifiziert hatte. Sodann stellt er fest, dass etwas diesem Willen entgegenwirkt, nämlich »jener sublime Hang des Erkennenden«. Damit einhergeht »eine Art Grausamkeit des intellektuellen Gewissens und Geschmacks«, die anzeigt, dass wir die Grenzen des Guten und damit etwaige Abwägungen und Zweifel bereits hinter uns gelassen haben. Wir befinden uns nun auf dem Terrain des Erhabenen und Heroischen, das von der Wahrheit als ethischem – und nicht bloß epistemologischem – Imperativ regiert wird, das Mut erfordert und auf dem die Stärke des Geistes daran gemessen wird, wie viel Wahrheit er erträgt. In einem weiteren Schritt charakterisiert Nietzsche jedoch genau diesen »Heroismus des Wahrhaftigen« und die ihn begleitenden »schöne[n] glitzernde[n] [...] Worte« als »würdigen Wort-Prunk«, der »zu dem alten Lügen-Putz« gehört, also bloß Maske und Mantel ist. Nietzsche erkennt diese angeblich blendende Pracht der reinen Wahrheit als weitere Maske. Sodann führt er die Figur des Einsiedlers mit den »unerschrocknen Oedipus-Augen« ein, die als Symbol für eine Position jenseits von Gut und Böse gelten kann. Der Abschnitt schließt mit einer kurzen Meditation über die Frage: »[W]arum überhaupt Erkenntniss?« Sie resultiert aus der Überschreitung des Guten und der dabei entstehenden Erkenntnis.

Warum also überhaupt Erkenntnis, wenn wir – dies ist ein entscheidender Aspekt des sogenannten modernen Bewusstseins – doch wissen, dass sie weder der Pfad zum Glück noch zur Erlösung ist? Anders formuliert, die Leidenschaft für die Erkenntnis und die Wahrheit erscheint mit allen anderen Leidenschaften als *sinnlos*. Dies ist wiederum eine der Definitionen des Nihilismus. Wir geben Dinge auf, weil sie keinen Sinn ergeben, keine letztgültige Bedeutung haben oder, im Falle des aktiven Nihilismus, wir streben nach dem Nichts als letztem Zweck, glauben an ein

»Finale ins Nichts«.[55] Doch ist, wie Nietzsche es formuliert, »ein Ziel [...] immer noch ein Sinn.«[56] Nietzsche definiert den Nihilismus als psychologischen Zustand, der uns in allem nach einem Sinn suchen lässt. Es sind also nicht nur Aussagen über die Sinnlosigkeit allen Geschehens nihilistisch – gerade das Bedürfnis, allen unseren Erfahrungen eine Bedeutung zuzuschreiben, ist der Höhepunkt des Nihilismus. In dieser Hinsicht ist eine der Bestimmungen eines Jenseits von Gut und Böse eben ein Jenseits des Imperativs der Bedeutung. Und wenn, wie Nietzsche es nahelegt, Erkenntnis und Wahrheit an diesem Punkt die Auseinandersetzung wieder wert sind, dann aufgrund der Abwesenheit einer Antwort auf die Frage nach dem Warum und weil uns *diese Tatsache* nicht mehr kümmert. Dies ist Ödipus' Position (in *Ödipus auf Kolonos*), der trotz seiner tragischen Erfahrung die Suche nach Erkenntnis doch nicht aufgibt.

All dies deutet darauf hin, dass Nietzsche das Begriffspaar Gut und Böse als eine aufeinander bezogene Gleichzeitigkeit behandelt, sodass die Abschaffung des einen Begriffs auch die Abschaffung des anderen nach sich zieht. Am offensichtlichsten wird die Tatsache, dass Gut und Böse für Nietzsche nicht einfach komplementär zueinander, sondern topologisch disloziert und auf einen dritten Term bezogen sind, wahrscheinlich in der Theorie des Nihilismus. Ist nicht die prägnanteste Definition des Nihilismus auf der Grundlage von Nietzsches Überlegungen, dass dieser einen Zwischenzustand, ein Gefangensein zwischen Gut und Böse bezeichnet? Nihilismus wäre dann der Zustand, der mit der Überschreitung des Guten und den damit zusammenhängenden Abwägungen einhergeht, aber nichtsdestotrotz nicht jenseits von Gut und Böse ist. So würde der Nihilismus eine Position zwischen Gut und Böse bedeuten. Wenn es nun richtig ist,

---

[55] Nietzsche, Friedrich: *Nachgelassene Fragmente 1884-1885*. In: KSA 11. S. 213.

[56] Nietzsche, Friedrich: *Nachgelassene Fragmente 1885-1887*. In: KSA 12. S. 46.

dass Gut und Böse topologisch disloziert und auf einen dritten Term bezogen sind, was wäre dieser dritte Term? – Nichts anderes als *das Nichts*. Deshalb hängen Gut und Böse nicht einfach voneinander ab, sodass etwa das Böse die negative Bestimmung des Guten ist. Hinsichtlich der inhaltlichen Dimension dieser beiden Begriffe mag dies gelten, jedoch nicht auf der Ebene ihrer Existenz, also insofern sie zwei unterschiedliche Modi des Willens bilden. Warum ist das so?

Das Gute ist jener Modus des Willens, in dem dieser konstitutiv blind demgegenüber bleibt, was er eigentlich will. Er strebt immer nach etwas und erkennt nicht, dass er eigentlich – das darin verkörperte – das Nichts will. Schematisch ausgedrückt entspricht der Schritt, sich jenseits des Guten zu stellen, der Bewusstwerdung dieser Tatsache. Dies ist das Territorium des Nihilismus, aus dem weiterhin die Differenz zwischen aktivem und passivem Nihilismus folgt, dem Willen zum Nichts und Nichtwollen. Diese beiden Modi des Willens sind jenseits des Guten, zugegebenermaßen jedoch nicht jenseits von Gut und Böse. Der Unterschied zwischen beiden besteht darin, dass letzterer angesichts der ultimativen Überschreitung zögert, während ersterer gerade den Schritt ins Nichts zum Ziel hat. In diesem Fall erkennen wir jene konzeptuelle Tendenz Nietzsches, die Wahrheit mit dem Realen zu identifizieren und mit ihr einen heroischen ethischen Imperativ zu verknüpfen: Die Wahrheit als das Ding wird uns wahrscheinlich das Leben kosten, doch ist es dieser Preis, an dem sich unser Mut messen lassen muss. Gleichwohl kann man von diesem aktiven Willen zum Nichts nicht behaupten, er läge jenseits von Gut und Böse. Obwohl Nietzsche den aktiven Nihilismus höher bewertet als den passiven Nihilismus und seine Paralyse des Willens, lehnt er es ab, sein philosophisches Projekt mit diesem zu identifizieren. Die apokalyptische Perspektive einer doppelten Überschreitung, die im Nichts endet, ist nicht jenseits von Gut und Böse angesiedelt: »[E]s mag sogar puritanische Fanatiker des Gewissens geben, welche lieber noch sich auf ein sicheres Nichts als auf ein ungewisses Etwas sterben legen. Aber dies ist Nihilismus und Anzeichen einer verzweifelnden sterbensmüden Seele«.[57]

Dies gilt es zu berücksichtigen, wenn die Rede vom Jenseits von Gut und Böse noch eine andere Bedeutung als die einer poetischen Phrase haben soll. In einer ersten Annäherung könnten wir annehmen, sie bedeutet, dass wir zunächst jenseits des Guten in eine Art Zwischenraum gelangen, in dem das Böse als ultimativer Schleier des Nichts am Horizont erscheint und uns, sobald wir auch hinter diesen treten, im Nichts wiederfinden – das ist scheinbar die Definition des Jenseits von Gut und Böse. Doch ist klar, dass es Nietzsche um etwas anderes geht. Das Nichts ist nicht irgendein Ort bzw. eine Leere jenseits von Gut und Böse, sondern es strukturiert das Begriffspaar Gut und Böse von innen heraus. Das Nichts mag wohl als das ewig trügerische Objekt erscheinen, das sowohl Gut als auch Böse verfolgen, aber das bedeutet nicht, dass es topologisch außerhalb existiert und von ihnen unabhängig ist. Es bestimmt vielmehr die innere Struktur, Logik und Dynamik bzw. das Tempo von Gut und Böse. Das Nichts steht nicht jenseits von Gut und Böse, es ist das Schlüsselelement, das beide Felder organisiert.

Deshalb kann jenseits von Gut und Böse nur jenseits des Nichts bedeuten, wobei das Nichts eben die Dialektik von Gut und Böse strukturiert. Wenn der Schritt jenseits von Gut und Böse eine Transgression impliziert, dann die des Nichts. Dabei geht es nicht um den Versuch, dem Nichts und der Negativität mit irgendeiner neu belebten, positiven Metaphysik entgegenzutreten – »Denke positiv!«, wie es heißt, wobei die Leere dieser Phrase die Grundlage für einen amüsanten Witz bilden könnte, wäre sie nicht ernst gemeint, was vielleicht schon der Witz ist. Das Nichts verschwindet nicht einfach aus der Gleichung. Die Idee eines Jenseits des Nichts zielt nicht auf die Abschaffung des Nichts, sondern auf die Frage nach dessen *Position* und Form –

---

[57] Nietzsche, Friedrich: *Jenseits von Gut und Böse*. In: KSA 5. S. 23.

nicht als Objekt, sondern als minimale Differenz. Infrage steht, so ließe sich auch formulieren, die Notwendigkeit einer Dezentrierung des Nichts als jener zentrale Punkt, der die Sphäre von Gut und Böse strukturiert.

Insofern ist das Jenseits des Nichts durchaus wörtlich zu verstehen und das bereits erwähnte Paradoxon von Achilles und der Schildkröte kann uns helfen, den Einsatz dieser Behauptung aufzuzeigen. Lacans Lesart zufolge berührt es mehrere wichtige Aspekte, darunter das Problem der Unendlichkeit als infinite Annäherung an eine Grenze sowie das Problem des Nichts als Objekt, hier in der Form der Schildkröte als Objekt *a*, das wiederum zugleich die Ursache der Konfiguration unendlicher Näherung ist. Lacans Kommentar, dass Achilles die Schildkröte, obwohl er sie *überholen* kann, niemals einzuholen vermag, zeigt deutlich, was es bedeutet würde, das Nichts zu *überschreiten*: Es würde bedeuten, es in das *Hier* einzuschreiben. Damit ist das Nichts nicht mehr das unerreichbare Ding, das aufgrund seiner Unerreichbarkeit unser Handeln bestimmt. Um der Kritik vorzubeugen, wir würden hier Nietzsche einfach Lacans Spekulationen unterschieben, sei das folgende Fragment aus Nietzsches *Nachlass* zitiert: »Der moderne Mensch ist dagegen überall gekreuzt von der Unendlichkeit, wie der schnellfüßige Achill im Gleichnisse des Eleaten Zeno: die Unendlichkeit hemmt ihn, er holt nicht einmal die Schildkröte ein.«[58]

Dies ist eine Möglichkeit, den nihilistischen Zustand zu definieren: die Unendlichkeit als das Nichts, dem wir uns unendlich annähern, das unser Begehren bzw. unseren Willen antreibt und gleichzeitig das irreduzible Hindernis, das uns von der Verwirklichung der Unendlichkeit bzw. des Nichts trennt. Die Schildkröte einzuholen ist nicht dasselbe, wie sie zu überholen, ebenso wenig wie der aktive Wille zum Nichts nicht dasselbe ist, wie das Nichts

[58] Nietzsche, Friedrich: *Nachgelassene Schriften 1870-1873*. In: KSA 1. S. 790. Siehe dazu außerdem ebd. S. 848.

zu überschreiten. In letzterem Fall handelt es sich nicht um eine ultimative Transgression, ein Unterfangen, das eine unmenschliche Anstrengung verlangen würde. Es entspricht eher der Überschreitung des Rubikon, die – obwohl es sich doch eher um einen schmalen Flusslauf handelt – eine vollständige Veränderung der Koordinaten eines gegebenen symbolischen Universums nach sich zieht.

Ein anderes Beispiel für die Überschreitung des Nichts wäre, um die Brücke zurück zu Malewitsch und dem Beginn dieser Untersuchung zu schlagen, das schwarze Quadrat auf weißem Grund. Nichts leichter als das – »Das kann ja jedes Kind«, wie man so sagt – und doch wird kein Gemälde bzw. keine künstlerische Bildproduktion überhaupt jemals wieder denselben Status haben wie zuvor. Nie wieder, und das betrifft auch die zeitgenössische figurative Malerei, wird ein Bild, das diesen Namen verdient, wieder als Repräsentation von etwas ihm Äußerlichen betrachtet werden, als unaufhörlicher Versuch einer immer akkurateren Näherung. Dies ist die Einsicht, die sich aus Malewitschs künstlerischem Akt ergibt: Ein Bild kann sich seinem Gegenstand auf diese Weise annähern, es wird diesen Grenzpunkt jedoch nie erreichen, ihn einholen, da dies der Zerstörung bzw. Negation der Kreativität gleichkäme. Der einzige Ausweg besteht also darin, das Objekt zu überholen und mit ihm das Nichts. Folgende Passage aus Malewitschs Schriften ist in dieser Hinsicht äußert treffend:

> »Als die künstlerische Kraft danach strebte, die Kunst auf den Weg des Verstandes zu schicken, war der Ertrag an künstlerischer Schöpfung gleich Null. Selbst in den stärksten Persönlichkeiten war die reale Form eine Mißgestalt. Das Mißgestaltete war bei den Stärksten zu einem Minimum reduziert, erreichte die Null jedoch nicht ganz. Ich aber verwandelte mich in die Nullform und kam jenseits heraus [...]. [...] [S]o gehe ich zum Suprematismus über, zum neuen malerischen Realismus, zum gegenstandslosen Schaffen.«[59]

---

[59] Malewitsch, Kasimir: *Vom Kubismus zum Suprematismus in der*

Wir können in diesem Abschnitt eindeutig zwei verschiedenen Lo-

---

Kunst, zum neuen Realismus in der Malerei, als der absoluten Schöpfung. In: Baumeister, Christiane; Hertling, Nele (Hg.): *Sieg über die Sonne: Aspekte russischer Kunst zu Beginn des 20. Jahrhunderts. Schriftenreihe der Akademie der Künste, Band 15.* Berlin. 1983. S. 141. Malewitsch vergleicht die Kunst in seinem Essay auch mit einem »Kamel, beladen mit allerlei Plunder« und bemerkt: »Die Maler waren Untersuchungsrichter, die mit polizeilicher Vollmacht verschiedene Protokolle erstellten [...]. Ebenso waren die Künstler Advokaten, [...] Botaniker, Zoologen, Archäologen und Ingenieure [...].« Ebd. S. 135-136. [Anm. d. Ü: Die zweite hier zitierte Passage ist in den ins Deutsche übersetzten Fassungen nicht enthalten. Allerdings existiert eine ähnlich lautende Passage, die hier stattdessen zitiert wurde. Vgl. dazu Malewitsch, Kasimir: *From Cubism and Futurism to Suprematism.* In: Malewitsch, Kasimir: *Essays on Art. 1915-1928. Volume 1.* London. 1969. S. 26.] Beide Vergleiche erinnern stark an Nietzsche, insbesondere wenn wir bedenken, dass Malewitsch dessen Werk kannte. Der Bezug auf das Kamel als eine der drei Hauptfiguren in *Also sprach Zarathustra* (Kamel, Löwe, Kind), das den Geist der Schwere repräsentiert, ist recht offensichtlich: »Und wir — wir schleppen treulich, was man uns mitgiebt, auf harten Schultern und über rauhe Berge! Und schwitzen wir, so sagt man uns: ›Ja, das Leben ist schwer zu tragen!‹ Aber der Mensch nur ist sich schwer zu tragen! Das macht, er schleppt zu vieles Fremde auf seinen Schultern. Dem Kameele gleich kniet er nieder und lässt sich gut aufladen. Sonderlich der starke, tragsame Mensch, dem Ehrfurcht innewohnt: zu viele *fremde* schwere Worte und Werthe lädt er auf sich, — nun dünkt das Leben ihm eine Wüste!« Nietzsche, Friedrich: *Also sprach Zarathustra.* In: KSA 4. S. 243. Bezeichnungen wie Staats-Beamte oder philosophische Arbeiter verwendet Nietzsche häufig im Zusammenhang mit unproduktiven Formen der philosophischen oder wissenschaftlichen Auseinandersetzung, wie etwa das folgende Beispiel aus der *Götzen-Dämmerung* zeigt: »*Aus einer Doctor-Promotion.* — ›Was ist die Aufgabe alles höheren Schulwesens?‹ — Aus dem Menschen eine Maschine zu machen. — ›Was ist das Mittel dazu?‹ — Er muss lernen, sich langweilen. — ›Wie erreicht man das?‹ — Durch den Begriff der Pflicht. — ›Wer ist sein Vorbild dafür?‹ — Der Philolog: der lehrt *ochsen.* — ›Wer ist der vollkommene Mensch?‹ — Der Staats-Beamte. — ›Welche Philosophie giebt die höchste Formel für den Staats-Beamten?‹ — Die Kant's: der Staats-Beamte als Ding an sich zum Richter gesetzt über den Staats-Beamten als Erscheinung.« Nietzsche, Friedrich: *Götzen-Dämmerung.* In: KSA 6. S. 129-130.

giken erkennen: Eine treibt die Entstellung bis zum Verschwinden, zum Nichts, überschreitet dessen Grenzen aber nicht, während die andere zum Nullpunkt wird und so vom Nichts zur Schöpfung gelangt. Dabei ist wichtig, darauf hinzuweisen, dass es sich bei Malewitschs Quadraten nicht um Abstraktionen oder den Versuch der Reinigung realer Formen handelt, die auf das reine Wesen der Form abzielt. Auch sind sie kein Endpunkt, der ultimative Schleier des Nichts, eher ein erster Schleier *nach* dem Nichts – dementsprechend wäre wohl der rätselhafte Titel der Ausstellung 1915 in Petrograd zu verstehen, bei der Malewitsch sein *Schwarzes Quadrat* zum ersten Mal präsentierte: *0, 10*. Malewitschs Malerei für ihre Radikalität zu schätzen und zugleich aufgrund ihrer Extremität zur Sackgasse zu erklären, die es nun etwa verlangt, in der einen oder anderen Form zur figurativen Malerei zurückzukehren, verfehlt den entscheidenden Punkt vollkommen. Malewitschs Geste ist weder extrem noch markiert sie einen Schlusspunkt, sie ist vielmehr ein Aufbruch. So wäre das *Weiße Quadrat auf weißem Grund* in gewisser Weise als der Beginn der modernen Malerei zu betrachten, wobei diese Aussage keine chronologische Bestimmung der Geburtsstunde der modernen Kunst, sondern konzeptuell zu verstehen ist. Malewitschs *Weißes Quadrat* ist nicht einfach ein der modernen Malerei zugehöriges Gemälde unter vielen. Es könnte als das Gemälde aufgefasst werden, das die Grundvoraussetzungen der modernen Kunst verkörpert, den Wendepunkt oder Bruch, der das Zentrum der modernen Kunst und unsere Vorstellung von ihr bestimmt; ein Bruch mithin, der einen gänzlich neuen Begriff der Repräsentation einführt, der die Idee der Repräsentation eines Objekts für ein Subjekt hinter sich lässt. Zudem ist es das Bild des ersten Bildes nach dem Nullpunkt und die anschließende Entwicklung hin zu neuen Formen figurativer Malerei untergräbt diese Behauptung in keiner Weise. Sie ist weder Rückschritt aus der Sackgasse der radikalen Abstrakten Kunst noch ein Schritt in eine andere Richtung. Es handelt sich um eine Weiterentwicklung, da die Figur auf der Leinwand nie wieder denselben

Status wie zuvor haben wird. Wann immer wir jetzt ein gemaltes Objekt betrachten, sagen wir eine Pfeife, so wissen wir: »*Ceci n'est pas une pipe.*«

Die jenseits von Null bzw. jenseits des Nichts gemalten Objekte sind nicht länger Erscheinungen oder Repräsentationen wahrer Objekte. Stattdessen sind sie Erscheinungen ihrer selbst und *genau das macht sie wahr* (oder nicht). So können wir einerseits Lacans These begreifen, die Wahrheit habe die Struktur einer Fiktion – das heißt, sie kann nur anhand ihrer selbst gemessen werden – und andererseits Nietzsches, dass die Wahrheit lediglich in den »hellere[n] und dunklere[n] Schatten und Gesammttönen des Scheins« zu finden ist.[60] Nietzsches Wette auf den Schein ist keine Wette *gegen* die Wahrheit, es ist eine Wette darauf, dass die Wahrheit dem Schein inhärent ist. Die verschiedenen Schattierungen des Scheins setzen eine Konfiguration voraus, die sich von jener unterscheidet, die auf der Unterscheidung zwischen dem realen bzw. wahren Objekt und dessen Bild bzw. Erscheinung beruht. Das Objekt ist dem Bild oder der Repräsentation nicht länger äußerlich, sodass ein Vergleich möglich wäre, sondern inhärent: Es ist die eigentliche Beziehung, beispielsweise eines Bildes zu sich selbst. Mit anderen Worten, die Repräsentation repräsentiert das, was der Akt der Repräsentation selbst hervorbringt.

Über das Nichts hinauszugehen, bedeutet selbstverständlich nicht, dass das Nichts bzw. die Negativität verschwindet. Malewitschs Schöpfungen jenseits des Nichts machen nicht ein für alle Mal Schluss mit dem Nichts. Nehmen wir das *Weiße Quadrat auf weißem Grund* – wo finden wir das Nichts in diesem Bild? Es weilt inmitten des Weiß: Es ist der kürzeste Schatten, die minimale Differenz des Selben. Negativität bildet keinen Hintergrund, der die Dinge hervortreten lässt und uns ermöglicht, das Positive zu erkennen. Sie befähigt uns, das Eine als konstitutiv

---

[60] Nietzsche, Friedrich: *Jenseits von Gut und Böse*. In: KSA 5. S. 53-54.

Zwei, das Weiß als Weiß und Weiß bzw. Weiß auf Weiß zu sehen, wenn wir für gewöhnlich nur das Eine wahrnehmen. Das Nichts bildet nicht den Hintergrund dieses Bildes – es befindet sich mitten im Bild. Wie ich bereits wiederholt betont habe, ist der Mittag bei Nietzsche auf genau diese Weise definiert: als »Augenblick des kürzesten Schattens«, wenn »Eins zu Zwei« wird.

Wenn Nietzsches Formel »Jenseits von Gut und Böse« eine Affirmation der Neutralität des Lebens als Affirmation des Seins in all seiner divergenten Logik andeutet – was bedeutet dies, um Badious Begriffe zu verwenden, für die Beziehung zwischen Sein und Ereignis? Für Nietzsche ist das Ereignis der Zeitpunkt, wenn das Sein in seiner ganzen Neutralität erscheint. Das Ereignis ist nicht das Andere des Seins; es ist keine Begegnung mit etwas, das uns in Bezug auf die Ordnung und Gesetzmäßigkeiten des Seins als radikal kontingent erscheint. Das Ereignis lässt uns das Sein selbst sowie seine Ordnung und Gesetzmäßigkeiten als radikal kontingent erfahren. Deshalb verknüpft Nietzsche seine Formel mit dem »Himmel Zufall, de[m] Himmel Unschuld, de[m] Himmel Ohngefähr, de[m] Himmel Übermuth«[61] – in einem Wort: dem Himmel des Mittags.

Dieses letzte Attribut des Mittags unterhält eine intrinsische Verbindung zu einem Element, das bisher nur kurz im Vergleich mit Benjamins messianischem Moment angeklungen ist, nämlich dem Moment des *Stillstands* – »Der Zeiger rückte, die Uhr meines Lebens holte Athem«; »Es wird still um ihn, die Stimmen klingen fern und ferner; [...] sein Herz steht still, nur sein Auge lebt«. Dieser Moment, wenn das Leben – mit allem, was es beinhaltet: Begehren, Illusion, Genießen – stillsteht und Atem holt, präsentiert sich bei Nietzsche als eine Art Perspektivwechsel: Wir sehen aus der Sicht der Dinge, der toten Dinge, die uns ansehen. Folglich ist Nietzsches Messianismus im Kontext der Figur des Mittags nicht die Erwartung eines Erlösers, der die

[61] Nietzsche, Friedrich: *Also sprach Zarathustra*. In: KSA 4. S. 209.

Menschheit von ihren Ketten und ihrem Leid befreit. Der Messias ist der Mittag selbst als ein ständig gegenwärtiger Moment unseres Seins. Genau hier liegt die befreiende Dimension des Mittags als Stillstand – er ist eine Perspektive auf das Leben aus dem Leben selbst, die an sich befreiend ist. Man könnte gewissermaßen sagen, dass der Mittag eine Perspektive eröffnet, aus der das Leben nicht mehr notwendigerweise einfach seinen (scheinbaren) Lauf nimmt, sondern zahlreiche Wege und Verzweigungen bereithält. Gleichwohl bedeutet diese Wahrnehmung verschiedener Möglichkeiten oder Welten und ihre befreiende Wirkung keine fundamentale Offenheit des Seins, die es uns erlauben würde, frei zu wählen und unseren Lebensweg beliebig zu bestimmen. Befreiend ist sie vielmehr dadurch, dass wir aus der Perspektive des Mittags die eigentliche Notwendigkeit dessen erkennen, was *ist*, in Anbetracht der Kontingenz – mit der zusätzlichen Qualifizierung, dass die Kontingenz zu begrüßen auch bedeutet, die Notwendigkeit anzunehmen. Sehen wir uns aber zunächst die entsprechende Passage in Gänze an:

> »Wahrlich, ein Segnen ist es und kein Lästern, wenn ich lehre: ›über allen Dingen steht der Himmel Zufall, der Himmel Unschuld, der Himmel Ohngefähr, der Himmel Übermuth.‹
>
> ›Von Ohngefähr‹ — das ist der älteste Adel der Welt, den gab ich allen Dingen zurück, ich erlöste sie von der Knechtschaft unter dem Zwecke. Diese Freiheit und Himmels-Heiterkeit stellte ich gleich azurner Glocke über alle Dinge, als ich lehrte, dass über ihnen und durch sie kein ›ewiger Wille‹ — will.«[62]

Diese Passage ist aus gleich mehreren Gründen von Bedeutung. Sie sollte nicht so verstanden werden, dass hier der Zufall gegen die Notwendigkeit ausgespielt wird. Notwendigkeit und Zweck – »ewiger Wille« – sind nicht dasselbe. Zudem steht sie im Zusam-

[62] Ebd. S. 209.

menhang mit Nietzsches Idee der Ewigen Wiederkunft und der damit verbundenen Affirmation, der Bejahung. Beide Aspekte sind bekanntermaßen mit Nietzsches Empfehlung des *amor fati* verknüpft: »Das Nothwendige nicht bloss ertragen, noch weniger verhehlen [...], sondern es *lieben*«.[63] Wenn also »der Himmel Zufall, [...] der Himmel Ohngefähr« die Idee des Zwecks und eines ewigen, durch die Dinge wirkenden Willens aufhebt, betrifft das keineswegs den Begriff der Notwendigkeit. Aufgehoben wird in dieser Hinsicht lediglich die Notwendigkeit der Notwendigkeit. Zwar existiert die Notwendigkeit und die Dinge sind deshalb so, wie sie sind. Und doch ist gerade diese Notwendigkeit, die Tatsache, dass die Dinge so sind, wie sie sind, ein Ergebnis des Zufalls. Die Notwendigkeit wird als kontingent erkannt. Aus diesem Grund begegnet Nietzsche der Idee des freien Willens mit Ablehnung und Spott: Die Idee des freien Willens – im Sinne der freien Entscheidung – wird nicht von der Notwendigkeit, sondern von der Kontingenz durchkreuzt, der Kontingenz am Ursprung der gewordenen Notwendigkeit. Im Sinne Nietzsches könnten wir sagen, dass jede partikulare Notwendigkeit ein Kind der Kontingenz ist. Sie ist mit dem freien Willen nicht zu beherrschen, jedoch besteht die Möglichkeit, sie anzunehmen und zu affirmieren. Dieser Akt der Akzeptanz umfasst unweigerlich zwei Dinge zugleich: einerseits das Geschehene als notwendiges Resultat der Kontingenz und andererseits die Kontingenz selbst anzunehmen. Mit der Akzeptanz der Kontingenz geht die Akzeptanz der Notwendigkeit einher.

Damit kehren wir zum Thema der doppelten Affirmation zurück. Wenn Nietzsche nicht müde wird zu wiederholen, der Mensch müsse noch lernen zu wollen – »dass ihr alles *halbe* Wollen von euch abthätet«, » seid erst Solche, die *wollen können*!«[64] –, dann geht es um Folgendes: Der Mensch muss den Willen als verdoppelt begreifen. Wenn man etwas wirklich will, so will man

[63] Nietzsche, Friedrich: *Ecce Homo*. In: KSA 6. S. 297.

[64] Nietzsche, Friedrich: *Also sprach Zarathustra*. In: KSA 4. S. 216.

auch den Zufall, der diese Sache hervorgebracht hat und umgekehrt: Wenn man die Kontingenz will, so will man auch das, was diese Kontingenz notwendig mit sich bringt. Anderenfalls ist der Wille selbst gelähmt, verfällt dem »Geist der Rache« und »Zähneknirschen«. In *Also sprach Zarathustra* drückt Nietzsche diese doppelte Dimension des Willens auch als Fähigkeit zur Rückwendung aus: »Alles ›Es war‹ ist ein Bruchstück, ein Räthsel, ein grauser Zufall — bis der schaffende Wille dazu sagt: ›aber so wollte ich es!‹«[65] Dieses Thema wird bisweilen als Form der voluntaristischen Aneignung oder Aufhebung der Notwendigkeit und dessen ursprünglicher Kontingenz (fehl)gedeutet: Was immer auch geschieht, wird rückwirkend als gewollt postuliert. Dies wäre allerdings bloß ein Verhehlen der Notwendigkeit aus Eitelkeit und etwas völlig anderes als das Notwendige zu *lieben*. Wenn Zarathustra behauptet, sein Wille könne den Zufall beherrschen[66], heißt das nicht, ihn in etwas zu verwandeln, das vom Willen bestimmt wird. Im Gegenteil kann der Wille den Zufall gerade dadurch beherrschen bzw. entwaffnen, indem er ihn als Zufall will. Damit ist die Rückwendung des Willens nichts anderes als die Affirmation, die Bejahung der kontingenten Notwendigkeit bzw. der unausweichlichen Notwendigkeit der Kontingenz.

So wäre also die These zu verstehen, dass jeder wahre Wille zwei zeitliche Dimensionen, Vergangenheit und Zukunft betrifft und jede doppelte Affirmation entsprechend dem Futur II strukturiert ist: nicht im Sinne eines »Ich will dies«, sondern als »Ich werde dies gewollt haben«. Das ist der zentrale Unterschied zwischen dem Hinnehmen und Ertragen und der *Liebe* des Notwendigen. Letztere ist nicht bloß ein einfaches Ja, es ist ein Ja zum Notwendigen als Ja zur Kontingenz. Es ist nicht nur eine Bejahung dessen, was *ist*, sondern auch dessen, was *nicht ist*. Die

---

[65] Ebd. S. 181.
[66] Ebd. S. 215-216.

doppelte Affirmation hält den Platz für das offen, was nicht ist, und verhindert damit die Schließung der Notwendigkeit.

Die Affirmation der Kontingenz im oben entwickelten Sinne wirkt sowohl befreiend als auch bindend. Den »Himmel Zufall« über alle Dinge zu stellen, bedeutet keine abstrakte Form der Freiheit. Es ist keine losgelöste oder gleichgültige Freiheit, nicht die Freiheit beliebig zwischen verschiedenen Optionen zu wählen. Es handelt sich um eine konkrete Freiheit, deren Logik umgekehrt funktioniert: Wir erlangen Freiheit, indem wir etwas wirklich – also doppelt – wollen. Es ist das Einlassen auf die Notwendigkeit, die uns befreit. Und so ist *amor fati*, die Liebe des Schicksals oder der Notwendigkeit, auf immanente Weise bereits die Liebe zur Kontingenz oder, wie Nietzsche ebenfalls nahelegt, Liebe *tout court*.

Addendum: Liebe als Komödie

Der Gegenstand dieses wesentlichen Appendix ist mit den bisher untersuchten Motiven verknüpft, wobei Nietzsche selbst darin nicht diskutiert wird. Es ist eine kurze Studie über die Logik der Komödie und ihre inhärente Verwandtschaft mit dem Funktionieren der Liebe oder auch: mit der Liebe, die funktioniert. Selbstverständlich sind die Komödie und das Lachen eng mit Nietzsches Philosophie verbundene Themen, während die Liebe vielleicht die greifbarste Figur der Zwei ist – nicht einfach im Sinne eines Paares, sondern als Figur, die (lokal) die ewige Antinomie des Begehrens bzw. Willens und des Genießens (des Dings oder des Nichts) auflöst, und zwar durch die Artikulation auf gleicher Ebene, als minimale Differenz des Selben. Der Wert dieses Anhangs in Bezug auf Nietzsche besteht allerdings nicht darin, dass er unter anderem Aspekte berührt, die für Nietzsche Relevanz besaßen. Interessant ist er im hiesigen Zusammenhang vielmehr deshalb, weil die Argumentation, obwohl sie eine gänzlich unabhängige Fragestellung behandelt und zudem in einem anderen Kontext entwickelt wurde, den Kern der zuvor erörterten Themen betrifft: Nietzsches Theorie der Zwei sowie die Wahrheit als Montage zweier Erscheinungen. Aus diesem Grund habe ich diesen Essay dem Haupttext in seiner ursprünglichen Form beigeordnet, ohne dass eine Integration oder Neuanordnung seiner Komponenten unternommen wurde.

In Lacans Seminar *Die Angst* finden wir die folgende merkwürdige Aussage: »Allein die Liebe erlaubt es dem Genießen, sich zum Begehren herabzulassen.«[1] Das Eigenartige daran ist selbstverständlich die Verbindung zwischen Liebe *als Sublimierung* und der Bewegung des Herablassens. Bekanntermaßen impliziert Lacans kanonische Definition der Sublimierung in *Die Ethik der*

[1] Lacan, Jacques: *Die Angst*. Wien. 2010. S. 224.

Psychoanalyse gerade die gegenteilige Bewegung, ein Aufsteigen – die Sublimierung erhebt das Objekt zur Würde des (freudschen) Dings.[2] Nach dieser Definition wird die Sublimierung mit dem Akt der Hervorbringung des Dings in seiner eigentlichen Transzendenz und Unerreichbarkeit sowie seines erschreckenden und/oder unmenschlichen Aspekts identifiziert – wie etwa im Falle der Dame in der höfischen Liebe, die Lacan zufolge den Status des »unmenschlichen Partner[s]« hat.[3] Doch hinsichtlich dieser besonderen Form der Sublimierung namens Liebe, die demnach der höfischen Liebe als Verehrung des erhabenen Objekts entgegengesetzt ist, stellt Lacan fest, dass sie es der *jouissance* erlaubt, sich zum Begehren herabzulassen, also die *jouissance* zu vermenschlichen.[4]

Diese Bestimmung ist nicht nur in Bezug auf die Sublimierung überraschend, sondern auch im Hinblick auf unser gewöhnliches Verständnis der Liebe. Ist die Liebe nicht immer die Verehrung eines erhabenen Objekts, auch wenn sie nicht zwangsläufig die radikale Form der höfischen Liebe annimmt? Erhebt sie nicht immer ihr Objekt, das für sich genommen recht banal sein kann, zur Würde des Dings? Wie sollen wir den Begriff der Liebe in Lacans Seminar *Die Angst* verstehen?

Lacan zeigt uns einen Weg auf diese Fragen zu beantworten, wenn er in *Die Übertragung* festhält, »daß die Liebe ein komisches Gefühl ist.«[5] Anstatt also zu versuchen, diese Fragen unmittelbar anzugehen, sollten wir unsere Untersuchung auf eine Form der Sublimierung richten, die unbestreitbar der ersten oben zitierten Definition entspricht: Die Kunst der Komödie. Dies wird es uns erleichtern zu begreifen, wie sich die Liebe darin einfügt. Dabei wird uns die folgende Frage leiten: Wie situiert das komische Paradigma das Reale im Verhältnis zum Ding?

---

[2] Lacan, Jacques: *Die Ethik der Psychoanalyse.* Wien. 2016. S. 139.

[3] Ebd. S. 185.

[4] Vgl. Lacan, Jacques: *Die Angst.* Wien. 2010. S.213-227.

[5] Lacan, Jacques: *Die Übertragung.* Wien. 2008. S. 52.

Für die Kunst der Komödie können wir in der Tat feststellen, dass darin eine gewisse Herablassung des *Dings* auf die Ebene des Objekts stattfindet. Doch geht es in guten Komödien nicht einfach um die Herabsetzung eines erhabenen Objekts, das so der Lächerlichkeit preisgegeben wird. Obwohl auch dies uns zum Lachen bringen kann – in Übereinstimmung mit der Freudschen Definition, insofern es dabei zu einer Entladung libidinöser Energie kommt, die zuvor in die Aufrechterhaltung des sublimen Aspekts des Objekts investiert war –, ist ebenfalls klar, dass dies für das Funktionieren einer guten Komödie nicht ausreicht. Wie schon Hegel sehr genau wusste, ist genuin komisches Lachen kein höhnisches Lachen, keine Schadenfreude, und es gehört viel mehr zur Komödie als bloß eine Variation der Aussage: »Der Kaiser ist nackt!« Als Erstes können wir somit konstatieren, dass wahre Komödien weniger die Nacktheit oder Leere hinter dem Schein enthüllen, sondern Leere (oder Nacktheit) vielmehr *konstruieren.*

Gute Komödien entwerfen eine ganze Reihe von Situationen, in denen diese Nacktheit aus verschiedenen Perspektiven erkundet, also im Prozess ihrer Zurschaustellung erzeugt wird. Sie enthüllen das Ding nicht, eher nehmen sie sich die Kleider her und sagen: »Nun, hier haben wir Baumwolle, Polyamid, ein Paar schicke Schuhe – fügen wir all das zusammen und siehe da: das Ding.« So ließe sich sagen, dass Komödien das Ding aus lacanschen *a*-Elementen – imaginäre Elemente der Fantasie – zusammensetzen, und zwar ausschließlich. Gleichzeitig ist es für eine gute Komödie essenziell, die Kluft zwischen dem Ding und den *a*-Elementen nicht einfach abzuschaffen. Dies würde der Lektion gleichkommen, dass das Ding nicht mehr ist als die Summe seiner (imaginären) Teile und sie dessen einziges Reales bilden. Das Aufrechterhalten bzw. die Konstruktion eines gewissen *entre-deux* oder Intervalls ist für eine gute Komödie ebenso wichtig wie für eine gute Tragödie. Anstatt jedoch mit der Differenz bzw. Diskordanz zwischen der Erscheinung des Dings und seinem realen Rest bzw. seiner Leere zu spielen, bedienen sich die Komödien in der

Regel eines anderen Tricks: sie verdoppeln das Ding und spielen mit der Differenz zwischen den beiden Dubletten. Anders ausgedrückt ist es nicht die Differenz zwischen dem Ding selbst und seiner Erscheinung, die den Motor der Komödie bildet, sondern die Differenz zwischen zwei Erscheinungen.

Erinnern wir uns an Chaplins *The Great Dictator*, in dem das Ding namens Hitler in doppelter Gestalt als Diktator Hynkel und jüdischer Friseur auftritt. Wie Gilles Deleuze hervorgehoben hat, ist dies die Chaplinsche Geste *par excellence*. Wir finden sie ebenfalls in *City Lights* sowie *Monsieur Verdoux*. Chaplins Genie, so Deleuze, besteht in der Fähigkeit, »die minimale Differenz zwischen zwei treffend ausgewählten Aktionen« zu schaffen sowie einen »geschlossene[n] Kreislauf aus Lachen und Rührung: jenes verweist auf die kleine Differenz, diese auf den großen Unterschied, ohne daß das eine das andere tilgen oder auch nur schmälern würde, sondern eines löst das andere ab und verstärkt es dabei.«[6] Hierbei handelt es sich um eine wichtige Einsicht, die uns helfen wird, den Mechanismus der Komödie ebenso zu spezifizieren wie den der Liebe. Zunächst sollten wir jedoch die minimale Differenz näher bestimmen. Man könnte sagen, dass sie eine Spaltung im Zentrum des Selben bedeutet. Betrachten wir, um dies zu veranschaulichen, eine weitere komische Szene, eine Pointe aus einem der Marx Brothers Filme: »Er sieht vielleicht aus wie ein Idiot und er redet wie ein Idiot, aber lassen Sie sich nicht täuschen. Er ist wirklich ein Idiot.« Als philosophischeres Beispiel käme auch Hegels Theorie der Tautologie infrage: Wenn ich sage »A ist A«, sind die zwei A nicht genau das Selbe. Die bloße Tatsache, dass das eine die Position des Subjekts, das andere aber die des Prädikats einnimmt, führt zwischen ihnen eine minimale Differenz ein. Wir können also sagen, dass die Kunst der Komödie diese minimale Differenz schafft und ins Werk setzt, um ein

---

6 Deleuze, Gilles: *Das Bewegungs-Bild. Kino 1*. Frankfurt am Main. 1990. S. 232.

gewisses Reales fassbar zu machen, das sich unserem Zugriff sonst entzieht. Und wir könnten sogar noch weiter gehen und behaupten, dass innerhalb des komischen Paradigmas das Reale ausschließlich die Form dieser minimalen Differenz annimmt – es hat keine andere Substanz oder Identität.

Die Pointe der Marx Brothers erlaubt es uns zudem zwischen den zwei Formen des Akts zu unterscheiden: einerseits dem Publikum ein (erhabenes) Ding als eigentlich armselig und banal zu offenbaren und es andererseits als Erscheinung zu behandeln. Im Gegensatz zur allgemeinen Auffassung lautet das Axiom guter Komödien nicht, dass der Schein trügt, sondern vielmehr, dass darin etwas liegt, das niemals trügt. Im Anschluss an die Marx Brothers ließe sich festhalten, dass die einzig wesentliche Täuschung des Scheins darin besteht, den Eindruck zu vermitteln, es läge etwas Verborgenes dahinter.[7] Eine der fundamentalen Gesten guter Komödien ist es, das hinter dem Schein Verborgene zum Vorschein zu bringen. Sie offenbaren die Wahrheit bzw. das Reale nicht, sie bringen sie zur Erscheinung. Um es noch anders zu formulieren: Sie ermöglichen es dem Realen, sich zum Schein herabzulassen – in der Form einer Spaltung im Zentrum der Erscheinung. Das bedeutet nicht, dass sich das Reale bloß als eine weitere Erscheinung erweist; es bedeutet, dass es gerade *als Erscheinung* real ist.

Als Beispiel bietet sich wiederum der Beginn des Films *The Great Dictator* an, wenn Chaplin seine berühmte Hitler-Imitation gibt und in der Gestalt Hynkels zur Menge spricht. Wenn wir üblicherweise bei solchen Reden danach fragen müssen, was der

[7] Dies steht in Verbindung zum Apolog von Zeuxis und Parrhasios, den Lacan im Seminar XI *Die vier Grundbegriffe der Psychoanalyse* aufgreift: Zeuxis malt Trauben, die so echt wirken, dass sie selbst die Vögel täuschen. Parrhasios wiederum gelingt es, Zeuxis zu täuschen, indem er einen Schleier malt, der so täuschend echt wirkt, dass Zeuxis ihn bittet, er möge ihm zeigen, was er dahinter gemalt habe. Lacan, Jacques: *Die vier Grundbegriffe der Psychoanalyse.* Wien. 2015. S. 109.

Redner *wirklich* gesagt hat, also nach der wirklichen Bedeutung der Worte, zeigt Chaplin uns die unterschwellige Bedeutung auf direktestem Weg – und zwar indem er die Frage nach der Bedeutung selbst eliminiert. Er spricht eine nicht existente Sprache, eine seltsame Mischung aus deutschen sowie lediglich deutsch klingenden Wörtern ohne Bedeutung. Die Szene wird zeitweilig von der Stimme eines englischen Dolmetschers unterbrochen, der Hynkels Rede übersetzen und zusammenfassen soll, dabei aber offensichtlich versucht, die Rede zu verharmlosen. Aufgrund ihrer offensichtlichen Fehler und Auslassungen bringen uns diese Unterbrechungen ebenso wie Chaplin selbst zum Lachen. Zudem ist diese Tatsache wiederum selbst komisch, da wir Hynkels Rede eigentlich nicht *verstehen* und dementsprechend nicht mit der Übersetzung vergleichen können. Wir verstehen Hynkels Rede also nicht, wissen aber sicher, dass die Übersetzung falsch ist. Noch anders formuliert, begegnet uns nie das Ding an sich, doch sind wir durchaus in der Lage, es von seiner falschen Erscheinung zu unterscheiden. Letztlich sind wir mit zwei fingierten Reden konfrontiert und wissen zugleich sehr genau, was Hynkel sagt.

Mit *To Be or Not to Be*, einem seiner besten Filme, liefert Ernst Lubitsch ein weiteres ausgezeichnetes Beispiel für den Umgang der Komödie mit dem Ding, das auch in diesem Fall Hitler ist. Zu Beginn des Films gibt es eine brillante Szene, in der eine Schauspieltruppe ein Stück probt, in dem Hitler auftritt. Der Regisseur kritisiert unablässig, dass das Make-up des Schauspielers, der Hitler verkörpert, schlecht sei, dieser Hitler überhaupt nicht ähnlich wirke und er vor sich nur einen gewöhnlichen Mann sähe. Daraufhin entgegnet einer der Schauspieler, dass Hitler auch nur ein gewöhnlicher Mann *ist*. Wäre hier Schluss, würde es sich um eine didaktische Bemerkung mit einem gewissen Wahrheitsgehalt handeln, die uns mangels Komik und ihrem besonderen Modus der Wahrheitstransmission jedoch nicht zum Lachen bringt. Die Situation setzt sich also fort: Immer noch unzufrieden, versucht der Regisseur verzweifelt das mysteriöse Etwas zu bestimmen, das die Erscheinung Hitlers von der des Schauspielers unterscheidet. Schließlich entdeckt er ein Bild, eine Fotografie Hitlers, an der Wand und ruft triumphierend »Das Bild da! So müsste er aussehen«, worauf der Schauspieler entgegnet: »Das Foto hat man doch von mir gemacht!« Dies ist allerdings komisch, insbesondere da wir als Zuschauende auf den Enthusiasmus des Regisseurs eingestiegen sind, der in dem Bild mehr sah als bloß den Schauspieler, der im Übrigen nicht einmal ein richtiges Mitglied der Schauspieltruppe, sondern nur ein Statist ist. Hier wird die Bedeutung der minimalen Differenz gut erkennbar, ein bloßes Nichts, das jedoch sehr real ist und dessen Bedeutung für unser Begehren wir nicht unterschätzen sollten.

Worin besteht aber der grundsätzliche Unterschied zwischen dem tragischen und dem komischen Paradigma? Wie situieren sie das Reale im Verhältnis zum Ding und wie artikuliert sich dieses Verhältnis?

Das Paradigma der klassischen Tragödie lässt sich vielleicht am besten anhand von Kants Begriff des Erhabenen bestimmen. Das Reale ist hier jenseits der Sphäre der sinnlichen Natur angesiedelt, kann jedoch im *Widerstand* des Sinnlichen bzw. der Materie, ihren Flexionen und ihrem Leiden erkannt und erfahren werden. Es handelt sich hier um die Reibung zweier heterogener Elemente, das eine sinnlich bestimmbar bzw. bedingt, das andere unbedingt und unbestimmt. Das Subjekt erfährt diese Reibung als Leid sowie seiner sinnlichen Natur widerfahrende Gewalt, doch zugleich flößt sie ihm Respekt für das unbedingte bzw. unbekannte Ding ein, in dem es seine praktische Bestimmung, seine Freiheit zu erkennen vermag. Aus ihr resultiert der Glanz des Erhabenen und Lacan insistiert in seiner Analyse des Stücks *Antigone*, dass Antigones *ethischer* Akt diesen *ästhetischen* Effekt hervorruft. In diesem klassischen Beispiel erschiene also der Tod als äußerste Grenze des Sinnlichen – eine Grenze, die im Namen eines Dings überschritten werden kann, in das das Subjekt sein wahres Sein legt. Der Tod ist das Beispiel *par excellence* für diese Reibung, was im Stück durch seine Verwandlung von einem Widerfahrnis zum *Ort* unterstrichen wird: Antigone ist dazu verurteilt, lebendig begraben zu werden, sodass das Grab zur Stätte des Übergangs und zur Bühne des von Lacan im Zusammenhang mit Antigone evozierten Erhabenen wird. Entscheidend ist weniger die Tatsache, dass der Tod stattfindet, als vielmehr sein Status *als* Ort, der bestimmte Dinge sichtbar werden lässt. Es ist, als würde man die äußerste Grenze des Körpers, die Haut, so aufspannen, dass sie zum Schauplatz der Begegnung zweier Dinge wird, die sie normalerweise trennt: das Äußere und das Innere des Körpers. Es geht bei *Antigone* nicht um den Unterschied oder die Grenze zwischen Leben und Tod, sondern – mit Alain Badiou formuliert – um die Grenze zwischen dem biologischen Leben und dem Leben als Vermögen des Subjekts, eine Wahrheitsprozedur zu stützen. Der Tod ist genau die Bezeichnung dieser Grenze zwischen zwei Leben; sie markiert ihre Nicht-Koinzidenz, die Tatsache, dass eines der beiden Leben, verursacht durch das andere, zu Schaden kommen oder sogar enden kann. Im Falle Antigones wird das andere, das unbedingte oder wahre Leben im Moment des Todes als etwas sichtbar, dem der Tod nichts anhaben kann. Dieses andere oder wahre Leben ist also als Negatives sichtbar, in der Blendung durch den Glanz des Erhabenen eines Bildes von etwas, dessen Bild nicht existiert. Das Reale wird mit dem Ding identifiziert und in diesem blendenden Glanz als Effekt des Dings auf die sinnlich wahrnehmbare Materie sichtbar, allerdings nicht unmittelbar, sondern lediglich in der gleißenden Spur, die es in der sinnlich wahrnehmbaren Welt hinterlässt. In der tragischen oder erhabenen Kunst ließe sich demnach von einer *Inkorporierung* des Realen sprechen, die dieses sowohl immanent als auch unerreichbar werden lässt – oder, genauer gesagt, nur jenen heroischen Figuren zugänglich, denen es zukommt, in das Reale einzutreten und die derart die Rolle eines Schirms innehaben, der uns als Publikum vom Realen trennt.

Das komische Paradigma ist demgegenüber durch etwas bestimmt, das wir mit dem Begriff *Montage* bezeichnen könnten. Das Reale ist in diesem Fall gleichzeitig *transzendent* und *zugänglich*, etwa als purer Unsinn, der ein wichtiges Element jeder Komödie ist. Dabei behält der Unsinn jedoch seinen transzendenten Status, insofern das Wundersame seiner realen Effekte – also die Tatsache, dass der Unsinn selbst reale Sinneffekte zu erzeugen vermag – unerklärlich bleibt. Diese Unergründlichkeit ist der eigentliche Motor der Komödie. So ließe sich auch formulieren, dass der Unsinn transzendental im Sinne Kants ist: Er erlaubt uns, den Unterschied zwischen einem einfachen Schauspieler und dem Bild Hitlers, das tatsächlich ein Bild des Schauspielers ist, überhaupt zu *sehen* bzw. *wahrzunehmen*. Dieser Unterschied, den wir hier *wirklich* wahrnehmen, ist reiner Unsinn und hat doch eine transzendentale Grundlage: eine Dimension, die das Lachen nicht etwa auflöst, sondern lediglich beleuchtet und lokalisiert. Die Erscheinung oder Illusion dieser Differenz hat genau denselben Status wie Kants transzendentaler Schein. Es handelt sich dabei um eine Illusion bzw. einen Fehler, den Kant als notwendig ansieht und den wir einer kritischen Prüfung unterziehen müssen, von dem es jedoch gleichfalls illusorisch wäre anzunehmen, er würde sich dadurch vollkommen auflösen. Das Besondere des transzendentalen Scheins ist gerade, dass es sich nicht um die falsche Repräsentation von etwas handelt. Im Gegensatz zum empirischen Schein, etwa in der Form optischer Täuschungen, die uns die Dinge anders sehen lassen, als sie wirklich sind, setzt der transzendentale Schein den Mangel des darin erscheinenden Objekts voraus.

Der transzendentale Schein tritt dort auf, wo nichts sein sollte. Es ist nicht die Illusion von *etwas*, keine falsche oder verzerrte Repräsentation eines realen Objekts. Hinter dieser Illusion verbirgt sich kein reales Objekt, lediglich ein Nichts, der Mangel eines Objekts. Sie bewirkt eine Täuschung durch die einfache Tatsache ihres Erscheinens. Es ist genau jener geheimnisvolle Überschuss, der im Bild Hitlers erscheint und den wir sehen, obwohl es sich nicht um einen Gegenstand der Erfahrung handelt. Dies deutet vielleicht auf die einzigartige Möglichkeit einer Wahrnehmung hin, die weder ein Gegenstand der Erfahrung noch das Noumenon, das Ding an sich, ist. Die fragliche Fotografie ist keine falsche Repräsentation des Schauspielers als dessen reales Objekt. Es ist eine exakte Repräsentation des Schauspielers *plus* der transzendentalen Illusion. Wie die transzendentale Dialektik Kants zielt die Komödie nicht darauf, die Illusion bzw. den Schein aufzulösen. Stattdessen erkennt sie ihn, spielt mit ihm und weist auf das darin enthaltene Reale.

In Bezug auf die Kunst der Komik könnte man von einer gewissen *Ethik des Unglaubens* sprechen. Dabei begegnet der Unglaube als ethische Haltung dem Glauben nicht nur in seiner illusionären Dimension, sondern als das Reale dieser Illusion. Sie stellt also nicht so sehr den Unsinn des Glaubens bloß, sie offenbart das Reale bzw. die materielle Kraft des Unsinns selbst. Das impliziert auch, dass diese Ethik sich im Unterschied zur erhabenen Kunst, die eben daraus ihre Kraft bezieht, nicht darauf stützen kann, das Ding zu umkreisen. Ihr Antrieb ist vielmehr in einer Dynamik zu finden, die uns immer über das Ziel hinausschießen lässt. Im unmittelbaren Zugriff auf das Ding findet man sich mit einem lächerlichen Objekt konfrontiert. Damit ist die Dimension des Dings jedoch nicht einfach aufgehoben. Angesichts eines Gefühls des Scheiterns in dieser direkten Hinwendung zum Ding bildet es weiterhin den Horizont der Situation. So versucht der Regisseur in Lubitschs Film das Ding unmittelbar zu bestimmen – »Das Bild da! So müsste er aussehen« –, verpasst es natürlich und präsentiert uns lediglich ein lächerliches Objekt, das Bild des Darstellers. Doch bildet das verpasste Ding weiterhin den Horizont des Resonanzraums des Lachens, der durch den Schauspieler und dessen Fotografie konstituiert wird. Der Akt der Aussage des Regisseurs eröffnet einen Raum, ein gewisses *entre-*

deux, in dem sich das Reale des Dings zwischen zwei lächerlichen Objekten entfaltet, die es angeblich verkörpern.

Seien wir aber noch präziser: Das Ding direkt anzugehen bedeutet nicht, es unmittelbar zur Schau zu stellen. Der Trick ist, dass wir es nie zu sehen bekommen – auch nicht in der Fotografie, die ja nur den Schauspieler zeigt. Wir sehen lediglich zwei Erscheinungen, den Schauspieler und sein Bild. So sehen wir die Differenz zwischen Objekt und Ding, ohne letzteres jemals zu Gesicht zu bekommen. Obwohl wir also nur zwei Erscheinungen gezeigt bekommen, sehen wir nichts weniger als das Ding selbst, das in der minimalen Differenz zwischen ihnen sichtbar wird. Das bedeutet nicht, dass wir durch sie einen Blick auf das geheimnisvolle Ding jenseits der Repräsentation erhaschen würden – es ist stattdessen nichts anderes als die Kluft in der Repräsentation. In diesem Sinne etabliert die Komödie eine Art Parallelmontage: nicht des Realen als transzendentales Ding und seiner Erscheinung, sondern zweier Erscheinungen oder Dubletten. Montage bedeutet hier also die Produktion bzw. Konstruktion bzw. Erkenntnis des Realen durch eine präzise Komposition zweier Erscheinungen. Das Reale ist hier durch die Kluft in der Erscheinung selbst bestimmt, und in der Komödie nimmt diese wiederum die Form eines Objekts an.

Wie steht dies nun in Zusammenhang mit der Liebe? Beide Phänomene, die Liebe und das komische Paradigma, sind miteinander verbunden, insofern ihre Konfiguration Zugänglichkeit und Transzendenz kombiniert. Anders ausgedrückt, ihre Verbindung besteht in der Art und Weise, wie sie dem Realen begegnen.

Bereits bei oberflächlicher Betrachtung zeigt sich diese merkwürdige Affinität zwischen Liebe und Komödie: Eine Person zu lieben, bedeutet der traditionellen Definition zufolge, sie so zu lieben, wie sie ist – also das Ding direkt anzugehen – und sich so mit einem lächerlichen Objekt konfrontiert zu sehen, das schwitzt, schnarcht, furzt und seltsame Marotten pflegt. Zugleich bedeutet es, in dem Objekt mehr zu sehen, so wie der Regisseur in Lubitschs Film. Zu lieben heißt, diese Kluft oder Diskrepanz wahrzunehmen – und sie dann nicht etwa wegzulächeln, sondern ein unwiderstehliches Verlangen zu verspüren, darüber zu lachen. Das Wunder der Liebe ist ein *komisches* Wunder.

Wahre Liebe, um diese gewagte Formulierung zu verwenden, ist nicht die erhabene Liebe, bei der wir uns von dem Objekt derart blenden lassen, dass wir dessen lächerlichen und banalen Aspekt nicht mehr sehen bzw. nicht mehr ertragen. Diese Form der erhabenen Liebe erfordert und erzeugt eine radikale Unerreichbarkeit der anderen Person, die üblicherweise die Form ewiger Vorläufigkeit oder einer episodischen Beziehung annimmt und es so ermöglicht, die entsprechende Distanz wieder einzuführen und das Objekt nach der Einlassung zu resublimieren. Gleichzeitig ist wahre Liebe aber auch nicht die Summe aus Begehren und Freundschaft, wobei die Freundschaft eine Art Brücke zwischen zwei Erwachen des Begehrens sowie zur Inkaufnahme der lächerlichen Seite des Objekts bilden soll. Entscheidend für das Funktionieren der Liebe ist nicht, den anderen mit all seinem Ballast zu akzeptieren, seine banale Seite und Schwächen zu ertragen, also die andere Person zu tolerieren, obwohl man sie nicht begehrt. Das wahre Wunder der Liebe, die sie zudem mit der Komödie verbindet, besteht darin, *die Transzendenz in der Erreichbarkeit der anderen Person aufrechtzuerhalten* oder, um es mit Deleuze zu formulieren, einen »geschlossene[n] Kreislauf aus Lachen und Rührung: jenes verweist auf die kleine Differenz, diese auf den großen Unterschied, ohne daß das eine das andere tilgen oder auch nur schmälern würde, sondern eines löst das andere ab und verstärkt es dabei.«

Das Wunder der Liebe liegt nicht in der Transformation eines banalen Objekts in eine erhabene, unerreichbare Entität – dies ist das Wunder des Begehrens. Ein Alternieren aus Anziehung und Abstoßung kann lediglich bedeuten, dass *Liebe als Sublimierung* nicht stattgefunden und der Trick nicht funktioniert hat. Das Wunder der Liebe besteht in erster Linie darin, zwei Objekte

– das banale und das erhabene – auf derselben Ebene wahrzunehmen, und zwar derart, dass sie sich gegenseitig weder verdecken noch substituieren. Zweitens besteht es darin, der Tatsache gewahr zu werden, dass die andere Person sowohl das banale Objekt als auch Objekt des Begehrens ist, ebenso wie im Falle des Schauspielers und der Fotografie – es handelt sich um zwei Erscheinungen, von denen keine realer ist als die andere. Schließlich geht es darum, sich immer wieder aufs Neue zu verlieben, fortwährend über das Reale der Liebe zu stolpern, das aus der Parallelmontage dieser beiden Erscheinungen bzw. ihrer Nicht-Koinzidenz hervorgeht. Die geliebte Person ist keine der beiden Erscheinungen, weder das banale noch das erhabene Objekt, und doch nicht von ihnen zu trennen, ist sie doch nichts anderes als der Glücksfall ihrer gelungenen Montage. Mit anderen Worten, wir lieben *die andere Person als diese minimale Differenz des Selben, die selbst die Form eines Objekts annimmt.*

Hier zeigt sich deutlich die Diskrepanz zwischen dem Funktionieren des Begehrens und dem Funktionieren der Liebe sowie der Grund für Lacans These, dass die Liebe letztlich ein Trieb ist. Der Unterschied zwischen Begehren und Trieb kann mittels der ihnen jeweils eigenen Arten der Zeitlichkeit dargestellt werden. Oben haben wir dies bereits mit den Begriffen Sukzession und Simultanität formuliert, es gibt jedoch noch eine weitere Variante. Das Subjekt des Begehrens ist durch die Differenz zwischen der (transzendentalen) Ursache des Begehrens und ihrem Objekt bestimmt, sie manifestiert sich als zeitliche Differenz zwischen dem Subjekt des Begehrens und seinem Objekt als Reales. Das Subjekt ist durch eine Kluft vom Objekt getrennt, das sich mit dem Subjekt bewegt, sodass das Intervall jederzeit bestehen bleibt und es für das Subjekt unmöglich ist, das Objekt einzuholen. Das verfolgte Objekt existiert sozusagen in einer anderen Zeitzone, und dies ist der Grund für die Metonymie des Begehrens. Plant das Subjekt ein Treffen mit dem Objekt um 9 Uhr, ist es für das

Objekt zu diesem Zeitpunkt schon 11 Uhr – und es hat den Ort der Begegnung bereits verlassen.

Diese immanente Unerreichbarkeit erklärt zudem die typische Phantasie in Liebesgeschichten, die die Unmöglichkeit des Begehrens thematisieren: »An einem anderen Ort, zu einer anderen Zeit, irgendwo, nicht hier, irgendwann, nicht jetzt ...«. Diese Haltung, in der die transzendentale Struktur des Begehrens unmittelbar einsichtig ist – Zeit und Raum als Bedingungen a priori –, lässt sich als Anerkennung dieser inhärenten Unmöglichkeit deuten, die anschließend externalisiert und in ein empirisches Hindernis transformiert wird. Üblicherweise spricht man in diesem Fall davon, dass das Reale dadurch als Unmögliches verschleiert und so die Konfrontation mit dieser fundamentalen bzw. strukturellen Unmöglichkeit verhindert wird. Lacans Pointe der Identifikation des Realen mit dem Unmöglichen ist jedoch gerade nicht, dass das Reale unmöglich geschehen kann, sondern *das Unmögliche im Gegenteil tatsächlich eintritt.* Deshalb ist das Reale so traumatisch, verstörend, erschütternd – oder eben *komisch.* Das Reale geschieht gerade als das Unmögliche – jedoch nicht, wenn wir es wollen, forcieren, erwarten, uns darauf vorbereiten. Es ist passiert immer zur falschen Zeit und am falschen Ort und fügt sich niemals nahtlos in das bereits bestehende Bild. Dies ist die Bedeutung des Realen als Unmögliches.

Die Phantasie, die die Illusion einer möglicherweise irgendwann eintretenden glücklichen Begegnung aufrechterhält, ist ein Verrat am Realen der Begegnung, da es das Unmögliche, das tatsächlich eingetreten ist, in etwas transformiert, das unmöglich im Hier und Jetzt geschehen kann. Mit anderen Worten, das *bereits Geschehene* wird in dem Versuch der Unterwerfung unter das transzendentale Schema der Phantasie des Subjekts verleugnet. Die Entstellung, um die es bei diesem Manöver geht, besteht nicht darin, den Glauben zu wecken, dass etwas Unmögliches unter anderen Bedingungen passieren könnte bzw. wird – sie betrifft das im Hier und Jetzt *bereits Geschehene*, das nun scheinbar nur in einer fernen Zukunft oder grundlegend anderen Umständen eintreten kann.

Ein paradigmatisches Beispiel der Verleugnung des Realen, die darauf abzielt, dessen Status als unerreichbares Jenseits zu erhalten, stellt der Film *The Bridges of Madison County* dar, der uns das glückliche Zusammentreffen zweier Liebender präsentiert, die mitten im Leben stehen: sie als Hausfrau und Mutter, der Familie verpflichtet, sozusagen immobil; er als erfolgreicher Fotograf, der die Welt bereist. Sie begegnen sich zufällig und verlieben sich leidenschaftlich ineinander – so will uns der Film zumindest glauben machen. Was aber ist ihre Reaktion auf diese Begegnung? Unmittelbar verschiebt sich der Akzent von der Anerkennung, dass das Unmögliche passiert ist zu einer skeptischen Haltung: Das kann unmöglich passieren, das ist unmöglich. Da ihr Mann und die Kinder zum Zeitpunkt der Begegnung ausgeflogen sind, sie folglich allein und er für den Abschluss seiner Reportage in der Gegend ist, verbringen sie die Woche zusammen, um sich dann zu verabschieden und niemals wiederzusehen. In dieser Darstellung, die mir der Sache angemessen erscheint, handelt es sich um ein zwangloses Liebesabenteuer. Das Problem ist jedoch, dass sich das Paar selbst so wahrnimmt und entsprechend präsentiert wird, als wäre dies die Liebe ihres Lebens, das Wichtigste und Wertvollste, das ihnen je widerfahren ist. Was ist das Problem bzw. die Lüge hinsichtlich dieser phantasmatischen Mise en Scène? Die Tatsache, dass die Begegnung unmittelbar nach ihrem Stattfinden derealisiert wird. Durch die ihr auferlegte enge zeitliche und räumliche Begrenzung – eine Woche, ein Haus: zu einer anderen Zeit, an einem anderen Ort –, ist sie von vornherein dazu bestimmt, zum kostbaren Objekt der Erinnerung zu werden. Man könnte sagen, dass sie dies schon während des Geschehens ist; das Paar lebt ihre Begegnung als bereits verloren – und daraus erwächst das ganze Pathos des Films. Das Reale der Begegnung, das geschehene Unmögliche, wird direkt zurückgewiesen und in ein Objekt transformiert, das paradoxerweise gerade die Unmöglichkeit des Geschehenen verkörpert: ein kostbares Objekt, das man im Schmuckkästchen der Erinnerung aufbewahrt. Von Zeit zu Zeit öffnet man es, um sich der Kontemplation dieses Juwels hinzugeben, dessen Glitzern die verkörperte Unmöglichkeit bedeutet. Anders als es den Anschein hat, kann das Paar den Mangel nicht akzeptieren, er wird vielmehr selbst zum ultimativen Besitz.

Um damit zur infrage stehenden Unterscheidung zwischen Liebe (als Trieb) und Begehren zurückzukehren: Es handelt sich weniger um eine Zeitdifferenz als eine Krümmung der Zeit, ein Konzept, das in der Science-Fiction-Literatur vorkommt, um das Unmögliche (wissenschaftlich) zu erklären. Im Wesentlichen beschreibt sie ein Ereignis, bei dem ein Element einer anderen (zeitlichen) Realität in der Gegenwart auftaucht (oder umgekehrt), in der es keinen strukturellen Ort hat, sodass eine seltsame, nichtlogische Situation entsteht. Lacan zufolge präsentiert sich der Trieb »ohne Schwanz und Kopf«, als eine Art *Montage* im Sinne der surrealistischen Collage.[8] Etwas erscheint dort, wo es nicht hingehört, und unterbricht so die Linearität der Zeit und die Harmonie des Bildes.

Es gibt noch eine weitere Möglichkeit, die Nähe zwischen Liebe und Trieb zu fassen, insofern sie eine minimale Differenz zwischen zwei Objekten hervorbringen, und zwar mittels Lacans Analyse der Differenz zwischen *aim*, das sich auf den Weg bezieht und *goal*, dem Ziel. Der Trieb legt immer einen Weg zwischen *zwei* Objekten zurück, zirkuliert zwischen ihnen: dem anvisierten Objekt – Nahrung etwa, im Falle des Oraltriebs – und der Befriedigung *als* Objekt, wie Jacques-Alain Miller es nennt – für das Beispiel des Oraltriebs also die Mundlust. Zwischen beiden existiert eine minimale Differenz, die paradoxerweise erst das Resultat der zirkulären Bewegung des Triebs ist.

---

[8] Ebd. S. 178.

Das *entre-deux*, die durch das Begehren eingeführte Kluft, bildet das Intervall zwischen dem Realen und dem Schein: Dem Begehren ist immer der imaginäre Andere zugänglich, Lacans Objekt *a*, das Reale – der Andere – hingegen unerreichbar. Das Reale des Begehrens ist die *jouissance* – dieser unmenschliche Partner, wie Lacan es nennt, auf den das Begehren jenseits des Objekts zielt, der jedoch unzugänglich bleiben muss. In der Liebe gelingt es dagegen, dass das Reale des Begehrens zugänglich wird. Darum geht es Lacan in seiner Feststellung, dass die Liebe die *jouissance vermenschlicht* und allein »die Liebe [...] es dem Genießen [erlaubt], sich zum Begehren herabzulassen.« Die in der Liebe stattfindende Sublimierung lässt sich also am besten als *Desublimierung* charakterisieren.

In Lacans Werk finden sich zwei verschiedene Konzepte der Sublimierung. Die erste Variante steht im Zusammenhang mit dem Begehren, wobei das Objekt zur Würde des Dings erhoben wird. Daneben existiert eine weitere Konzeption, die mit der Vorstellung des Triebs korrespondiert, insofern die »Sublimierung [...] eben die dem Trieb eigene Natur« ist.[9] Sie beinhaltet die Vorstellung der Desublimierung, die es dem Trieb ermöglicht, eine vom Objekt verschiedene Befriedigung zu finden. Und gilt nicht genau das auch für die Liebe? In der Liebe finden wir Befriedigung nicht *in der anderen Person*, auf die wir aus sind; wir finden sie, um es unverblümt zu sagen, in der Kluft zwischen dem ersten Eindruck und allem, was folgt. Die Befriedigung ist buchstäblich mit der anderen Person *verbunden*; sie haftet an ihr – so wie die Mundlust untrennbar mit der Nahrung verbunden ist, obwohl sie nicht dasselbe, sondern disloziert sind. So ließe sich auch formulieren, dass die Liebe dies begreift, das Begehren hingegen nicht. Aus diesem Grund insistiert Lacan, dass die *jouissance* des Körpers des Anderen kein Zeichen der Liebe

---

[9] Lacan, Jacques: *Die Ethik der Psychoanalyse*. Wien. 2016. S. 138.

ist[10] und, so Lacan weiter, ›Mann‹ umso weniger liebt, je mehr ›Frau‹ ihn mit Gott verwechselt, also dem, was ihr Befriedigung verschafft. Damit können wir die Desublimierung in der Liebe möglicherweise genauer bestimmen: Sie bedeutet nicht die Verwandlung eines erhabenen in ein banales Objekt, sondern eine Dezentrierung des erhabenen Objekts in Beziehung zur Quelle des Genießens – und impliziert, dass wir eine minimale Differenz zwischen beiden erkennen. Dies hat selbstverständlich nichts mit der archetypischen Situation zu tun, in der eine Person geliebt und verehrt wird, sexueller Verkehr jedoch nur mit anderen stattfindet, denen keine besondere Bedeutung zukommt. In diesem Fall hat die Dezentrierung – Sublimierung als Desublimierung – ebenfalls nicht stattgefunden. Die verehrte Person wird zur Quelle eines unaussprechlichen Genießens bzw. des Mangels eines solchen Genießens und muss vermieden werden. In dieser Situation induziert der Andere kein immanentes Als-Zwei-Zählen, sondern zerfällt stattdessen in zwei Eine.

Die Liebe in diesem präzisen und singulären Sinn beeinflusst und verändert unsere Beziehung zur *jouissance* – die hier nicht zwangsläufig sexuelles Genießen bedeutet –, die nun nicht mehr unser unmenschlicher Partner ist. Wir können uns auf sie als etwas tatsächlich Begehrenswertes beziehen. So könnte man auch formulieren, dass wir keinen Zugang zur anderen Person (als Anderen) finden können, solange die Bindung an unsere *jouissance* nicht-reflexiv ist. In diesem Fall werden wir uns der anderen Person immer als Mittel bedienen, eine Beziehung zu unserem eigenen Genießen herzustellen, als Projektionsfläche für unsere Phantasie – der sexuelle Akt ist dann, wie Slavoj Žižek es ausdrückt, ein masturbatorischer Akt mit einem realen Gegenüber. Die zwei Seiten der Liebe, die sich gegenseitig stützen – das also, was Lacan zufolge das nicht existierende »Geschlechterverhält-

[10] Lacan, Jacques: *Encore*. Wien. 2008. S. 9.

nis suppliert«[11] – beständen, so könnte man formulieren, darin: den anderen zu lieben und die eigene *jouissance* zu begehren. Das Begehren der eigenen *jouissance* ist wohl am schwierigsten zu erreichen und zu verwirklichen, da das Genießen nur schwerlich als Objekt erscheint. Man könnte dagegen den Einspruch erheben, dass es so schwer nicht sein kann, wollen doch die meisten Menschen genießen. Doch sollte der Wille zum Genießen und der Imperativ der *jouissance* als dessen Kehrseite nicht mit dem Begehren verwechselt werden. Eine Beziehung zwischen dem Begehren und dem eigenen Genießen herzustellen, es tatsächlich zu genießen, bedeutet keine bedingungslose Unterwerfung unter den Imperativ des Genießens – es bedeutet vielmehr, sich seinem Zugriff zu entziehen.

Dieses Ausweichen bzw. diese Subtraktion, die das Begehren an dem Ort zum Erscheinen bringt, an dem es zuvor keinen Platz hatte, ist der Effekt der Sublimierung als Desublimierung. Wenn Lacan insistiert, die Liebe sei ein Zeichen, dann sollten wir festhalten, dass sie das Zeichen dieses *Effekts* ist.

[11] Ebd. S. 50.